# Serienkulturen:
# Analyse – Kritik – Bedeutung

**Marcus S. Kleiner**
Medienmanagement, Macromedia Hochschule für Medien und Kom,
Stuttgart, Deutschland

Weitere Bände in dieser Reihe
http://www.springer.com/series/13105

Die Bände bieten eine spezifische Leitperspektive auf eine Serie oder eine bestimmte Thematik in unterschiedlichen Serien. Ziele der Reihe sind u. a.:

- Vergleichende Analysen der sozialen, politischen, (inter-)kulturellen, lebensweltlich-identitären Bedeutungen der Serien (national/international)
- Vergleichende Analyse des Potentials von Fernsehserien als Analytiker und Kritiker von (historischen und/oder aktuellen) Zeitfragen
- Systematische und umfassende Erforschung der internationalen Serienkulturen von den 1950ern bis zur Gegenwart
- hohe Relevanz für die Film- und Fernsehwissenschaften im Speziellen, die Medien-, Kultur- und Sozialwissenschaften im Allgemeinen
- Publikumsorientierte Ausrichtung und eine entsprechende stilistische Form, hierbei v. a. auch eine deutliche Adressierung von Serien-Fankulturen, und keine exklusiv fachinternen Ausrichtungen der Bände.

Ivo Ritzer

# Wie das Fernsehen den Krieg gewann

Zur Medienästhetik des Krieges
in der TV-Serie

Ivo Ritzer
Universität Mainz
Mainz
Deutschland

ISBN 978-3-658-05919-4  ISBN 978-3-658-05920-0 (eBook)
DOI 10.1007/978-3-658-05920-0

Die Deutsche Nationalbibliothek verzeichnet diese Publikation in der Deutschen Nationalbibliografie; detaillierte bibliografische Daten sind im Internet über http://dnb.d-nb.de abrufbar.

Springer VS
© Springer Fachmedien Wiesbaden 2015
Das Werk einschließlich aller seiner Teile ist urheberrechtlich geschützt. Jede Verwertung, die nicht ausdrücklich vom Urheberrechtsgesetz zugelassen ist, bedarf der vorherigen Zustimmung des Verlags. Das gilt insbesondere für Vervielfältigungen, Bearbeitungen, Übersetzungen, Mikroverfilmungen und die Einspeicherung und Verarbeitung in elektronischen Systemen.

Die Wiedergabe von Gebrauchsnamen, Handelsnamen, Warenbezeichnungen usw. in diesem Werk berechtigt auch ohne besondere Kennzeichnung nicht zu der Annahme, dass solche Namen im Sinne der Warenzeichen- und Markenschutz-Gesetzgebung als frei zu betrachten wären und daher von jedermann benutzt werden dürften.

*Lektorat:* Barbara Emig-Roller, Monika Mülhausen

Gedruckt auf säurefreiem und chlorfrei gebleichtem Papier

Springer VS ist eine Marke von Springer DE. Springer DE ist Teil der Fachverlagsgruppe Springer Science+Business Media
www.springer-vs.de

# Widmung

*„Der Krieg ist nichts anderes als die
Chiffre des Friedens ".
Michel Foucault (2000, S. 67)*

# Inhaltsverzeichnis

| | | |
|---|---|---|
| **1** | **Krieg und Kultur** | 1 |
| 1.1 | Reimagination und Reflexion | 3 |
| 1.2 | Genre und Gesellschaft | 8 |
| | Literatur | 23 |
| | | |
| **2** | **Kollektiv und Krise** | 27 |
| 2.1 | *The Gallant Men* (1962–1963) | 28 |
| 2.2 | *Twelve O'Clock High* (1964–1967) | 33 |
| 2.3 | *Combat!* (1962–1967) | 39 |
| | Literatur | 52 |
| | | |
| **3** | **Posthistoire und Performanz** | 55 |
| 3.1 | *The Rat Patrol* (1966–1968) | 55 |
| 3.2 | *Garrison's Gorillas* (1967–1968) | 66 |
| 3.3 | *Baa Baa Black Sheep/Black Sheep Squadron* (1976–1978) | 70 |
| | Literatur | 79 |
| | | |
| **4** | **Trauma und Tabu** | 81 |
| 4.1 | *The Lieutenant* (1963–1964) | 82 |
| 4.2 | *Tour of Duty* (1987–1990) | 86 |
| | Literatur | 109 |

| 5 | Entgrenzung und Eindämmung | 111 |
|---|---|---|
| 5.1 | *Over There* (2005) | 118 |
| 5.2 | *Generation Kill* (2006) | 133 |
| | Literatur | 148 |
| 6 | **Authentizität und Allegorie** | 151 |
| 6.1 | *Band of Brothers* (2001) | 151 |
| 6.2 | *The Pacific* (2010) | 165 |
| | Literatur | 173 |
| 7 | **Abschluss und Ausblick** | 175 |
| | **Serienverzeichnis** | 181 |

# Krieg und Kultur 1

Krieg zählt seit der Genese des bewegten Bildes zu einem seiner privilegierten Sujets. Die Etablierung des Films koinzidiert mit den kriegerischen Auseinandersetzungen am Ende des 19. Jahrhunderts, die im Spanisch-Amerikanischen Krieg auf Kuba (1898), dem Burenkrieg in Südafrika (1899–1902) und dem Russisch-Japanischen Krieg in Asien (1904–1905) eine neue imperialistische Ära ebenso anbrechen lassen wie eine neue Epoche technologisierter Kriegsführung. Schon in der Frühzeit des filmischen Bewegtbildes setzen sich Darstellungen des Krieges und seiner Kampfhandlungen durch, die auf das Wahrnehmungsdefizit des zivilen Publikums reagieren und das Schlachtgeschehen als mediale Attraktion rezipierbar machen[1]. Anstatt das Zuschauersubjekt in eine voyeuristische Position gegenüber der Narration zu versetzen, gibt dieses frühe Kino der Attraktionen sich exhibitionistisch. Es lässt seine Zuschauersubjekte weniger in die vom Film dargestellte Welt eintauchen, sondern offeriert ihnen eher das Potential, sich an audiovisuellen Attraktionen des Krieges zu delektieren. Statt des Erzählens von Kriegsnarrativen dominiert das Zeigen von Kriegssituationen.

Nicht nur aber leistet der Krieg etwas für die Medien, auch die Medien leisten etwas für den Krieg. Wie Paul Virilio gezeigt hat, existiert eine enge Verwandtschaft zwischen Krieg und Kinematograph, sowohl auf Ebene von Technologie wie auch von Perzeption. Krieg bezeichnet Virilio als „ein auf die Sinne gerichtetes magisches Schauspiel", dessen Waffen nicht nur „Werkzeuge der Zerstörung", sondern auch Instrumente der „sinnlichen Wahrnehmung" und „Simulatoren der

---

[1] Zum Begriff der Attraktion siehe den diskursprägenden Aufsatz von Tom Gunning (1996), dort hergeleitet unter Bezug auf Sergei M. Eisenstein.

Sinneswahrnehmung" (1989, S. 10) darstellen. Andererseits begreift er den Kinematograph als Erweiterung der Augenoptik, denn durch ihn kann ein neuer Wahrnehmungsraum generiert werden: ein Raum, den die Kamera für das Subjekt erschließt. Die Perzeption des Subjekts ist mithin Telos der Verschränkung von Krieg und Kinematographie, wobei Letztere instrumentell von Ersterem genutzt wird: „Der Kriegsfilm muss nicht ein bestimmtes kriegerisches Geschehen wiedergeben, da der Film selbst in die Kategorie der Waffen gehört" (1989, S. 14). Entscheidend ist nicht der jeweilige Medieninhalt als vielmehr dessen perzeptorische Wirkung. Dieser Effekt wiederum basiert auf dem Verständnis von der Waffe als Medium respektive dem Medium als Waffe. Für Virilio resultieren Veränderungen in der Führung von Kriegen unmittelbar aus der Mobilisierung neuer Medientechnologien. Dabei hebt er hervor, dass sämtliche technologische Evolutionen, ob im Feld der Medien oder des Krieges, auf einer Logistik der Wahrnehmung basieren: „Das Schlachtfeld war von Anfang an ein Wahrnehmungsfeld, und das Kriegsgerät für Heerführer und Waffenträger ein Darstellungsmittel, vergleichbar dem Pinsel und der Palette des Malers [...]. Für den Krieger geht die Funktion des Auges auf in der Funktion der Waffe" (1989, S. 35). Die Kinematographie wird also in den Dienst des Krieges genommen, um Terrain zu sondieren und Informationen über den Gegner zu akkumulieren. Der materiellen Eroberung von Territorium geht stets die immaterielle Einnahme perzeptorischer Felder voraus. In dieser militärischen Relation bleibt Öffentlichkeit vorerst exkludiert: „Innerhalb von einhundertfünfzig Jahren hat sich das Schussfeld in einen Drehort verwandelt, das Schlachtfeld ist zu einem für Zivilisten zunächst gesperrten Filmset geworden" (1989, S. 20). Den öffentlichen Zugang zum Schauplatz des Krieges bietet dagegen die kinematographische Fiktion. Sie lässt medienästhetisch die Illusion einer Partizipationsmöglichkeit entstehen, Krieg audiovisuell erfahren zu können. Dadurch kommt es, so Virilio, zur Konstitution einer „vierten Front" neben „der Boden-, der See- und der Luftfront" (1997, S. 61): einer Front der Information, die seit den 1960er Jahren primär von Medienkulturen des Fernsehens befeuert wird. Sie spielt eine zentrale Rolle im Erfahren und Verstehen von Krieg, indem Öffentlichkeit erst durch ihre kommunikative Funktion entsteht[2]. Krieg und Medien sind damit ebenso wenig voneinander zu trennen wie Krieg und Frieden.

Krieg ist in der vorliegenden Studie daher einerseits konzeptualisiert als in einem organisierten Rahmen mit Gewalt ausgetragener Konflikt. Andererseits wird Krieg aber auch als eine Form kultureller Kondition verstanden, deren Effek-

---

[2] Marcus S. Kleiner spricht hier, mit Bezug auf Virilio, sehr überzeugend von einem „spannungsreiche[n] Interdependenzgeflecht" (2010, S. 146) zwischen Krieg und Bildern des Krieges.

te sich auch nach Abschluss erfolgter Kampfhandlungen noch zeitigen. Es existiert ein camouflierter Krieg auch im Frieden. Wie Michel Foucault argumentiert, ist Krieg als „Motor der Institutionen und der Ordnung" zu verstehen, so dass auch zu Friedenszeiten stets „eine Schlachtlinie [...] sich durch die gesamte Gesellschaft [zieht]" (2000a, S. 61). Foucault spricht hier durchaus nicht nur metaphorisch von Krieg, vielmehr meint für ihn Macht stets „die Fortsetzung des Krieges mit anderen Mitteln" (2000a, S. 26). Machtrelationen werden nach Foucault im und durch Krieg etabliert, sind dann aber historisch durch eine Konstanz über das Kriegsende hinaus charakterisiert. Das Regieren der Subjekte meint demnach eine „Sanktionierung und Erhaltung des Ungleichgewichts der Kräfte, wie es sich im Krieg manifestiert" (Foucault 2000a, S. 26). Wenn Zivilität also vorgibt das Militärische abzulösen und aus Krieg schließlich Frieden wird, bleibt kriegerische Macht auch in ziviler Politik zurück. In der heterogenen Verteilung von Privateigentum und dem damit einhergehenden ökonomischen Ungleichgewicht, der Installierung von disziplinierenden respektive kontrollierenden Institutionen, aber nicht zuletzt auch der medienkulturellen Energie ästhetischer Produktivität manifestieren sich Effekte des Krieges, die zu Friedenszeiten lediglich verdeckt existieren, im Kriegsfall jedoch offen zu Tage treten. Mithin existiert für Foucault ein „permanente[r] Krieg" (2000a, S. 56), der schlicht jegliche Konstellation sozialen Lebens durchdringt.

## 1.1 Reimagination und Reflexion

Krieg gibt kontinuierlich Anlass zu medienästhetischen Reimaginationen, die als kulturelle Anstrengung der Sinngenerierung wirken. Kriege entwickeln Narrative, die aus vergangenen Ereignissen keineswegs abgeschlossene Kapitel machen. Sie stiften, wie Elisabeth Bronfen zeigt, Räume einer „kulturellen Heimsuchung", die vom Krieg als „gespenstische[r] Erscheinung" (2013, S. 15 f.) topologisiert werden. Kriege verlangen daher also nicht (nur) nach einer Militär-, sondern (auch) einer Kulturgeschichte dieser Disposition. Eine solche kulturwissenschaftliche Herangehensweise hat notwendigerweise eine medienwissenschaftliche Arbeit zu sein. Denn Krieg ist nicht zu trennen von Sinn- wie Affektangeboten durch Bild-, Ton- und Narrationsstrukturen massenmedialer Verfasstheit, durch die sich öffentlich-kollektiv verfügbare Semantiken aktualisieren. Eine medienkulturwissenschaftliche Perspektive muss daher nach der Funktion von audiovisuellen Kriegsnarrativen für die Ökonomie kultureller Imaginationen fragen. Es geht mir hier aber weniger um deren Implikation für politikwissenschaftliche Fragestellungen als vielmehr um die dem Medium eingeschriebene ästhetische Erfahrung von sinnhaften wie sinnlichen Virtualitäten. Gedacht mit Elisabeth Bronfen werden dadurch zwei Topologien im Raum des rezipierenden Subjekts wichtig: sowohl der Raum „der Referenzialität (Ereignisse, die implizit hinter filmischen Wiedergabe liegen) als auch der Affekte, die beim Publikum hervorgerufen werden (das vor den auf die Leinwand projizierten Ereignissen sitzt)" (Bronfen 2013, S. 11). Beide Topologien referenzieren den Faktor Zeit, wenn erstens eine Vergangenheit gegenwärtig wird, die als vergangene Gegenwart erscheint, und zweitens das im ästhetischen Material angelegte affektive Potential durch den Akt der Rezeption zur Aktualisierung kommt.

Für Elisabeth Bronfen ist es das Kino, das wie kein anderes Medium eine kollektive Reimagination der kriegerischen Vergangenheit für die rezeptionsseitige Gegenwart des Publikums schafft[3]. Ich möchte hier dagegen das Feld der Television als privilegierten Raum für die Zirkulation kultureller Energien und der diskursiven Aushandlung von Bedeutung begreifen. Mit der Ablösung des Kinos in seiner Funktion als massenwirksamstes ‚Leitmedium' evolviert das Fernsehen ab den späten 1940er Jahren zum zentralen Diskursraum kultureller Semantiken[4]. Auch der Krieg wird rasch zum Sujet televisueller Bearbeitung, nicht zuletzt in fiktionaler Form. Die Television tritt so zum einen das Erbe des Kinos an, generiert mit der Kriegsserie jedoch zugleich eine eigene Form generischer Aneignung kriegerischer Historie. Sie wird zu *dem* Raum diskursiver Produktion schlechthin: Wo Kultur über das Medium des Fernsehens ihre Rolle in der Geschichte von Krieg und Frieden reflektiert.

Das Medium des Fernsehens mit seiner Figuration der TV-Serie partizipiert an der kulturellen Kondition des Krieges, indem die Serie das historische Geschehen auf doppelte Weise reflektiert: Zum einen findet sie ästhetische Formen zur Repräsentation von Geschichte vermittels generischer Prinzipien, zum anderen interveniert sie durch das performative Moment ihrer audiovisuellen Narrative im Diskurs des Krieges. Die Kriegsserie spiegelt nie einfach nur historische Kriegssituationen, stattdessen figuriert sie selbst als ein Akteur auf dem Feld zu verhandelnder Semantiken des Krieges. Fern davon, bloßer Effekt historischer Prozesse zu sein, bildet die Kriegsserie einen wichtigen Diskursraum aus, der zum Schauplatz für Zuschreibungen von ‚wahr' und ‚unwahr' wird. Denn über mediale Darstellungen des Krieges wird bestimmt, welche Interpretationen desselbigen an Hegemonie gewinnen. Gerade weil kein stabiler Referent für Historie existiert, ist sie stets in dis-

---

[3] Dies scheint weitgehend akademischer Konsens zu sein, nicht zuletzt angesichts der desolaten – sprich schlicht nicht-existenten – Forschungsliteratur zur TV-Kriegsserie.

[4] Siehe zu diesem medienkulturellen Paradigmenwechsel die Studie von Michele Hilmes (1990), äußerst bewandert in industriehistorischen Fakten.

## 1.1 Reimagination und Reflexion

kursive Aushandlungen eingebunden. Nicht nur Geschichte wird durch das Genre modifiziert, auch die kulturelle Haltung zur Zukunft unterläuft vor dem Horizont generischer Ästhetiken überdeterminierte Evolutionsprozesse. Wie bereits Paul Virilio gezeigt hat, fungieren Bilder als Waffen in einem über Medien geführten Krieg: „Anders gesagt, geht es im Krieg weniger darum, materielle – territoriale, ökonomische – Eroberungen zu machen als vielmehr darum, sich der immateriellen Felder der Wahrnehmung zu bemächtigen" (1989, S. 9). Noch einmal anders gewendet: Medien schreiben Geschichte.

Mithin begreift die vorliegende Studie das televisuelle Feld als medienästhetischen Möglichkeitsraum zur Etablierung einer kulturellen Reimagination von kriegerischer Historie. Ihn gilt es analytisch zu perspektivisieren, wobei sich sowohl Fragen nach historischen Prozessen, deren zeichenhafter Formgebung als auch den ökonomischen Imperativen hinter den medialen Diskursen stellen. Die Fernsehserie fungiert in dem skizzierten Spannungsfeld als Schauplatz einer Verhandlung kultureller Semantiken, auf dem Bedeutungspotentiale und Affektpolitiken zugleich potenziert wie limitiert werden. Ihr diskursiver Rahmen ästhetischer Praktiken spannt ein offenes Netz von Sinnangeboten aus, das zwischen Komplexitätssteigerung und Komplexitätsreduktion oszilliert. Die TV-Serie holt eine dem Alltag einer Überzahl von Rezipienten nicht zugängliche Erfahrung durch ästhetische Arbeit ein, hält der medienkulturellen Konventionalisierung aber simultan stets eine Potentialität an reflexiven Offerten entgegen, die als Projektion mögliche Haltungen zum Dargestellten impliziert. Zugleich bleibt in der Kriegserie immer auch eine Medienästhetik der Attraktionen erhalten. Diese können, simultan oder exklusiv, um ihrer selbst willen wahrgenommen werden. Es existiert eine Dominanz des Spektakels, ohne dass der narrative Zusammenhang aufgehoben wäre. Attraktionen suspendieren den Fortgang der Narration nicht, sie treiben ihn an, besitzen ihre eigene Struktur mit Konflikt, Kampf und Lösung. Die Narration wiederum verleiht den Attraktionen erst generische Struktur, durch Integration von Figuren und Geschichte. So entsteht eine mediale Arithmetik, die ebenso auf narrative Prinzipien der Kausalität und Kontinuität setzt wie auf faszinierende Schauwerte von illusionärer Kraft. Beide Strategien heben sich nicht auf, sondern kommen im rezipierenden Subjekt zusammen. Wie Hermann Kappelhoff demonstriert, fußt gerade die Poetik des Kriegsfilms auf einem Verstehen, das in Erleben eingebettet ist: In solchen „ästhetischen Modulationen des emotionalen Erlebens" (2013, S. 188) organisieren Genres eine kollektive Gefühlswelt, die über die Affektstruktur der Subjekte imaginäre Formen von Gemeinschaft stiftet[5].

---

[5] Kappelhoff folgt damit der filmtheoretischen Neo-Phänomenologie, wie sie vor allem Vivian Sobchack stark gemacht hat. Für Sobchack bilden kognitives Verstehen und affektives

Diese soziohistorisch fundierte Medienästhetik der TV-Kriegsserie zwischen Reflexion und Attraktion lässt sie zu einem Interface werden, an dem historisches Bewusstsein und affektive Erfahrung in kulturellen Gemeinschaftsbildern aufgehen. Ihre Sinnhaftigkeit wie Sinnlichkeit wird im Folgenden entlang der zentralen phänotypischen Reihen des Genres analysiert. Theoretische Leitpositionen suche ich dazu einerseits im Anschluss an Prämissen der historischen Diskursanalyse, wie sie Michel Foucault skizziert hat. Das bedeutet, die vorzunehmende Untersuchung des diskursiven Feldes ‚Kriegsserie' orientiert sich hierzu nicht an einem hermeneutisch bestimmbaren Wahrheitsgehalt, wie ihn etwa traditionelle Ideologiekritik im Blick hat[6]. Auch interessieren mich nicht empirische Effekte der Serien auf ihr Publikum zur jeweiligen Rezeptionssituation. Vielmehr geht es mir darum, die Sinn- wie Affektofferten der im Diskurs der Kriegsserie vorgenommenen Reimaginationen kriegerischer Historie zu bestimmen und eben diese Angebote „in der Enge und Besonderheit ihres Ereignisses zu erfassen; die Bedingungen ihrer Existenz zu bestimmen, auf das Genaueste ihre Grenzen zu fixieren, ihre Korrelationen mit den anderen Aussagen aufzustellen, die mit ihr verbunden sein können, zu zeigen, welche anderen Formen der Äußerung sie ausschließt" (Foucault 1981, S. 43). Anstatt eine Geschichte der Kriegsserie zu erzählen, werden spezifische Mechanismen der televisuellen Reimagination von Krieg im Rahmen der Fernsehserie aufgezeigt. Nachzuspüren ist so einer generisch strukturierten Ordnung des Symbolischen, über die wiederum Relationen der Bedeutungsproduktion offen zu legen sind. Daher wird nicht primär der ‚werthafte' Charakter einzelner Produktionen im Zentrum stehen als vielmehr deren diskursive Beiträge zur generischen

---

Erleben keine sukzessiven Prozesse, vielmehr schafft die verkörperte Wahrnehmung des Films im verkörperten Empfinden des Subjekts eine Koinzidenz von Kognition und Affekt: „[T]he film experience is a system of communication based on bodily perception as a vehicle of conscious expression. It entails the visible, audible, kinetic aspects of sensible experience to make sense visibly, audibly, and haptically. The film experience not only represents and reflects upon the prior direct perceptual experience of the filmmaker [...] but also presents the direct and reflexive experience of a perceptual and expressive existence as the film" (1992, S. 9). Sobchack postuliert so für jede filmische Erfahrung einen transitiven Köper, der sich aus der untrennbaren Kopplung von Zuschauersubjekt und Repräsentation ergibt. Er konstituiert als basaler Garant zum einen ganz generell den Konnex von sensorischer Perzeption und bedeutungstragender Signifikanz, zum anderen aber auch eine konkrete Sinnzuweisung des Somatischen, die in lebensweltlichen, d. h. körpergrundierten Erfahrungen des Subjekts beheimatet ist. Damit geht Sobchack von einem intersubjektiven Film-Körper aus, der das einzelne Körper-Subjekt sowohl einbezieht als auch transzendiert.

[6] Patrick Vonderau hat hier von einer „deutlich moralisch-evaluative[n] Natur" (2004, S. 99) des Diskurses gesprochen. Zur ideologiekritischen Frage nach Möglichkeit und Praxis von Antikriegsfilmen siehe erschöpfend die Monographie von Burkhard Röwekamp (2011), außerdem den cinéphilen Aufsatz von Norbert Grob (1995).

## 1.1 Reimagination und Reflexion

Konfiguration der Kriegsserie. Ich arbeite deshalb auch nicht streng chronologisch, ebenso wenig wie diese Studie als kritische Geschichte der TV-Kriegsserie verstanden werden soll[7]. Sie versucht stattdessen vielmehr diskursive Verbindungen herzustellen, so dass kontemporäre Bearbeitungen historischer Konflikte zugleich auf Gegenwart, Vergangenheit wie Zukunft hin perspektivisiert sind. Dass ich dabei dennoch pars pro toto mit textuellen Analysen spezifischer Serien operiere, ist sowohl der genrehistorischen Progression der in den Produktionen sedimentierten Diskurse, den intertextuellen Referenzsystemen der Serien als auch einer notwendigen Thematisierung ihrer Konstitution wie Rekurrenz im jeweiligen kulturellen Kontext geschuldet. Dabei wird neben der Frage nach erinnerter Geschichtlichkeit insbesondere auch die Historizität des Mediums selbst zur Sprache kommen und über eine Theoretisierung seiner Form perspektivisiert. Wie das Fernsehen mit der Kriegsserie immer wieder neu erscheint und dadurch einen sinnstiftenden Rahmen generischer Kontextualisierung erhält, dies bleibt als Fluchtlinie der Überlegungen stets mitzubedenken.

Neben der Diskursanalyse Foucault'scher Prägung wird sich mithin eine dekonstruktivistische Kultursemiotik von zentraler Bedeutung erweisen. Wenn die vorliegende Studie einen Zugriff auf ihr Thema durch differenzierte Einzeluntersuchungen sucht, ist sie insbesondere Anregungen des späten Roland Barthes verpflichtet. Die Praxis einer textuellen Analyse der jeweiligen Serien soll einerseits dem heterogenen Spektrum des ästhetischen Repertoires gerecht werden, zum anderen steht ihre spezifische Relation zur Historizität kriegerischer Konflikte im Sinne einer Reimagination und Reflexion von nicht-fiktionalen Medialisierungen zur Diskussion. Nicht nur die Reziprozität zwischen historischen Ereignissen und televisueller Bearbeitung, auch die Situierung der TV-Kriegsserie im transmedialen Medienverbund einer medienkonvergenten Medienkonfiguration ist hier von zentralem Interesse. Dabei gilt es, nicht instrumentell das Fernsehen in den Dienst des Krieges zu stellen, sondern auch ernst zu nehmen, was der Krieg für televisuelle Narrative tun kann. Die irreduzible Medialität des Fernsehens und seiner Serien will in ihrer unhintergehbaren Eigenlogik verstanden sein. Die Kriegsserie

---

[7] Mir geht es damit auch nicht um eine Periodisierung des Genres in ein „grundsätzliches Phasenmodell" (Klein et al. 2007, S. 20), das, wie Michael Wedel gezeigt hat, jene „subtile[n] ästhetischen Transformationen, die sich quer zu thematischen Schwerpunktsetzungen verhalten, [...] kaum mit der gebotenen Trennschärfe erfassen [kann]" (2010, S. 81). Stattdessen projektiert die vorliegende Studie mit Wedel einen „historische[n] Ansatz, der Einfluss- und Bezugsmuster auf der Ebene der konkreten (wirkungs-)ästhetischen Zurichtung tradierter Erzählstoffe, dramaturgischer Muster und einzelner Motivkomplexe erfasst" (2010, S. 81). In diesem Sinne verfolge ich die signifikanten Modifikationen der TV-Kriegsserie entlang genreästhetischer Verschiebungen, die jeweils auf unterschiedliche soziokulturelle Diskursbedingungen reagieren.

ist so in ihrer semantisch-affektiven Wirksamkeit genau zu beschreiben, um mit den daraus gewonnenen Erkenntnissen theoretische Abstraktionen vorzunehmen: d. h. Fragen von ästhetischen Spezifika und kulturellem Kontext zu klären. Deskription und Analyse werden folglich miteinander verschmelzen. Es soll also darum gehen, zum einen möglichst nahe am medialen Text zu arbeiten, zum anderen aber immer wieder auch kulturtheoretische Seitenblicke zu wagen. Intendiert ist eine Lektüre, keine Interpretation, statt dem Finden, ein Erfinden: nicht die Suche nach einer richtigen, geschlossenen, endgültigen Bedeutung, sondern ein Forschen nach dem Pluralen, dem Diffusen, dem Abgleiten der Signifikanten. In Analogie zu jenem Licht, das auf ein Prisma fällt, wie Roland Barthes es beschrieben hat – „ich gehe vorbei, gehe hindurch, ich artikuliere, löse aus, ich zähle nicht" (1987, S. 16). Die Lektüre erklärt nicht, sie macht explizit. Sie interpretiert nicht, sie entziffert. Sie legt nicht aus, sie legt offen. Rekurse auf Theoriemodelle aus Medien- und Kulturtheorie sind ihr nicht intellektuelle Sicherheiten, sondern vielmehr Quellen der Freundschaft, abermals ganz im Sinne des späten Barthes: „[I]ch berufe mich nicht auf Garantien, ich gedenke, mit einer Art im Vorbeigehen erstatteten Grußes, lediglich dessen, was verführt, was überzeugt, was einen Augenblick lang die Wollust des Verstehens (des Verstandenwerdens?) geschenkt hat" (1988, S. 22). Deshalb auch wird in dieser Studie nicht dogmatisch einer monolithischen Schule medienwissenschaftlicher Theoriebildung gefolgt, keinem essentialistischen Modell. Stattdessen sind bestimmte Theoriekonzepte in bestimmten Kontexten situativ anzuwenden, ihrem jeweiligen heuristischen Wert entsprechend. So wie das Fernsehen verstanden werden soll als offenes System, so soll das Nachdenken über seine Serien sich öffnen: hin zu dem Transitorischen, Instabilen und Pluralen, das auch die entropischen Erscheinungen der Television auszeichnet. Es verlangt mehr nach einem *écrivain* statt einem *écrivant*, um noch einmal Barthes zu folgen: Das Schreiben ist dem Gegenstand, in den es eindringt, verbunden. Die in der vorliegenden Studie immer wieder geleistete Arbeit an theoretischen Positionen erfolgt deshalb nie um ihrer selbst willen, sondern stets im Interesse ihres televisuellen Materials. Dessen Autorität ist strikt zu wahren: Die Serien selbst sollen damit zum Sprechen gebracht werden.

## 1.2 Genre und Gesellschaft

Die medienästhetische Formation des Krieges zu analysieren, bedeutet unweigerlich, mit der kulturellen Signifikanz generischer Strukturen konfrontiert zu werden. Unter Genres sind hier diskursive Größen zu verstehen, die differente kulturelle Felder adressieren. Während sie auf Ebene ästhetischer Produktion als

## 1.2 Genre und Gesellschaft

gestalterisches Organisationsprinzip fungieren, strukturieren sie auf Ebene rezeptionsseitiger Aneignung den Erwartungshorizont ihres Publikums[8]. Nicht zuletzt wirken Genre-Konzepte aber auch in der medienwissenschaftlichen Theorie selbst, die damit ihren Objektbereich klassifizierend zu systematisieren und/oder ideologiekritisch zu analysieren versucht. Genres organisieren dadurch Wissen über eben jenen Gegenstand, den sie generieren und referenzieren. Sie konturieren die Objekte, von denen sie sprechen, von denen sie zugleich aber auch erst sprechen lassen.

Auf allen drei Ebenen – der ästhetischen Praxis, der rezeptionsseitigen Appropriation sowie der wissenschaftlichen Theoriebildung – stellen Genres mithin „Systeme kultureller Konventionen" (Tudor 1977, S. 92) dar. Das bedeutet, sie sind ein terminologisches Instrumentarium der Verhandlung, durch das Medienproduzenten, Mediennutzer und Medienwissenschaftler über signifikante Indikatoren mittelbar miteinander kommunizieren. Um diese Kommunikation genauer zu bestimmen, ist es notwendig, jene Strukturen zu untersuchen, innerhalb derer Texte als Genres produziert, vermarktet, rezipiert und analysiert werden. So besteht eine Funktion von Genres – im Sinne einer Genre-Funktion, wie sie analog zu Michel Foucaults „Autor-Funktion" zu spezifizieren ist – darin, dass man zwischen einzelnen Texten „ein Homogenitäts- oder Filiations- oder Beglaubigungsverhältnis" herstellt, ebenso „ein Verhältnis gegenseitiger Erklärung und gleichzeitiger Verwendung" (Foucault 2000b, S. 210). Aus Foucault'scher Perspektive bleiben für Genres also dieselben Fragen zu stellen, die an alle Funktionen im diskursiven Gebrauch zu richten sind: „Welche Existenzbedingungen hat dieser Diskurs? Von woher kommt er? Wie kann er sich verbreiten, wer kann ihn sich aneignen?" (Foucault 2000b, S. 227). Als diskursive Größen wären Genres mit Foucault als eine von Geschichtlichkeit definierte Größe zu beschreiben, das heißt als durch historische Evolutionen und soziokulturelle Veränderungen bestimmt.

Genre stellen eine Form soziokultureller Praxis dar. Sie sind daher eine heuristische Kategorie, die als besonders privilegiert gelten kann, wenn die Frage danach gestellt wird, „how to understand the life of [media] in the social" (Gledhill 2000, S. 221). Das bedeutet nun nicht, dass sich an einzelnen Genre-Produktionen soziokulturelle Bedeutungen schlicht ablesen lassen. In den Blick treten muss vielmehr ein möglichst umfangreicher Korpus an Produktion eines Genres aus möglichst zahlreichen Einzelmedien, um nicht nur der Gefahr zu entgehen, reduktive Kausalketten aufzustellen, sondern auch zu validen Aussagen über die Relation von Genre und Kultur gelangen zu können. Wie Steve Neale gefordert hat, wird ein genretheoretischer Blick erst dann produktiv, wenn er seinen Fokus auf „cross-media generic

---

[8] Siehe dazu in extenso die Monographien von Altman (1999); Neale (2000); Langford (2005); Grant (2007); Moine (2008).

formation and circulation" (1990, S. 62) legt. Nötig ist so ein geschichtsbewusster Blick auf das Material in seiner historischen Varianz, der Entwicklungen aus einer transmedialen Perspektive zu fokussieren weiß und im Rahmen der vorliegenden Studie die Felder von Film und Television einander wechselseitig perspektivisieren lässt. Eben diese Varianz macht dann Rückschlüsse auf soziokulturelle Prozesse in einem weiteren Rahmen möglich, d. h. generische Sets an Konventionen können dann als Antworten auf Fragen ihres Publikums verstanden werden, deren Gratifikationen, Phantasien und Präokkupationen einerseits auf einen soziokulturellen Rahmen verweisen und sich andererseits in die Ästhetik von Genre-Standards einschreiben. Dabei ist es sowohl möglich, dass Letztere über längere Perioden konstant bleiben wie auch rasch alternieren. Je nach Situation von Gesellschaft und Kultur bilden Genres signifikante ästhetische Clusterbildungen aus, die stets in enger Relation zu ihrem diskursiven Kontext stehen. Erst die soziokulturelle Verankerung eines Genres evoziert mithin eine generische Medienästhetik in der einen oder anderen Form. Genres also lassen sich als Diskursivierungen gesellschaftlicher Zusammenhänge verstehen, die durch temporär konventionalisierte Darstellungsstrategien eben jene Kontexte in subliminierter Weise referenzieren.

Mit dem Konzept des generischen Mythos haben Autoren wie John Cawelti (1969), Will Wright (1976) und Thomas Schatz (1981) versucht, diese Relation von Kultur und Genre theoretisch zu fassen. Inspiriert von der Entwicklung einer strukturalen Anthropologie bei Claude Lévi-Strauss (1976), wird die soziokulturelle Funktion von Genres in der Überbrückung der für eine Gesellschaft konstitutiven Oppositionen gesehen. Durch den generischen Mythos narrativisiert eine Kultur ihre virulenten Diskurse in ebenso reduzierter wie personalisierter Form, um dadurch eine imaginäre Lösung sozialer Kontradiktionen zu leisten: „The concept of genre as a filmic system must be characterized, like that of myth, by its function; its value is determined not according to what it is, but rather to what it does. In its ritualistic capacity, a film genre transforms certain fundamental cultural contradictions and conflicts into a unique conceptual structure that is familiar and accessible to the mass audience" (Schatz 2003, S. 97). Genres erwachsen demnach aus präexistenten soziokulturellen Praktiken, die sie sowohl reflektieren als auch diskursivieren. Durch sie versichern Gesellschaften sich nicht nur ihrer Einheit, über sie werden auch Vergangenheit wie Zukunft der sozialen Formation gedacht. Dieser Verweis auf die mythische Funktion von Genres ist ein wichtiges Korrektiv gegenüber orthodoxen ideologiekritischen Ansätzen, die unter generischen Lösungen soziokultureller Spannungen nur oppressive Re-Affirmation, d. h. „Massenbetrug" (Horkheimer und Adorno 1984, S. 128 ff.) und „the maintenance of the status quo" (Hess Wright 2003, S. 41) sehen können. Ganz im Gegenteil, Theoretiker wie Schatz, Cawelti und Wright betonen mit Lévi-Strauss ja gerade, dass

## 1.2 Genre und Gesellschaft

im generischen Mythos gesellschaftliche Kontradiktionen mitnichten eskamotiert als vielmehr wiederholt, d. h. immer und immer wieder neu verhandelt und somit unweigerlich auch immer wieder und wieder neu offen gelegt werden. Orthodoxe Ideologiekritik ist daher weder im Stande, die jeder Genre-Produktion immanente Polysemie erfassen noch dem dynamischen Einfluss soziokultureller Rahmenbedingungen auf generische Ästhetiken gerecht werden zu können[9]. Genres als moderne Medienmythen zu begreifen, darf jedoch ebenso wenig heißen, ein monokausales Reagieren von Genre-Konventionen auf Publikumsinteressen zu hypostasieren. Entgegen Schatz eher eindimensional und vor allem ahistorisch gedachtem Mythos-Konzept bleibt ein komplexes System von Zusammenhängen zu konstatieren, das Subjektivitäten und soziale Maschinen gleichermaßen betrifft und beide auf Ebene instabiler Gleichgewichtszustände auspendelt. Genres bilden Assemblagen aus, die für ihr Publikum als gemeinsamer Diskurs fungieren, über den zu einer bestimmten Zeit an einem bestimmten Ort die Frage nach Kulturalität und Sozietät verhandelt wird. Dabei entstehen Subjektivitäten nicht durch ideologische Manipulation, vielmehr sind sie Effekt einer permanenten (Re)Diskursivierung von Gemeinschaftlichkeit, die stets nur temporär fixierte Konsensstrukturen ausbildet.

Die Geschichtlichkeit von Genres lenkt den Blick auf situative Konstellationen, in denen Aussagen getroffen werden. Als Aussagemodus zu beachten bleibt dennoch auch der im Diskurs lokalisierte Medientext selbst. In ihm manifestieren sich rekursive audiovisuelle Muster, stereotype Handlungsmotive, konventionalisierte Dramaturgien und standardisierte Situationen, die differente funktionale Qualitäten besitzen, also unterschiedlich in einem narrativen Rahmen integriert sind, der Elemente des Sichtbaren und Hörbaren zu Bedeutungsträgern organisiert. Jeder neue Text schreibt somit durch die ihm eigene semantisch-syntaktische Organisation an der Geschichte seines Genres mit. Genres sehen sich keinem statischen Regelwerk unterworfen, sondern zeichnen sich vielmehr durch phänotypische Varianz und offenen Strukturen aus. Das System ihrer Regeln ermöglicht eine unbegrenzte Auswahl an einzelnen Äußerungen. Da eine reziproke Relation zwischen Genre-Regeln und Genre-Texten herrscht, können die Regeln nicht zuletzt auch

---

[9] Bereits Stephen Neale hat dies herausgestellt: „Genres are not the product of economic factors as such. The conditions provided by the capitalist economy account neither for the existence of the particular genres that have hitherto been produced, nor for the existence of the conventions that constitute them" (1980, S. 52). Neale leistet damit noch im Kontext der *screen theory* eine wichtige Intervention gegen vulgärmarxistische Ideologiekritik, die jeden kulturellen ‚Überbau' durch einen ökonomischen ‚Unterbau' determiniert glaubt. Er selbst begreift, ganz im Sinne auch dieser Studie, Genres als „systems of orientations, expectations and conventions that circulate between industry, text and subject" (Neale 1980, S. 19).

selbst durch den einzelnen Text verändert werden. Genres sind daher als provisorische, weil dynamische, Kategorien zu verstehen, die historisierendes Denken notwendig machen: eine diachrone Analyse, die entgegen einer synchronen Perspektive das prozessuale, immer infinit zu denkende Set generischer Cluster im Auge behält[10]. Genres besitzen eben kein statisches semantisches Zentrum, das transhistorische Validität besäße, vielmehr bilden sie offene Netzwerke an Relationen aus, die durch hochgradig fluide Signifikantenketten gekennzeichnet sind. Daher lassen Genres sich essentialistisch nicht bestimmen. Sie lassen sich wohl aber pragmatisch nutzen, um einen Komplex von Texten zu beschreiben. Denn auch wenn Genres diskursive Einheiten darstellen, besitzen sie dennoch auch eine ‚materielle' Existenz. Anstatt bloß arbiträre Terminologien zu bilden, sind sie stets rückgebunden an kulturelle Konstellationen, die wiederum Texte mit generischen Verfasstheiten hervorbringen. Spezifische Texteigenschaften entstehen so in historischen Kristallisationen von diskursiven Eigenschaften. Genres lassen sich mithin als zwischen Text und Kontext zirkulierende Strukturen begreifen, die Bedeutungspotentiale zur Verfügung stellen.

Entsprechend einem solchen dynamisch-historischen Verständnis von Genres als prozessualen Instanzen verschränkt die vorliegende Studie einen medienästhetischen mit einem medienkulturellen, einen textanalytischen mit einem diskursanalytischen Forschungsansatz. Sie begreift Genres als symbolische Formen, durch die eine Gesellschaft über sich selbst nachdenkt. Während auf einer ersten Ebene damit die ästhetischen Qualitäten der TV-Kriegsserie zu analysieren sind, werden auf einer zweiten Ebene ihre spezifischen Diskursbedingungen untersucht, die Genre-Praxis wie Genre-Wissen als soziokultureller Rahmen der generischen Konventionen signifikant überdeterminieren. Erst im reziproken Ineinandergreifen beider Ebenen ergeben sich spezifische historische Konstellationen, die eine Verständigung über Bedeutungshorizonte und Referenzpotentiale der TV-Kriegsserie im Sinne eines kommunikativen Diskurses ermöglichen.

Der Kriegsserie im Fernsehen geht die medienästhetische wie medienkulturelle Bearbeitung des Krieges auf dem Feld des Kinofilms voraus. Um die Signifikanz der Television erfassen zu können, ist daher ein Blick auf die generische Tradition des Kriegsfilms unverzichtbar. So ist die Kriegsserie analog zum Kriegsfilm durch eine audiovisuelle Narrativisierung des Krieges in generischen Konventionen definiert. Diese narrative Kulturalisierung sucht nach Lösungen ideologischer

---

[10] Genres formen also keine feste Struktur, sondern besitzen lediglich, im Sinne von Ludwig Wittgenstein, bestimmte Familienähnlichkeiten: „ein kompliziertes Netz von Ähnlichkeiten, die einander übergreifen und kreuzen" (1967, S. 48). Wie die Wittgenstein'schen Sprachspiele ähneln sich Genres, nicht weil sie ein grundlegendes gemeinsames Merkmal besitzen, sondern weil sie mehrere Eigenschaften teilen.

## 1.2 Genre und Gesellschaft

Spannungen durch ein Erzählen individueller Konflikte, das über seine medienästhetische Rekonzeptionalisierung historische Erfahrung immer auch den Belangen des Gegenwärtigen adaptiert[11]. Geschichte wird so als Narration vergangener Ereignisse einer erneuten Lektüre unterworfen, die Aussagen über Vergangenes durch das Medium der Gegenwart tätigt. Letztere stellt Fragen an Erstere, so dass die Historie des Krieges stets nur über Akte der Retrovision an nachträglicher Einsicht gewinnt. Dabei werden die Gesetze des Genres zum entscheidenden medienkulturellen Filter. Was der Krieg auf einer sehr basalen Ebene für das fiktionale Kino leistet, das ist die Offerte eines historischen Referenzobjekts, dessen mediale Inszenierung eine bestimmte Form ästhetischer Erfahrung verspricht. Diese Erfahrung wiederum steht in enger Relation zu Prozessen von Genre-Bildung und Genre-Differenzierung. Im Zuge der narrativen Linearisierung des Films kommt es erstmals mit D.W. Griffiths *Birth of a Nation* (1915) zu einer international ebenso aufmerksamkeitserregenden wie einflussreichen Produktion, die Krieg bereits als symbolisch funktionalisierte Erzählung fruchtbar macht, durch die Narrative von Nation und Identität ausagiert werden können. Heute, knapp hundert Jahre später, folgt der Spielfilm im Großen und Ganzen noch immer den Griffith'schen Prinzipien des Erzählens, und das Kriegsgenre ist mit Produktionen wie *Windtalkers* (2002; John Woo), *Flags of Our Fathers* (2006; Clint Eastwood) oder *Miracle at St. Anna* (2008; Spike Lee) lebendiger denn je. Wo *Birth of a Nation* noch den US-Sezessionskrieg abarbeitet, hat der Kriegsfilm sich in seiner Nachfolge primär mit den großen Staatenkriegen des Zwanzigsten Jahrhunderts beschäftigt. Diese auf der Konstitution von Nationalstaaten und der damit verbundenen Monopolisierung kriegerischer Gewalt, der Professionalisierung militärischer Apparate, der Sym-

---

[11] Freilich offeriert jeder mediale Text aber nur ein Bedeutungspotential, weder determiniert er die rezeptionsseitige Auseinandersetzung mit ihm noch kontrolliert er seine Bedeutungsvarianz. Ein wichtiges Korrektiv zu ideologiekritischen Positionen, die dem Text eine dominante Stellung gegenüber dem Rezipienten zusprechen, bietet hier John Fiskes Hinweis auf das multidiskursive Moment der textuellen Größe: „The hegemony of the text is never total, but always has to struggle to impose itself against that diversity of meanings that the diversity of readers will produce. But this polysemy is not anarchic and unstructured: the meanings within the text are structured by the differential distribution of textual power in the same way that social groups are related according to the differential distribution of social power" (1987, S. 93). Für Fiske existiert damit keine fundamentale Freiheit der Signifikate, weil er textseitig generierte Bedeutung limitiert sieht durch Konflikte innerhalb gesellschaftlicher Machtstrukturen. Diese soziale Auseinandersetzung gibt den Rahmen der Lektüre vor, so dass der Text nur mögliche Sinnangebote zur Verfügung stellen kann, die aber nie eine spezifische Rezeption festlegen: weder durch individuelle Intentionen noch durch ideologische Determinanten. Aus diesem Grund plädiert Fiske zwar für eine textorientierte Wissenschaftspraxis, betont aber zugleich, dass textuelle und soziale Erfahrung der Rezipienten nicht zu trennen sind.

metrisierung kriegerischer Akteure und der Installierung völkerrechtlicher Obligationen basierenden Kriege führen zur medienästhetischen Genese generischer Formen, die sich mit dem Kriegseintritt der USA im Zweiten Weltkrieg und der korrespondierenden Mobilmachung Hollywoods zementieren.

Der Zweite Weltkrieg bietet im Folgenden immer wieder einen Rekursraum für Produktionen, von *Merril's Marauders* (1962; Samuel Fuller) über *A Bridge Too Far* (1977; Richard Attenborough) bis zu *Saving Private Ryan* (1998; Steven Spielberg). Dabei besitzt die Fiktionalisierung des kriegerischen Konflikts stets eine intrinsische Verbindung zur faktualen Historie[12]. Sie ist simultan ein Diskurs der Erinnerung wie der Projektion. „Was man heute als Kriegsfilm des klassischen Hollywoodkinos begreift", resümiert Hermann Kappelhoff, „ist erst mit dem Zweiten Weltkrieg entstanden. Seine Grundmuster gehen zurück auf den Fronteinsatz der Hollywoodregisseure im propagandistischen Dienst der amerikanischen Streitkräfte. Regisseure wie Frank Capra, John Huston, John Ford, George Stevens oder William Wyler arbeiteten während des Kriegs in Dokumentarfilmstaffeln, verwendeten aber das gefilmte Material eben auch in ihren Genre-Filmen. So entstanden die frühesten Spielfilme über die alliierten Siege auf dem afrikanischen Kriegsschauplatz gleichsam im selben Zuge wie das Wochenschaumaterial, das die historischen Ereignisse dokumentierte. [D]ie Regisseure [haben] immer wieder den Anspruch auf Augenzeugenschaft für sich erhoben. Der klassische Kriegsfilm ist nicht denkbar ohne die betonte Referenz des Bilds auf ein historisches Ereignis, ohne die dokumentarische Funktion von Fotografie und Film. Das gilt auch für die ‚postmoderne' Variante" (2006, S. 76)[13]. Zwischen der medialen Darstellung

---

[12] Mit Gérard Genette wäre von Fiktion dann zu sprechen, wenn eine dissoziative Relation zwischen Inszenierung und Inszeniertem besteht, d. h. Erstere nicht „die volle Verantwortung für die Behauptungen [der] Erzählung" (1992, S. 80) übernimmt. Fiktionale Narrative bestehen nicht ernsthaft auf faktuelle Gültigkeit, sie erheben keinen Anspruch darauf, an extratextuellen Gegebenheiten verifizierbar zu sein. Während das Faktuelle eben dies für sich reklamiert, rekurriert das Fiktionale auf Potentialitäten, d. h. die Konstruktion möglicher Welten.

[13] Ähnlich argumentiert Thomas Schatz, der ebenfalls die enge Relation sowohl von medienästhetischem Zeichenrepertoire und historischem Referenzobjekt als auch von fiktionalem Zugriff und faktualer Repräsentation unterstreicht: „These films were altogether unique on several counts – and not only as genre films but also as Hollywood features. First, they evinced an extraordinary sense of historical immediacy, far beyond that of any other cinematic genre or cycle in movie history. Second, the fictional combat film developed a genre in direct symbiosis with the war-related documentaries and newsreels, which also saw heavy production during the war. Indeed, Hollywood's fiction and nonfiction treatments of the war represented, in Lewis Jacobs's evocative terms, a 'vast serialization' of the American and Allied war effort" (1998, S. 90). Die Signifikanz des Kriegsfilms liegt demnach gerade in seiner durchaus kontradiktorischen Integration von Fakt und Fiktion.

## 1.2 Genre und Gesellschaft

von Krieg und ihrem historischen Referenten existiert dementsprechend eine enge Relation. Im Kriegsfilm greift das audiovisuelle Bewegtbild auf Geschichte zu, die dadurch in Form kultureller Erinnerungsarbeit medienästhetisch reimaginiert wird. Was dabei die Wochenschau für Filme über den Zweiten Weltkrieg und später den Koreakrieg leistet, kommt ab Mitte der 1960er Jahre dem Fernsehjournalismus zu. Er evolviert zum medialen Filter, den Kriegsfilme über den Kampfeinsatz der USA in Vietnam als feste Referenz adressieren. Produktionen wie *Apocalypse Now* (1979; Francis Ford Coppola), *Platoon* (1986; Oliver Stone) oder *Full Metal Jacket* (1987; Stanley Kubrick) besitzen damit ebenfalls eine doppelte historische Referentialität: Einerseits ist ein Dokumentcharakter als geschichtliches Zeugnis behauptet, andererseits führt dieses Postulat über den nötigen Umweg einer Diskursivierung massenmedialer Vor-Bilder. Als medienkulturelle Imagination des Historischen arbeitet der Kriegsfilm so Geschichte auf, indem er sie zweifach transformiert. Kriegsnarrative sind deshalb stets auf der Ebene eines Diskurses zweiter Ordnung lokalisiert: Sie referenzieren nicht nur historische Ereignisse, sie tun dies stets auf Basis medialer Wahrnehmungspotentiale, hinter denen Geschichte nicht selten verschwindet[14]. Kriegsnarrative bilden keinen Effekt von Kriegshistorie, bedürfen dieser aber dennoch als Prädisposition. Ihre Lesbarkeit ist daher zwangsläufig an ein akkumuliertes Mediengedächtnis gekoppelt, das in Audiovisionen die Erfahrung von Krieg sowohl sinnlich erfahrbar als auch sinnhaft einsichtig macht. Dabei hängen generisches und historisches Bewusstsein untrennbar voneinander ab: Sie beglaubigen sich stets reziprok.

Auch die sog. Neuen Kriege mit ihrer Qualität eines „Verschwimmen[s] der Grenzen zwischen Krieg (üblicherweise als politisch motivierte Gewalt zwischen Staaten oder organisierten politischen Gruppen definiert), organisiertem Verbrechen (privat motivierte, normalerweise auf finanziellen Gewinn abzielende Gewalttaten privat organisierter Gruppen) und massiven Menschenrechtsverletzungen (von Staaten oder politisch organisierten Gruppen gegen Individuen begangene Gewalttaten)" (Kaldor 2000, S. 8), haben einen Zyklus von Kriegsfilmen

---

[14] Rick Altman argumentiert in diese Richtung, wenn er ein Genre-Gedächtnis gegen historisches Bewusstsein in Stellung bringt: „Whether or not genres derive from specific cultural rituals they clearly serve a memorial function, commemorating key aspects of collective history. [...] All genres serve to share the epic function of recalling the origins and justifying the existence of current practices. [...] However much genre texts may recollect events, locations, or relationships, they must also recall previous texts or they will fail to assure the genre's continued existence. [...] When trying to bring together spectators who actually share less and less, what better meeting place than the common past provided by the genre itself?" (1999, S. 189 f.) Für Altman ist der Kriegsfilm ein Genre, das weniger individuelle Erfahrung von Veteranen reflektiert als vielmehr auf der medialen Produktion generischer Strukturen basiert.

inspiriert. Da es in ihrem Rahmen nicht mehr um Konflikte zwischen zwei oder mehreren souveränen Nationalstaaten geht, sondern stattdessen komplexe Konstellationen von Kriegsakteuren auftreten, ist auch in medialen Narrativen der Neuen Kriege mitunter eine Komplexitätssteigerung zu konstatieren. Mit ihren substaatlichen Akteuren, ihrer asymmetrischen Kriegsführung, ihrer systematischen Desavouierung der Menschenrechte sowie ihren profitablen Kriegsökonomien bilden die Neuen Kriege eine Herausforderung für generische Feedbackprozesse. Dennoch aber bleibt die Medienästhetik von Kriegsnarrativen noch immer dem generischen Set an Konventionen verbunden.

Die Medienästhetik des Krieges in der TV-Serie folgt der medienästhetischen Bearbeitung des Krieges auf dem Feld des Kinofilms nach. In ihrer bis heute validen Grundlagenstudie „The World War II Combat Film: Anatomy of a Genre" hat Jeanine Basinger den Kriegsfilm in seinen generischen Konventionen theoretisiert und analysiert[15]. Ihre Ergebnisse können auch für das Feld des Fernsehens als höchst fruchtbar gelten, zumal die TV-Kriegsserie aus einer transmedialen Genre-Passage zwischen Kino und Television hervorgeht. Basinger stellt zunächst heraus, dass der Kriegsfilm, der „war film", als Makro-Genre „in a coherent generic form" (2003, S. 9) nicht existiert. Die Komplexität des Phänomens ‚Krieg' in seinen Dimensionen von Kampfhandlungen, Gefangenschaft, Versorgungslinien, Diplomatie, Spionage, Heimatfront etc. wird von keinem Genre in allen Facetten adressiert. Der Kriegsfilm als Genre fokussiert sich vielmehr auf die Darstellung von Frontkämpfen in kriegerischen Konflikten, durch deren Oppositionsstruktur die generischen Narrative moduliert werden[16]. Globale Konflikte sind auf Kampf-

---

[15] Unter der Vielzahl an Publikationen zum Themenkomplex von Krieg und Medien haben sich neben Basingers kanonischer Arbeit für diese Studie in ihrem medienwissenschaftlichen wie kulturtheoretischen Anspruch die Monografien von Bronfen (2013) sowie Robnik (2007) als besonders hilfreich erwiesen.

[16] Mit Basinger ist der auf kriegerische Kampfhandlungen zentrierte Kriegsfilm im engeren Sinne von Militär- und Historienfilmen abzugrenzen, die Kriegsszenarien lediglich als historischen Hintergrund nutzen. Dazu zählen etwa Filme um Kriegsgefangene, Militärgerichte oder medizinisches Personal. Auch Steve Neale nimmt eine entsprechende Definition des Genres vor: „[W]ar films are films about the waging of war in the twentieth century; scenes of combat are a requisite ingredient and these scenes are dramatically central. [...] And it excludes home front dramas and comedies and other films lacking scenes of military combat" (2000, S. 117). Ich schließe mich in der vorliegenden Studie den Definitionen von Basinger und Neale an. Für meine Auswahl an Analyseobjekten hat dies entscheidende Konsequenzen, da ich nur Serien untersuche, die kriegerische Kampfhandlungen fokussieren. Ausgeklammert bleibt eine Produktion wie *Court Martial* (1966; ABC), die sich um Militärgerichtsprozesse rankt, ebenso wie *Hogan's Heroes* (1965–1971), eine Produktion, die ihre Diegese im Kriegsgefangenenlager situiert. Auch *M\*A\*S\*H* (1972–1981; CBS) und *China Beach* (1988–1991; ABC) fallen nicht unter den Analyseschwerpunkt dieser Studie.

## 1.2 Genre und Gesellschaft

handlungen einiger weniger Figuren herunter gebrochen, die im Rahmen der generischen Komplexitätsreduktion einen stellvertretenden, d. h. symbolischen Krieg führen. Basinger schlägt deshalb vor, anstatt von „war film" besser von „combat film" zu sprechen: „World War II gave birth to the isolation of a story pattern which came to be known and recognized as the combat genre, whether it is ultimately set in World War II, in the Korean War, or in Vietnam, or inside some other genre such as the Western" (2003, S. 13)[17]. Wenn deshalb im Folgenden von Kriegsfilm gesprochen wird, ist damit der „combat film" adressiert.

Für Basinger beginnt das Genre sich anno 1942 mit dem Kriegseintritt der USA zu konstituieren und bildet dabei in einem ersten Zyklus bis Ende 1943 seine Spezifika schon voll aus[18]. Dieser erste Zyklus schildert „the first disastrous losing battles of America's entry into the war" (Basinger 2003, S. 111). Kriegsfilme wie *Wake Island* (1942; John Farrow), *Submarine Raider* (1942; Lew Landers/Budd Boetticher) und *Bataan* (1942; Tay Garnett) situieren fiktive Charaktere in einem historisch verbürgten Kontext von Kampfhandlungen, in welchen den GIs ein gesichtsloser Feind entgegenstürmt, gleichsam als „an impersonal [...] mindless group, as opposed to [the lead characters who are a] collection of strongly delineated individuals" (Basinger 2003, S. 55). Ziel der Filme ist eine Provokation negativer Affekte, die eine Affirmation des Kriegswillens leisten sollen: „anger, determination, and passion for the fight" (Basinger 2003, S. 46). In *Bataan, Sub-*

---

Bei beiden Serien handelt es sich um Titel, die medizinisches Personal ins Zentrum rücken. Während *M\*A\*S\*H\** hier den Koreakrieg als Setting nutzt und analog zu *Hogan's Heroes* signifikante Züge einer Sitcom trägt, spielt *China Beach* zur Zeit des Vietnamkrieges. In Kontrast zu *M\*A\*S\*H\** fehlen der Serie komödiantische Elemente, stattdessen bedient sie Konventionen der Soap-Opera, wenn amouröse Angelegenheiten und soziale Konflikte abseits militärischer Pflichten den narrativen Fokus der Produktion bilden.

[17] Auch Thomas Schatz, der auf Basis empirischer Daten eine detaillierte Produktionsgeschichte des Kriegsfilmgenres nachzeichnet, unterstützt diese Emphase: „Hollywood has been rolling out WWII films ever since [1942; Anmerkung I.R.]. There have been other wars and other war-film cycles since then, of course, but still the WWII film persists. In fact, with each ensuing U.S. military episode, from Korea and Vietnam to the Persian Gulf and Iraq, the WWII film becomes an increasingly paradoxical subspecies – the veritable Ur-narrative within a steadily expanding genre, a template for all subsequent war-film variations, and a moral and thematic standard against which other war films (and other wars) would be gauged" (2008, S. 125). Das WWII Combat Movie figuriert mithin als generischer Prototyp des Kriegsfilms, der jenseits historischer Referenzen den basalen Diskurs des Genres vorgibt.

[18] Basinger betrachtet in ihrer Monographie lediglich US-Produktionen, obgleich auch andere nationale Kinematographien bereits während des Zweiten Weltkriegs ihre eigene Kriegsfilmtradition hervorbringen. Ich werde mich in dieser Studie ebenfalls auf US-Titel konzentrieren, wobei auf dem Feld der Television nahezu ausschließlich US-Produktionen existieren.

*marine Raider* und *Wake Island* sind die zentralen Topoi und Motive des Kriegsfilms bereits paradigmatisch realisiert. Neben dem „internal conflict on our side" und „antagonism between two characters" (Basinger 2003, S. 26): d. h. Spannungen im US-Militärapparat, häufig manifest durch Differenzen auf der Mikroebene von soziokulturell wie ethnisch heterogen zusammengesetzten Kampfeinheiten, lassen sich rekursive Situationen wie „[t]he ‚last stand' format" (Basinger 2003, S. 27): d. h. eine finale, alles entscheidende Kampfsequenz am Ende des Films, sowie die narrative Konstruktion eines „noble sacrifice" (Basinger 2003, S. 33): d. h. des soldatischen Opfers für ein kollektives Ziel, nachweisen. Horizont dessen bildet stets die Konstitution einer soldatischen Kampfeinheit, die für das vorgegebene militärische Telos interne Konflikte überwindet und als nationale Keimzelle der USA inszeniert wird.

Der folgende Zyklus des Kriegsfilms entsteht in den beiden letzten Jahren des Zweiten Weltkriegs und bleibt bis nach Kriegsende zentral. Basinger notiert subtile Differenzen zum ersten Zyklus, die sich vor allem in einem autoreflexiven Bewusstsein der eigenen Genrehaftigkeit und einer neuen daraus resultierenden Narrationsökonomie niederschlagen. Filme wie *Air Force* (1943; Howard Hawks), *Objective, Burma!* (1945; Raoul Walsh) und *They Were Expendable* (1945; John Ford) setzen eine Vertrautheit mit generischen Mustern sowie der Kriegsberichterstattung auf Seiten des Publikums voraus: „This is done not only as if the people making the film knew how to use the medium for specific meanings, but also as if they knew the audience already knew and understood such concepts" (Basinger 2003, S. 112). Dies hat zur Folge, dass explizierende Dialoge vermieden und stattdessen eine Konzentration auf physische Auseinandersetzungen stattfinden kann. Darüber hinaus entwerfen Vertreter des zweiten Zyklus vollends fiktionale Narrative, die nun nicht mehr in verbürgte Kriegshistorie eingebettet sein müssen. Schließlich durchläuft auch die Auflösung der Geschichte eine Veränderung, wenn das negative Ende des ersten Zyklus nun durch einen optimistischen Ausblick ersetzt wird. Während im ersten Zyklus noch ostensiv propagandistisch Vergeltungsphantasien geschürt werden, ist im zweiten Zyklus ein unmittelbar bevorstehender Sieg über den Gegner hypostasiert. Analog zu Ersterem wird aber auch in Letzterem noch immer die dafür notwendige Anstrengung, d. h. auch Leid, Verlust und Opfer der einzelnen Soldaten unterstrichen. Nur greift hier nun erstmals bereits ein Impetus der Kommemoration durch, die Geste der mythischen Verklärung.

Der dritte Zyklus wird von Basinger in den zehn Jahren zwischen 1949 und 1959 lokalisiert. Er ist nach Basinger durch einen besonderen Komplexitätszuwachs definiert, der aus einer Reflexion des erfolg-, aber auch verlustreichen US-Engagements im Zweiten Weltkrieg resultiert. Die Kampfeinsätze sollen hier einer sinnstiftenden Conclusio zugeführt werden: „The subject could now be presented for earned national pride, understanding, and justification – not just propaganda. We could resolve the war, finish it off once and for all" (Basinger 2003, S. 140). Filme wie *Battleground* (1949; William A. Wellman), *Sands of Iwo Jima* (1949; Allan Dwan) oder *Battle Cry* (1955; Raoul Walsh) erzählen noch einmal von WWII, bereiten ihr Publikum aber simultan auch schon auf das Leben im ‚Frieden', d. h. dem Kalten Krieg vor. Eine Sonderrolle übernehmen Filme von jungen ikonoklastischen Regieauteurs wie Samuel Fuller, Don Siegel und Robert Aldrich. Fullers *Verboten!* (1959), Siegels *Hell Is for Heroes* (1962) oder Aldrichs *Attack!* (1956) stehen für einen betont desillusionierten, bisweilen offen nihilistischen Zugriff auf das Genre. Sie präsentieren nichts weniger als „the demolition of the wholesomeness of the tradition" (Basinger 2003, S. 170). Siegreich ist hier nun nicht mehr der Soldat mit der höchsten Moral, sondern der mit dem schnellsten Finger am Abzug.

Den vierten Zyklus des Kriegsfilms weist Basinger in den 1960er Jahren nach. Dort manifestiert das Genre sich in aufwendigen Prestigeproduktionen, die einen Authentizitätsgestus in Anspruch nehmen und sich auf große militärische Zusammenhänge konzentrieren. *The Longest Day* (1962; Ken Annakin/Andrew Marton/Bernhard Wicki), *Lawrence of Arabia* (1962; David Lean) oder *Battle of the Bulge* (1965; Ken Annakin) sind mehrstündige Monumentalfilme, die ihren Gegenstand gleichsam musealisieren: „This period of epic re-creation, with its attention to minute detail as to timing and place, may be seen as the final evolutionary stage: the true war has been removed, and in its place is its filmed replica" (Basinger 2003, S. 170). Entsprechend ihrer Ausrichtung auf Attraktionen werden die Filme des vierten Zyklus zusehends auch in Farbe und Breitbild produziert. Dieser ästhetische Surplus wiederum läuft den Authentizitätseffekten der Ausstattung zuwider und begünstigt die Möglichkeit eskapistischer Rezeptionsmodi: „[It] seemed to add unreality, making a subconscious link to the entertainment films of the same period. It brightened the images, made them prettier, and seemed to remove the gritty reality they represented" (Basinger 2003, S. 178 f.). Der epische Anspruch der Filme wird also durch ihre Qualität als Spektakelkino gedeckt.

Der fünfte Zyklus des Kriegsfilms bildet eine Gegentendenz zu den aufwändigen Monumentalproduktionen. Er manifestiert sich nach Basinger zwischen 1965 und 1975, wobei eine neue Haltung zum Narrativ des Krieges auftritt, die selbst unter den zynischeren Produktionen bis dato ohne Vergleich ist. In Einklang mit „the counterculture at work against the mainstream during the same time period" (Basinger 2003, S. 182) perpetuieren Filme wie *The Dirty Dozen* (1967; Robert Aldrich), *Play Dirty* (1969; André De Toth) oder *Kelly's Heroes* (1970; Brian G. Hutton) ungewohnt drastische Narrative um amoralische Protagonisten, deren zivile Existenz primär durch Gewaltverbrechen gekennzeichnet gewesen ist. Der

Krieg wird in diesen Filmen von Mördern und Vergewaltigern geschlagen, die ohne jegliches Ideal töten. Es stehen Protagonisten im Zentrum, die nichts zu verlieren, aber auch kaum etwas zu gewinnen haben. Für sie ist jeder Nächste dem anderen Nächsten ein Wolf. Die Filme entwerfen so ein nachgerade darwinistisches Modell, das nur die Stärksten überleben lässt. Hier sind Freund wie Feind gleichermaßen ein Hindernis für das Ziel des eigenen Überlebens.

Seit der ersten Auflage von „The World War II Combat Film: Anatomy of a Genre" im Jahr 1986 hat Basinger mehrere Ergänzungen zur nachfolgenden Entwicklung des Genres vorgenommen. Insbesondere an Steven Spielbergs viel beachtetem Film *Saving Private Ryan* (1998) kann sie jedoch zeigen, wie dort kaum narrative Verschiebungen stattfinden. Die auffälligste Modifikation des Genres betrifft ein in seiner somatischen Adressierung des Zuschauersubjekts radikalisiertes Inszenierungsregime: „Spielberg's mastery of sound, editing, camera movement, visual storytelling, narrative flow, performance, and color combine to assault the viewer, to place each and every member of the audience directly into the combat experience" (Basinger 2003, S. 254). Diese immersive Strategie der Inszenierung unterscheidet sich nicht zu sehr von jener Wiederkehr des „Kinos der Attraktionen" (1996), die Tom Gunning in seinem berühmten Aufsatz in den Filmen von Spielberg als zentralen Impetus ausgemacht hat. Aus einer solchen Perspektive wäre das Genre an sich von einer Tendenz zur Spektakularisierung gekennzeichnet, das die Zuschauersubjekte weniger direkt in das Kampfgeschehen zu involvieren trachtet als vielmehr eine korporale Angst-Lust-Erfahrung garantiert, während der das Publikum immer auf der sicheren Seite, d. h. diesseits der Leinwand steht. Der Kriegsfilm als Körper-Genre verbindet dadurch die Darstellung radikaler Vernichtung von Körpern mit einer somatisch ausgerichteten Rezeptionsästhetik, so dass diegetisches und rezeptionsseitiges Körperempfinden chiastisch verschränkt werden[19].

Jeanine Basingers wegweisende Arbeit lässt das WWII Combat Movie ebenfalls in Relation zum Vietnamkriegsfilm setzen, der sich Ende der 1970er Jahre konstituiert und mit Produktionen wie *Hamburger Hill* (1987; John Irvin), *Casualties of War* (1989; Brian De Palma) oder *We Were Soldiers* (2002; Randall Wallace) wichtige Vertreter des Genres ausbildet. Mit Basinger ist der Vietnamkriegsfilm ebenfalls als Combat Movie zu lesen, dessen Konventionen mit dem klassischen Kriegsfilm konvergieren. Auch die Filme um neue, asymmetrisch geführte Kriege bleiben dem generischen Modell des WWII Combat Movie verpflichtet. Zentrale konstitutive Elemente des klassischen Kriegsfilms sind in Produktionen wie *Black*

---

[19] Zum Kriegsfilm als Körper-Genre siehe den gleichnamigen Aufsatz von Michael Wedel (2010); ferner werden Körperpolitiken des Genres auch thematisch bei: Curtis (2005); Kappelhoff (2006); Robnik (2007); Stiglegger (2013).

## 1.2 Genre und Gesellschaft

*Hawk Down* (2001; Ridley Scott), *Tears of the Sun* (2003; Antoine Fuqua), *Home of the Brave* (2006; Irwin Winkler), *American Soldiers* (2006; Sidney J. Furie) oder *The Hurt Locker* (2008; Kathryn Bigelow) ebenfalls vertreten. Es existieren

- ein heterogen zusammengesetztes Platoon von Soldaten als nationale Keimzelle, die eine hervorgehobene Hauptfigur inkludiert;
- ein dämonisiert und/oder gesichtslos dargestellter Kriegsgegner;
- ein besonders schwieriger Auftrag für das Platoon, der auf militärische Ziele abgestimmt ist;
- eine Reihe von komplexitätsgenerativen Nebenhandlungen abseits des Primärauftrags;
- eine Alternation differenter Atmosphären nach dem Kontrast von Sicherheit und Gefahr, Aktion und Ruhe;
- eine Emphase von Kriegsgerät und seinen tödlichen Effekten;
- ein interner Konflikt auf Seiten des Platoons, der durch die externe Herausforderung des Kriegsgeschehens beeinflusst und/oder gelöst wird;
- Verletzungen und Todesfälle unter den Mitgliedern des Platoons;
- eine finale Kampfsequenz, die das Platoon eine besondere Erfahrung machen lässt.

Die syntaktische Struktur des klassischen Kriegsfilms wird dabei stets mit neuen semantischen Elementen angereichert[20]. Thomas Elsaesser nimmt diese Praxis der Akkumulation zum Anlass, um den klassischen Kriegsfilm von einem postklassischen Kriegsfilm abzugrenzen. Er führt hier unter anderem semantische Topoi wie die „Bürokratie und Maschinerie des Krieges als ‚de[n] wahren Feind'", ein Verschwimmen der „Grenzen zwischen der Gruppe und dem Feind", die Suspendierung von Normen, welche als „Gesetz oder sogar ‚Befehl' gelten", eine Aufgabe von Zielgerichtetheit hin zur Erfahrung „kontraintuitive[r] oder nebensächliche[r]" Situationen sowie die Neudefinition der Kriege zu „rescue missions" (2013, S. 69 f.) an. Bei aller Stichhaltigkeit von Elsaessers luziden Beobachtungen wäre es aber eine problematische Diagnose, die generischen Verschiebungen des Genres als dessen Krise zu (miss)verstehen. Vielmehr liegt es in der Eigenschaft von Genres, dynamische Konstellationen auszubilden, die sich gerade durch Elastizität und Fluktuation ihrer Strukturen auszeichnen. Das Inkorporieren neuer semanti-

---

[20] Mit Rick Altman bezieht sich die Semantik eines Genres auf „a list of common traits, attitudes, characters, shots, location, sets" (1986, S. 30), d. h. das generische Grundvokabular, während die Syntaktik eines Genres „certain constitutive relationships between undesignated and variable placeholders" (1986, S. 30) inkludiert, d. h. die generische Relation zwischen Zeichen und Struktur, in der dieses angeordnet ist.

scher Elemente sorgt mithin nicht etwa für die krisenhafte Auflösung eines Genres. Stattdessen sind Genres gerade durch die permanente und immer unabgeschlossene Re-Modulation ihrer Konventionen definiert. Der Kriegsfilm hält dabei seine syntaktische Organisationsform konstant, während er sein semantisches Set öffnet. Schauplätze variieren, und es treten je nach historischem Referenzpunkt ikonographische wie motivische Modifikationen auf. Drogenkonsum und Rock'n'Roll im Vietnamkriegsfilm oder Selbstmordattentate und Genozid in Filmen um asymmetrische Kriege etwa addieren sich zur generischen Form. Intakt aber bleibt die narrative Basisstruktur mit der kämpfenden Einheit von Soldaten im Zentrum des Geschehens. Dagegen entfernen sich Produktionen wie *Jarhead* (2005; Sam Mendes), *Redacted* (2007; Brian De Palma) oder *Welcome to Sarajevo* (1997; Michael Winterbottom) von den generischen Prämissen des Combat Movie und sind, nicht zuletzt aufgrund ihrer ästhetischen Affinitäten zum medienkulturellen Feld des „art cinema" (Bordwell 1979), weder als Genre- noch als Kriegsfilme im engeren Sinne zu sehen. Wenn deshalb davon gesprochen wird, dass durch die Neuen Kriege auch „ein neues Kapitel in der Geschichte des Kriegsfilms ein[geleitet wird]" (Greiner 2012, S. 464), dann wird nicht vom Genre des Combat Movie gesprochen, sondern ein inklusiver Genre-Begriff gepflegt, der aufgrund mangelnder Trennschärfe durchaus als problematisch zu erachten ist. Dessen eingedenk, werden sich für diese Studie nicht primär Kategorien von generischer Norm und generischer Devianz als wichtig erweisen, zentral erscheint vielmehr eine positive Reflexion der in TV-Kriegsserien offerierten Sinn- wie Affektangebote. Angemerkt sei dennoch, dass im Feld der Fernsehserie auch Produktionen um die Neuen Kriege den klassischen Genre-Topoi des Combat Movie folgen. Sie implementieren generische Konventionen, ohne große Rücksicht auf die Struktur historischer Konflikte zu nehmen. Damit freilich operieren sie als paradigmatische Genre-Entwürfe: Anstatt einen Referenten im Feld von faktenbasierter Historie zu suchen, bleibt ihr medienästhetischer Objektbereich das Vokabular generischer Traditionen. Ihren Maßstab bildet nicht geschichtliche Faktizität, vielmehr ist es ihnen um eine Konstruktion kultureller Identität zu tun, die auf Basis der Vergemeinschaftung durch generische Strukturen entsteht. So historisch verbürgt und ‚authentisch' die Darstellung sich auch geben mag, Genre-Produktionen schaffen sich ihre eigenen Bild-, Ton- und Vorstellungswelten, die entlang konventionalisierter medienästhetischer Verfahren funktionieren und dadurch imaginäre Gemeinschaften und ein geteiltes Verständnis von Historie erst hervorbringen. Sie sagen damit nur wenig über die faktuale Qualität historischer Kriege, umso mehr aber über deren generische: und d. h. kulturell forcierte Lesart aus.

Die vorliegende Studie verfolgt deshalb eine Synthese von medienästhetischer und diskursanalytischer Perspektive. Das Konzept ‚Genre' fungiert dabei als zentrales Analysekriterium, das Medienästhetik und Diskursanalyse miteinander verzahnt. Das Genre der TV-Kriegsserie wird als eine symbolische Form verstanden, durch die eine Gesellschaft über sich selbst reflektiert, indem sie ihre Vergangenheit in Bildern wie Tönen reimaginiert. Geschichte wird dadurch als generisch strukturierte Narration vergangener Ereignisse lesbar, die in der und für die Gegenwart einer neuen Lektüre unterzogen wird. Diese reflexive Reimagination weist über einen bloßen Dokumentcharakter weit hinaus, da sie an ein akkumuliertes Mediengedächtnis appelliert, welches selbst wiederum kulturell bedingt ist. Generisches und gesellschaftliches Bewusstsein sind somit untrennbar miteinander verbunden als sich wechselseitig beglaubigende Instanzen. Der Untersuchung ästhetischer Verfasstheiten im Genre der Kriegsserie muss daher eine Analyse jener diskursiven Bedingungen gegenüber stehen, die im soziokulturellen Rahmen eine Kommunikationsfunktion der Kriegsserie erst hervorbringen. Die folgenden Kapitel wollen deshalb auch keine Geschichte der Kriegsserie erzählen, vielmehr konzentrieren sie sich auf spezifische Mechanismen der sinnlichen wie sinnhaften Erscheinung von Kriegsnarrativen im Kontext der Fernsehserie. Die den Bildern und Tönen zugrunde liegende Ordnung des Symbolischen sowie das an sie gekoppelte Bedeutungspotential gilt es mithin in ihrer medienästhetischen Figuration aufzuzeigen und stets auf ihre zentralen Korrespondenzen zu Kultur und Gesellschaft in der jeweiligen historischen Situation zu befragen.

## Literatur

Altman, Rick. 1986. A semantic/syntactic approach to film genre. In *Film genre reader,* Hrsg. Barry Keith Grant, 26–40. Austin: University of Texas Press.
Altman, Rick. 1999. *Film/genre*. London: BFI.
Barthes, Roland. 1987. *S/Z*. Frankfurt a. M.: Suhrkamp.
Barthes, Roland. 1988. *Fragmente einer Sprache der Liebe*. Frankfurt a. M.: Suhrkamp.
Basinger, Jeanine. 2003. *The World War II combat film: Anatomy of a genre*. Middletown: Wesleyan University Press.
Bordwell, David. 1979. The art cinema as a mode of film practice. *Film Criticism* 4 (1): 56–64.
Bronfen, Elisabeth. 2013. *Hollywoods Kriege: Geschichte einer Heimsuchung*. Frankfurt a. M.: Fischer.
Cawelti, John G. 1969. The concept of formula in the study of popular literature. *Journal of Popular Culture* 3 (3): 381–390.
Curtis, Robin. 2005. Embedded Images: Der Kriegsfilm als viszerale Erfahrung. In: *Nach dem Film* 7. http://www.nachdemfilm.de/no7/cur01dts.html. Zugegriffen: 1. Aug. 2013.
Elsaesser, Thomas. 2013. Saving Private Ryan: Retrospektion, Überlebensschuld und affektives Gedächtnis. In *Mobilisierung der Sinne: Der Hollywood-Kriegsfilm zwischen Genrekino und Historie,* Hrsg. Hermann Kappelhoff et al., 61–87. Berlin: Vorwerk 8.

Fiske, John. 1987. *Television culture*. London: Routledge.
Foucault, Michel. 1981. *Archäologie des Wissens*. Frankfurt a. M.: Suhrkamp.
Foucault, Michel. 2000a. *In Verteidigung der Gesellschaft: Vorlesungen am Collège de France (1975–1976)*. Frankfurt a. M.: Suhrkamp.
Foucault, Michel. 2000b. Was ist ein Autor? In *Texte zur Theorie der Autorschaft*, Hrsg. Fotis Jannidis, et al., 198–229. Stuttgart: Reclam.
Genette, Gérard. 1992. *Fiktion und Diktion*. München: Fink.
Gledhill, Christine. 2000. Rethinking Genre. In *Reinventing film studies*, Hrsg. Christine Gledhill und Linda Williams, 221–243. London: Arnold.
Grant, Barry Keith. 2007. *Film genre: From iconography to ideology*. London: Wallflower.
Greiner, Rasmus. 2012. *Die neuen Kriege im Film: Jugoslawien–Zentralafrika–Irak–Afghanistan*. Marburg: Schüren.
Grob, Norbert. 1995. Die Vergangenheit, sie ruht aber nicht. In *Das Jahr 1945 und das Kino*, Hrsg. Stiftung Deutsche Kinemathek, 19–69. Berlin: Stiftung Deutsche Kinemathek.
Gunning, Tom. 1996. Das Kino der Attraktionen: Der frühe Film, seine Zuschauer und die Avantgarde. *Meteor: Texte zum Laufbild* 4:25–34.
Hess Wright, Judith. 2003. Genre films and the status quo. In *Film genre reader III*, Hrsg. Barry Keith Grant, 42–50. Austin: University of Texas Press.
Hilmes, Michele. 1990. *Hollywood and broadcasting: From radio to cable*. Urbana: University of Illinois Press.
Horkheimer, Max, und Theodor W. Adorno. 1984. *Dialektik der Aufklärung: Philosophische Fragmente*. Frankfurt a. M.: Suhrkamp.
Kaldor, Mary. 2000. *Neue und alte Kriege: Organisierte Gewalt im Zeitalter der Globalisierung*. Frankfurt a. M.: Suhrkamp.
Kappelhoff, Hermann. 2006. Shell shocked face: Einige Überlegungen zur rituellen Funktion des US-amerikanischen Kriegsfilms. In *Verklärte Körper: Ästhetiken der Transfiguration*, Hrsg. Nicola Suthor und Erika Fischer-Lichte, 69–89. München: Fink.
Kappelhoff, Hermann. 2013. Der Krieg im Spiegel des Genrekinos: John Fords They Were Expendable. In *Mobilisierung der Sinne: Der Hollywood-Kriegsfilm zwischen Genrekino und Historie*, Hrsg. Hermann Kappelhoff, et al., 184–227. Berlin: Vorwerk 8.
Klein, Thomas, et al. 2007. Einleitung. In *Filmgenres: Kriegsfilm*, Hrsg. Thomas Klein, et al., 9–28. Stuttgart: Reclam.
Kleiner, Marcus. 2010. Men at war! Zur medialen Konstruktion von Kriegertypen im amerikanischen, europäischen und asiatischen Gegenwartskino. In *Medien – Krieg – Geschlecht: Affirmationen und Irritationen sozialer Ordnungen*, Hrsg. Martina Thiele, et al., 173–192. Wiesbaden: Springer.
Langford, Barry. 2005. *Film genre: Hollywood and beyond*. Edinburgh: Edinburgh University Press.
Lévi-Strauss, Claude. 1976. *Strukturale Anthropologie 2*. Frankfurt a. M.: Suhrkamp.
Moine, Raphaëlle. 2008. *Cinema genre*. Malden: Blackwell.
Neale, Stephen. 1980. *Genre*. London: BFI.
Neale, Steve. 1990. Questions of genre. *Screen* 31 (1): 45–66.
Neale, Steve. 2000. *Genre and Hollywood*. London: Routledge.
Robnik, Drehli. 2007. *Kino, Krieg, Gedächtnis: Affekt-Ästhetik, Nachträglichkeit und Geschichtspolitik im deutschen und amerikanischen Gegenwartskino*. Dissertation, Universität Amsterdam.

Röwekamp, Burkhard. 2011. *Antikriegsfilm: Zur Ästhetik, Geschichte und Theorie einer filmhistorischen Praxis*. München: Edition Text und Kritik.
Schatz, Thomas. 1981. *Hollywood genres: Formulas, filmmaking, and the studio system*. Philadelphia: Temple University Press.
Schatz, Thomas. 1998. World War II and the Hollywood war film. In *Refiguring American film genres: History and theory*, Hrsg. Nick Browne, 89–127. Berkeley: University of California Press.
Schatz, Thomas. 2003. The structural influence: New directions in film genre study. In *Film genre reader III*, Hrsg. Barry Keith Grant, 92–102. Austin: University of Texas Press.
Schatz, Thomas. 2008. Band of brothers. In *The essential HBO reader*, Hrsg. Gary R. Edgerton und Jeffrey P. Jones, 125–134. Lexington: University Press of Kentucky.
Sobchack, Vivian. 1992. *The address of the eye: A phenomenology of film experience*. Princeton: Princeton University Press.
Stiglegger, Marcus. 2013. Im Angesicht des Äußersten: Der Kampf als Grenzsituation und performative Kadenz im zeitgenössischen Kriegsfilm. In *Mobilisierung der Sinne: Der Hollywood-Kriegsfilm zwischen Genrekino und Historie*, Hrsg. Hermann Kappelhoff, et al., 144–159. Berlin: Vorwerk 8.
Tudor, Andrew. 1977. *Film-Theorien*. Frankfurt a. M.: Kommunales Kino.
Virilio, Paul. 1989. *Krieg und Kino: Logistik der Wahrnehmung*. Frankfurt a. M.: Fischer.
Virilio, Paul. 1997. *Krieg und Fernsehen*. Frankfurt a. M.: Fischer.
Vonderau, Patrick. 2004. Krieg im Kino: Aufriss eines Problemfeldes. In *Krieg und Medien: Verantwortung zwischen apokalyptischen Bildern und paradiesischen Quoten*, Hrsg. Petra Grimm und Ralph Capurro, 97–106. Stuttgart: Franz Steiner.
Wedel, Michael. 2010. Körper, Tod und Technik: Der postklassische Hollywood-Kriegsfilm als reflexives Body Genre. In *Körperästhetiken: Filmische Inszenierungen von Körperlichkeit*, Hrsg. Dagmar Hoffmann, 77–97. Bielefeld: Transcript.
Wittgenstein, Ludwig. 1967. *Philosophische Untersuchungen*. Frankfurt a. M.: Suhrkamp.
Wright, Will. 1976. *Sixguns and society: A structural study of the Western*. Berkeley: University of California Press.

# Kollektiv und Krise 2

Die TV-Kriegsserie ist zunächst eine Serie, die sich mit Geschichte und Signifikanz des Zweiten Weltkriegs auseinandersetzt. Der Zweite Weltkrieg als „good war" der USA – ja als, wie US-Historiker konstatieren müssen: „the best war the country ever had" (Adams 1994, S. xiii) – bietet sich auf den ersten Blick freilich besonders zur mythischen Überhöhung an. Er erlaubt auf mehreren Ebenen, ein propagandistisch-patriotisches Bild der USA zu entwerfen. Nicht nur lässt er die USA als Siegermacht erscheinen und einen breiten gesellschaftlichen Konsens über die Notwendigkeit des militärischen Eingreifens konstatieren, auch können die USA als Installateure von Demokratie und Freiheit in Europa wie Asien porträtiert werden. Entsprechend bildet sich ein nostalgischer Mythos vom Zweiten Weltkrieg als gerechtem Krieg aus: „All American machines were good. American soldiers were the best on the planet; highly committed, superbly led, and superior in morale and morals" (Adams 1998, S. 69). Neben dem Kinofilm kann das Fernsehen als wichtiger Generator wie Ventilator solcher Mythen um den Zweiten Weltkrieg begriffen werden, der spätestens zu Beginn der 1960er Jahre mit seinen TV-Serien dem Kinofilm den Rang als publikumswirksamstes Medium abläuft. Der „good war" ist folglich ein Topos, der von den populären Medien zugleich mitgestiftet und verbreitet wird. Allerdings würde es zu kurz greifen, Repräsentationen des Zweiten Weltkriegs mit Roland Barthes auf eine Transformation von „Geschichte in Natur" und „eine exzessiv gerechtfertigte Aussage" (1964, S. 121 f.) zu reduzieren. Eine solche Verkürzung würde nicht nur den kontradiktorischen Charakter von Mythen, sondern auch die eigentliche Signifikanz des Zweiten Weltkriegs in der TV-Serie verkennen. Wie zu zeigen sein wird, herrschen dort hochgradig ambivalente Bilder vor, die nie einem widerspruchslosen Mythos subsumiert werden können. Es ist die

Leistung der Kriegsserie im Fernsehen, den Mythos vom „good war" zugleich zu bedienen als auch zu desavouieren.

## 2.1 The Gallant Men (1962–1963)

Die TV-Kriegsserie beginnt sich im Jahr 1962 mit mehreren Titel auf dem Kanal ABC (American Broadcasting Company), neben CBS and NBC eines der großen Rundfunk-Networks, zu etablieren. Gegründet bereits anno 1943, bietet ABC zu Beginn der 1960er Jahre ein TV-Vollprogramm an. Unter der Ägide von Leonard Goldenson, einem früheren Mitarbeiter des Filmstudios Paramount Pictures, erweist ABC sich als Pionier in der Produktion von Fernsehserien. An die Stelle der damals üblichen Live-Fernsehspiele, hergestellt in New York, setzt ABC auf das Vorbild von Kinofilmen, d. h. diskontinuierlich produzierte Episoden, gedreht mit nur einer Kamera und auf Filmmaterial von 35 mm. Zu den erfolgreichsten frühen Serien bei ABC gehören in Kontrast zu den vorangegangenen Live-Fernsehspielen generische Programme, Western wie *The Lone Ranger* (1949–1957), *Cheyenne* (1955–1963) und *Maverick* (1957–1962) oder Krimis wie *77 Sunset Strip* (1958–1964), *The Detectives* (1959–1962) und *The Untouchables* (1959–1963).

Mit dem Titel *The Gallant Men* (1962–1963) versucht der Sender schließlich, eine Kriegsserie ins Leben zu rufen (Abb. 2.1). Auch wenn *The Gallant Men* nur über eine Staffel und damit sechsundzwanzig knapp einstündige Episoden auf ABC läuft, ist die Bedeutung der Serie doch nicht zu unterschätzen. Sie folgt dem Vorbild des einflussreichen Kinofilms *The Story of G.I. Joe* (1945; William A. Wellman), der wiederum auf den Erfahrungen des Kriegsberichterstatters und Pulitzer-Preis-Gewinners Ernie Pyle (gespielt von Burgess Meredith) beruht. Zu-

**Abb. 2.1** *The Gallant Men*
© ABC

## 2.1 The Gallant Men (1962–1963)

sammen mit einer Infanteriekompanie unter Lieutenant Walker (Robert Mitchum) verschlägt es Pyle dort während des Zweiten Weltkrieges auf die Kampfschauplätze von Nordafrika bis Italien. In *The Gallant Men* tritt die fiktive Figur des Journalisten Wright (Robert McQueeney) an Stelle von Ernie Pyle, und Lieutenant Walker macht Platz für einen Offizier namens Captain Benedict (William Reynolds). Die Grundstruktur von *The Story of G.I. Joe* bleibt dabei in den Funktionen der Figuren aus *The Gallant Men* erhalten. Wright figuriert als diegetischer Erzähler der Ereignisse um Captain Benedict und seine Männer auf ihrem Marsch durch Italien. Die Befreiung des Landes vom Faschismus wird erzählt als Stationenfolge erbitterter Scharmützel zwischen den US-GIs und der deutschen Wehrmacht. Neben Wright umfasst das Platoon unter Captain Benedict ein im WWII Combat Movie konventionalisiertes Figurenarsenal. Da ist ein italienischstämmiger Gigolo, der hitzköpfige Greaser D'Angelo (Eddie Fontaine), da ist ein hartgesottener Sergeant, der disziplinierte Veteran McKenna (Richard X. Slattery), und da sind zwei unzertrennliche Freunde, die Gefreiten Lucavich (Roland La Starza) und Hanson (Robert Gothie). Den zentralen Fokus von *The Gallant Men* jedoch bildet die Beziehung von Wright und Benedict, dem routinierten Kriegsberichterstatter und dem jungen Platoon Leader. *The Gallant Men* nimmt so Konventionen des klassischen Kriegsfilms auf, um sie über eine Gesamtlaufzeit von über zwanzig Stunden einer Intensivierung und ‚menschlichen' Vertiefung zuzuführen.

Bereits in „Battle Zone" (1962), der Pilotepisode der Serie, wird Benedict als ein unerfahrener Kommandant charakterisiert, dem es nur mit Mühe gelingt, seine Männer zu führen. Die Fernsehwissenschaft würdigt gerade diese Charakterisierung des Protagonisten, moniert dann aber eine Verschiebung im Laufe der Serie: „the series' journeyman producer, Richard Bluel, smoothed *The Gallant Men* out into a more standard-issue combat melodrama. [...] The greatest loss was the concept of Captain Benedict as an untested novice. In the pilot, he receives counsel not only from Miller, but from Conley Wright, who is even further outside the chain of command. He comes off as so inexperienced that he's almost a danger to his men. [T]he suggestion that a platoon leader might be unfit for command would not fly in a weekly series. Captain Benedict became a steely, square-jawed hero, and Reynolds's comforting blandness lost its intriguing subtext of mediocrity" (Bowie 2013). Zwar entwickelt Benedict sich im Laufe der folgenden Episoden tatsächlich immer mehr zu einem souveränen Offizier. Wichtig bleibt aber dennoch stets die Mentorenrolle von Wright. So zeigt *The Gallant Men* kontinuierlich Situationen, in denen der Offizier sich Rat bei dem Journalisten holt, bevor es kleinere wie größere Entscheidungen zu treffen gilt. Fallen diese unpopulär aus, übernimmt Wright nicht selten die Rolle eines Schlichters, der gegenüber den Soldaten des Platoons und der italienischen Zivilbevölkerung expliziert, was es mit Benedicts Befehlen auf sich hat.

Diese Figurenkonfiguration trägt zur Konkretion einer Serie bei, die dennoch immer auch ihre Abstrahierungen bewahrt. Akteure werden, häufig mittels einer durch Kran und Schienen dynamisierten Kamera, in physischen Kontexten inszeniert, behalten dabei jedoch eine dezidiert zeichenhafte Qualität. Die Fernsehwissenschaft weist hier zurecht auf den Doppelcharakter der Serie hin: „[I]t has an unusually specific chronological-geographical progression, beginning with the soldiers' amphibious landing at Salerno and then following them toward and through the battle of San Pietro. [...] If the *Gallant Men* pilot never reaches the heights of its big-screen antecedents, it's still a respectable entry in the genre, more interested in ideas and ambiguities than violence and spectacle" (Bowie 2013). Diese ambigen Ideen der Serie können als generischer Effekt gelten. Stärker als noch der klassische Kriegsfilm entwirft sie konkurrierende Bedeutungsschichten, die nur noch durch den diskursiven Appell einer unhintergehbaren Kriegsnotwendigkeit aufgehoben werden.

*The Gallant Men* steht deutlich in Tradition von *The Story of G.I. Joe* und anderer klassischer Combat Movies wie *Bataan* (1943), *Objective, Burma!* (1945) oder *Sands of Iwo Jima* (1949), geht aber doch darüber auch hinaus. So entwickelt die Serie einerseits ein Narrativ kriegerischer Auseinandersetzungen, das Kampfgeschehen ins Zentrum rückt und dabei den Topos des individuellen Opfers für ein kollektives Ziel stark macht. Schon der klassische Kriegsfilm versucht ja mitnichten die Schrecken des Kampfes zu eskamotieren. „Für die Figur des Soldaten", notiert Hermann Kappelhoff dazu, „vollzieht sich der Krieg als ein objektives Geschehen, das einem Willen, einem Gesetz gehorcht, das ihm rätselhaft und verschlossen bleibt. Für ihn ist der Krieg immer ein sinnloses Schlachten, ein undurchdringliches Chaos von Sinneseindrücken. Er ist selbst nur eine Erscheinung dieses Geschehens" (2006, S. 78). Bereits im klassischen Kriegsfilm werden die Leiden der Soldaten keineswegs ausgespart. Gewalt, Grausamkeit und Gräuel sind vielmehr omnipräsent. Jedoch propagiert das WWII Combat Movie eine notwendige Inkaufnahme dieser Aspekte, um die globale Aggression von NS-Deutschland und imperialem Japan überwinden zu können. Während zur Zeit des Zweiten Weltkriegs produzierte Filme dabei noch persuasiv ihr Publikum von der unbedingten Erforderlichkeit des Opfers überzeugen wollen, verschiebt sich die Emphase nach Kriegsende auf eine legitimierende Glorifikation der gebrachten Opfer, indem Strapazen, Entbehrungen und Leid der Infanteristen apostrophiert werden. Dieser Diskurs prägt auch *The Gallant Men* im Herausstellen der Kriegserfahrung als verheerende, aber unumgängliche Traumatisierung der eigenen Soldaten. Konsequenterweise scheint die Semantik der Serie damit zerrissen zwischen „anti-militarist and militarist themes [both] present in the show" (Mundey 2012, S. 137). In ihr geht es nun primär darum, wie ein ‚guter' Krieg ‚schlechte' Effekte zeitigt und

## 2.1 The Gallant Men (1962–1963)

das ‚Schlechte' vom ‚Guten' nur noch notdürftig aufgefangen wird. So schildert etwa die Folge „The Warriors" (1963; Episode 20), wie das individuelle Opfer des einzelnen GI katastrophal, aber dennoch nicht zu vermeiden ist. Wright, D'Angelo und Gibson treffen in der Episode zunächst auf einen britischen und einen kanadischen Offizier, bevor aus dem Hinterhalt die Wehrmacht attackiert und Gibson schwer verletzt. Nur mit Mühe können die GIs zusammen mit ihren verbündeten Offizieren flüchten und gemeinsam Unterschlupf in einer nahen Hütte finden, wo sich auch eine weitere Gruppe versprengter US-Soldaten versteckt. Wright und D'Angelo vermuten schnell, dass es sich bei den Kameraden um Deserteure handeln muss. Der britische Offizier hingegen wird von Schuldgefühlen geplagt und Selbstzweifeln zerrissen. Wright fordert ihn dazu auf, den internen Konflikt ruhen zu lassen, um stattdessen gewappnet für die externe Auseinandersetzung mit dem deutschen Feind zu sein. Der kanadische Offizier wiederum lehnt den Kriegseinsatz für sich persönlich gänzlich ab. Er gibt sich als Philosoph zu erkennen, der seine Aufmerksamkeit ästhetischen Belangen und den schönen Dingen des Lebens statt kompromisslosem Töten widmen möchte. Er ist ein Liebhaber, kein Kämpfer. Als dann aber die Wehrmacht die Hütte attackiert, erweist er sich plötzlich als mutiger Soldat. Mit bloßen Fäusten konfrontiert er die Gegner, um letztlich von ihnen getötet zu werden. Sein Opfer aber ist es, das den anderen Männern ihr Leben rettet. Die Episode stellt auf diese Weise den Opfertod als schreckliche, aber sinnfällige Handlung heraus, die, wenn nicht wünschenswert, so doch würdevoll erscheint. Individuelle Aktion und patriotische Pflicht sind noch einmal diskursiv versöhnt, wenn die Opferung des zentralen Versprechens amerikanischer Ideologie, d. h. der individuellen Glückserfahrung, durch eine imaginäre Fusion, d. h. die Verschmelzung des einzelnen Soldaten mit dem transzendentalen Kollektiv des Armeekörpers, egalisiert wird.

Der Topos des grausamen, aber notwendigen Opfers des individuellen Soldaten für eine größere Sache, für Nation und Kultur, durchzieht *The Gallant Men* wie ein roter Faden. Die Folge „Retreat to Concord" (1962; Episode 2) ist ähnlich strukturiert wie „The Warriors", streicht jedoch das ebenso entsetzliche wie kathartische Moment der Gewalt noch deutlicher heraus. Die Episode erzählt von dem Scharfschützen Draper (Peter Breck als Gaststar), der dem Platoon zugeteilt wird und zunächst wie ein kaltblütiger Killer wirkt. Separiert von den anderen Soldaten, scheint Draper nur auf sich selbst und seine tödliche Profession fixiert. Als er Befehl erhält, einen deutschen Scharfschützen zu töten, gerät er mit italienischen Zivilisten aneinander. Im Haus einer Witwe, die am Grab des getöteten Gatten betet, eskaliert die Situation erstmals, wenn Draper die Kontrolle verliert und sich als Nihilist erweist. Mit Fragen wie „Do you think if there were a God, he would allow something as ugly as war?" stellt Draper die Frage der Theodizee, nicht

**Abb. 2.2** *The Gallant Men*
© ABC

aber zweifelnd, sondern zynisch. „God" wird von ihm als „cruel deity" tituliert, der zu danken sei, weil sie Draper bereits vier Männer an einem Tag habe töten lassen. Wright jedoch gelingt es schnell, hinter Drapers kalte Fassade zu blicken. Der Scharfschütze versuche nur jede Emotion zu unterdrücken, weil er zu sensitiv für die Grauen des Krieges sei. Und in der Tat, Drapers Persönlichkeit gibt sich im weiteren Verlauf der Episode noch als fragil zu erkennen, deren Ausbrüche lediglich protektive Funktion erfüllen. In einer längeren Sequenz wird Draper gezeigt, wie er italienische Kinder in Erdkunde unterrichtet und dabei sein altes ziviles Leben als Lehrer memoriert (Abb. 2.2). Neu an seine bürgerliche Existenz erinnert, beschließt er Buße für sein rücksichtsloses Verhalten zu tun. Draper meldet sich als Freiwilliger, um eine Mörsereinheit der Wehrmacht auszuschalten. Er unterzeichnet damit sein eigenes Todesurteil, wird den anderen GIs aber zum Helden: In erbittertem Gefecht gelingt es ihm mehrere deutsche Soldaten zu töten, bevor er schwer verletzt wird und sich selbst zusammen mit einem weiteren Gegner in die Luft sprengt. Mit der Explosion der Handgranate ist auch der verheerende Mörser zerstört. Die italienischen Dorfbewohner wie seine Kameraden artikulieren ihre Bewunderung für Drapers heroischen Akt. Als tragischer Held wird er zur Ikone für das diskursive Konzept von *The Gallant Men* per se: als ein Soldat, der seine Psychopathologien als Aggression gegen den Feind bündelt und sich damit Neurosen wie Gegner entledigt.

Das Interesse der Serie für Formierungsprozesse männlicher Identität bildet dabei ebenfalls ein Element, das *The Gallant Men* mit dem klassischen Kriegsfilm verbindet. Der ist, wie Susan Jeffords betont hat, „first and foremost, a film not simply about men but about the construction of the masculine subject, and the combat sequence – or, more generally, scenes of violence in combat films, whether as fighting in battle, torture, prison escapes, or explosions – is the point of excess, not only for the film's narrative, but for masculine subjectivity" (1989, S. 489). Der Kriegsfilm ist eines der wenigen Genres, das Männlichkeit offen in der Krise präsentiert. Affekte wie Angst, Trauer und Verzweiflung dürfen dort ungeschützt ausagiert werden, ohne dass die männlichen Protagonisten dadurch diffamiert würden. Das Kriegs-Genre ist melodramatisch strukturiert, in Kontrast zum Women's Film des klassischen Hollywood-Kinos werden hier jedoch männliche statt weibliche Subjektivitäten anhand von – im doppelten Sinne – „Kriegertypen" (Kleiner 2010) diskursiviert. Das Melodrama von „Retreat to Concord" mag so zwar am Ende ein tradiertes Rollenmodell von soldatischer Maskulinität restituieren, der aufgezeigte Bruch mit diesem aber macht die Festschreibung von tradierten Zuschreibungen dichotomischer Gender-Identitäten zumindest problematisch. Gender wird im Laufe der Episode als strukturierende Kategorie deutlich, die im Sinne einer sozialen Konstruktion zwischen Praktiken, Handlungen und Erfahrungen vermittelt. Die Konstitution von Männlichkeit fußt in diesem Modell auf performativen Akten des Körpers, die auch den materiellen Geschlechterkörper stets diskursiv generieren. Das dekonstruktive Potential von *The Gallant Men* würde sich dann in einer Denaturalisierung phallischer Ontologie realisieren, die den immer performativen Akt jeder normativen Konstruktion von Männlichkeit aufdeckt: als, wie Judith Butler gezeigt hat, eben „jene ständig wiederholende Macht des Diskurses, diejenigen Phänomene hervorzubringen, welche sie reguliert und restringiert" (1997, S. 22). Maskulinität erscheint so nicht als natürlich in *The Gallant Men*, sie ist stattdessen vielmehr als Authentizitätseffekt apostrophiert. Die Serie inszeniert die Performativität von Gender als Inszenierung, durch die ihr eigener Konstruktionsprozess einsichtig wird.

## 2.2 Twelve O'Clock High (1964–1967)

Folgt die Serie *The Gallant Men* durch ihren Fokus auf die mobile Infanterie dem dominanten Phänotyp des klassischen WWII Combat Movie, so lanciert ABC mit dem Titel *Twelve O'Clock High* (1964–1967) kurz darauf eine aus dem Kino bereits bekannte Variation des Kriegsfilms auch für das Fernsehen. Basierend auf dem gleichnamigen Kinofilm *Twelve O'Clock High* (1949; Henry King), fokussiert die TV-Serie ebenfalls den Zweiten Weltkrieg aus Perspektive des Luftkampfes (Abb. 2.3: *Twelve O'Clock High*). Analog dazu erzählt sie über achtundsiebzig etwa einstündige Episoden von einer in Großbritannien stationierten Flugzeugbesatzung der US Army Air Forces, die zu Beginn des US-amerikanischen Engagements im Zweiten Weltkrieg riskante Bombenangriffe gegen NS-Deutschland und das besetzte Vichy-Frankreich fliegt. Die im Film von Gregory Peck verkörperte

**Abb. 2.3** *Twelve O'Clock High* © ABC

Rolle des Brigadier General Savage wird in der Serie während der ersten Staffel von Robert Lansing übernommen, bis mit der zweiten und finalen dritten Staffel die Figur des Colonel Gallagher (Paul Burke) an seine Stelle tritt, als Savage zu Beginn der Folge „The Loneliest Place in the World" (1965; Staffel 2, Episode 1) abgeschossen wird und fällt. Der Wechsel des Protagonisten aber evoziert keinen Wandel im Konzept der Serie: Alle drei Staffeln schildern Missionen der fiktiven 918th Bombardment Group, wobei ähnlich wie in *The Gallant Men* aber weniger die – häufig durch Stock Footage aus Kinofilmen bereitgestellten – Attraktionen als vielmehr die Konflikte zwischen den einzelnen Figuren im Vordergrund stehen. Skrupel und Zweifel treten auf. Das Prinzip der diskursiven Formung jedoch heißt Gruppendynamik statt Individualpsychologie. Neben General Savage und Colonel Gallagher, die jeweils in der Funktion des Befehlshabers auftreten, sind Major Stovall (Frank Overton) in allen drei Staffeln und Sergeant Komansky (Chris Robinson) in der zweiten und dritten Staffel weitere wichtige Protagonisten, wobei Stovall als geschäftsführender Adjutant und Komansky als einziger Nicht-Offizier der Einheit fungieren. In allen Fällen gibt die Serie sich große Mühe, ihre Figuren als soziale Subjekte zu konturieren. So wird argumentiert, dass nicht der Krieg das Subjekt, sondern das Subjekt den Krieg macht.

Dramaturgischen Kern von *Twelve O'Clock High* bilden lange Dialogsequenzen, während denen die Figuren ihre Standpunkte, Ideen und Gefühle austauschen. Für rigorose Propaganda ist da wenig Diskursraum. Um ‚Verfehlungen' innerhalb der US-Armee kreisen die Narrative von *Twelve O'Clock High*. Vor der Folie historischer Kriegsereignisse und Kriegspragmatiken, etwa der Entwicklung der Bombardierung durch Wolkendecken mit Hilfe von Radar oder der Schwierigkeit, mit

## 2.2 Twelve O'Clock High (1964–1967)

**Abb. 2.4** *Twelve O'Clock High* © ABC

einer Armada von häufig defekten B-17 Bombern operieren zu müssen, inszeniert die Serie bevorzugt den intellektuellen Diskurs. So wird *Twelve O'Clock High* von Kulturhistorikern als komplexe Auseinandersetzung mit dem Kriegsalltag der Soldaten gewürdigt: „Most *Twelve O'Clock High* episodes interweave sophisticated themes, such as the pressures of war, battle fatigue, responsibility, leadership, sacrifice, and teamwork. Although Savage and other regular characters exhibit the best military qualities, they also struggle with personal demons" (Mundey 2012, S. 138). *Twelve O'Clock High* erscheint damit ähnlich von Antagonismen durchzogen wie *The Gallant Men*. Auf der einen Seite zeigen die Protagonisten eine moralisch legitimierte Haltung wie im klassischen WWII Combat Movie, sind auf der anderen Seite aber in eine Situation versetzt, die diese Haltung permanent in Gefahr bringt und als höchst fragiles Konstrukt ausweist.

Akzentuierter noch als *The Gallant Men* unterstreicht *Twelve O'Clock High* die Kontradiktion zwischen individueller Neigung und soldatischer Pflicht. „The Sound of Distant Thunder" (1964; Staffel 1, Episode 4) macht diesen diskursiven Impetus sehr deutlich. Der ungebildete, beim Abwurf von Bomben aber hochtalentierte Farmjunge Lathrop (Peter Fonda als Gaststar) wird in der Episode von General Savage zu einer Karriere in der US-Luftwaffe ermutigt (Abb. 2.4). Nachdem Lathrop ihm das Leben gerettet hat, entwickelt Savage ein starkes Interesse an dem jungen Lieutenant und will ihn zu einer Führungspersönlichkeit aufbauen. Lathrop aber hegt kein Interesse an einer militärischen Laufbahn. Der naive Lieutenant möchte nach Ende des Krieges lieber wieder als Zivilist leben und eine Familie gründen. Als er nach einer durchzechten Nacht zu spät zum Dienst erscheint, kommt es zum Konflikt mit Savage, der Lathrops disziplinloses Verhalten rügt. Wenn während eines Luftangriffs auch noch seine Liebste ihr Leben verliert, will Lathrop aus der Armee desertieren. Savage appelliert daraufhin noch einmal an das Verantwortungsbewusstsein des kriegsmüden Jungen und kann ihn von der Wichtigkeit des militärischen Einsatzes überzeugen. Lathrop ist noch immer kein Kriegsenthusiast, aber er will das nötige Übel auf sich nehmen, um zu erfüllen, was nicht vermieden werden kann. Sein neu gewonnenes Pflichtbewusstsein lässt ihn nicht länger an der ‚guten Sache' zweifeln. Fest davon überzeugt, dass die Bombardierung des Feinds zu einem baldigen Ende des Krieges führen kann, stellt Lathrop seine Zweifel hinter die soldatische Pflicht. Als eine „militaristic version of the citizen-soldier" (Mundey 2012, S. 139) wird der Amateur zum Professional auf Zeit. Er ist kein Killer, nicht beseelt vom Töten. Lathrop versucht schlicht, seine kriegerischen Talente im Interesse des Friedens zu nutzen. Er ist kein Held, aber einfach der richtige Mann am falschen Ort.

Der Konflikt von persönlicher Neigung und militärischer Pflicht wird auch in der sehr doppeldeutig betitelten Folge „The Hero" (1965; Staffel 1, Episode 32) besonders prominent apostrophiert. Dort stößt Colonel Hartley (James Whitmore als Gaststar), dekorierter Jagdflieger des Ersten Weltkrieges und väterlicher Mentor von General Savage, zu Savages Bombereinheit, nachdem er die ersten Monate des US-Engagements im Zweiten Weltkrieg hinter einem Schreibtisch verbracht hat. Angeödet von seiner administrativen Arbeit in Washington, schwelgt Hartley in Erinnerungen an die Kampfeinsätze des Ersten Weltkriegs. Savage, der Hartley seit seinen Tagen als Auszubildender unter dem Colonel als Vorbild idolisiert, platziert Hartley als kommandierenden Offizier einer neuen Bomberstaffel, die nach Erfahrung und Kompetenz sucht. Hartley aber erweist sich der Aufgabe nicht gewachsen. Schon die erste Mission wird beinahe zum Desaster, wenn der Colonel auf eigene Rechnung ein deutsches Patrouillenboot bombardiert, aber sein Primärziel verfehlt. Wider besseres Wissen und Dienstvorschrift jedoch zieht Savage ihn nicht zur Rechenschaft, sondern erlaubt ihm stattdessen weitere Einsätze. Hartley hingegen missachtet auch im Folgenden direkte Befehle, fliegt Angriffe in Eigenregie und lügt Savage ins Gesicht. Der Konflikt erreicht seinen Höhepunkt, als Savage den Abbruch einer Mission aus Sicherheitsgründen befiehlt, Hartley sich aber erneut darüber hinwegsetzt. Nachdem sein Co-Pilot von einer deutschen Flak erschossen worden ist, entschließt der Colonel sich zum Suizid. Er weist seine verbliebenen Männer an, den Bomber zu verlassen und steuert die Maschine direkt in das zu vernichtende Munitionsdepot der Wehrmacht. Savage reagiert auf die Aktion des ehemaligen Mentors nicht etwa mit Entsetzen, sondern Ehrfurcht. „He still thinks it's the old days", so ist Hartley bereits zu Beginn der Episode charakterisiert worden: als ein lebendes Fossil aus der Ära des Ersten Weltkriegs. Savage

## 2.2 Twelve O'Clock High (1964–1967)

imponiert dieser Anachronismus, dem Hartley bis ins Grab treu bleibt. Mag der Colonel sich auch der Integration in das Team verweigert, Befehle ignoriert und keinerlei Disziplin gegenüber den Vorgesetzten gezeigt haben, gehört ihm am Ende doch die Sympathie des Publikums wie dessen diegetischem Stellvertreter Savage. Indem Hartley es präferiert, sein Leben zu opfern, bevor er sich den Autoritätsstrukturen beugt, artikuliert er eine individuelle Moral, die von *Twelve O'Clock High* ins Positive gewendet wird. Dabei steht nicht so sehr die erfolgreiche Zerstörung des deutschen Munitionsdepots im Vordergrund als vielmehr Hartleys Entschluss. Das Missionsziel wird dem Dienst am militärischen Apparat subordiniert. Der Suizid von Hartley erscheint im Narrativ von „The Hero" als unvermeidlich. Eben weil er zu keiner Adaption fähig ist, bleibt ihm nur der Tod. Dass er diesen am Ende aus freien Stücken wählt, er also den eigenen Anachronismus erkennt und daraus den einzig möglichen Schluss zieht, verleiht ihm den Status eines – wenn auch sehr tragischen – Helden. Harleys soldatische Pflicht ist die Selbsttötung. Dadurch erst leistet er seinen Beitrag als Glied der US-Armee: Indem er seine Würde als Individuum aufgibt in der militärischen Vergemeinschaftung.

Wie wichtig die Integration des einzelnen GI in das militärische Kollektiv ist, betont auch „The Hot Shot" (1965; Staffel 2, Episode 6). In der Folge erweist sich die Auseinandersetzung zwischen Colonel Troper (Warren Oates als Gaststar), Kommandant einer Staffel von P-51-Kampfflugzeugen, und Colonel Gallagher, dem neuen Protagonisten der Serie, als zentral. Gallagher bringt Troper gegen sich auf, als bei einem Einsatz eines von seinen Flugzeugen durch irrtümlichen Beschuss der eigenen Streitkräfte zerstört wird. Troper aber glaubt nicht an ein Versehen und denkt fälschlicherweise, Gallagher habe absichtlich den Abschuss der P-51 in Kauf genommen, weil sie eine unautorisierte Attacke geflogen ist. Die beiden Männer beabsichtigen, sich im Folgenden aus dem Weg gehen, werden jedoch vom gemeinsamen Vorgesetzten dazu abkommandiert, in Kooperation einen langfristigen Plan für die Eskorte von Gallaghers Bombern durch Tropers Flugzeuge auszuarbeiten. Widerwillig akzeptieren die beiden Offiziere, ihr Konflikt aber lässt auch bald ihre Untergebenen nicht unberührt und sorgt für Frontenbildung. Während Gallagher auf Disziplin und Dienst nach Vorschrift pocht, befördert der charakterlich instabile Troper eine Trophäenjagd unter seinen Piloten. Deren Aufgabe sei nicht die vorgeschriebene Eskortierung der Bomber, vielmehr sollten die Männer möglichste viele Maschinen der deutschen Luftwaffe abschießen. Am Ende gelingt es Gallagher, an die Ratio der Kampfpiloten von Troper zu appellieren, bis sie sich von Troper abkehren und nicht nur ihre Aufgabe vorschriftsgemäß erfüllen, sondern auch Stolz über die Rolle als Beschützer der Bomberstaffel empfinden. Gallagher gelingt es somit, alle Männer in ein Team mit gleichem Ziel zu integrieren. Der Konflikt wird mithin durch die Selbstreinigungskräfte des Militärs beigelegt. Das Individuum geht im Kollektiv auf.

Kulturhistoriker kommen angesichts der propagierten Subordination des Individuums und der Emphase von soldatischer Disziplin bei simultaner Feier von Kriegsgerät zu dem Schluss, dass *Twelve O'Clock High* in direktem Kontrast zu *The Gallant Men* eine reaktionäre Rolle einnimmt: „The series [...] places more emphasis on technology, discipline, and teamwork, on the surface placing it closer to the militaristic interpretation of war" (Mundey 2012, S. 138). Jedoch zeigt ein Blick unter die Oberfläche eine weitaus ambivalentere Tiefenstruktur. Zweifellos ist zutreffend, dass die Serie in letzter Konsequenz immer auf eine Propagierung von kollektiver Kriegsarbeit hinausläuft, die nach ihrer Logik stets nur um den Preis der Aufgabe narzisstischer Idiosynkrasien zu bekommen ist. Es wäre aber ein fatales Missverständnis, die Entindividualisierung des einzelnen GI hier mit dem faschistischen Selbstopfer gleichzusetzen. *Twelve O'Clock High* stellt nie ein Opfer ohne angemessenes Äquivalent zur Disposition, vielmehr durchgängig die Aufhebung des Widerstreits zwischen Partikulärinteresse und Allgemeininteresse heraus. Worum es in *Twelve O'Clock High* geht, das ist nie eine abstrakte Idee, die dem betrogenen Individuum übergeordnet wird, es ist stattdessen eine konkrete Pragmatik des Handelns. Zum einen ist Teamwork unerlässlich zur Bewältigung der Aufgabe. *Twelve O'Clock High* feiert so primär den unerschütterlichen Professionalismus der Soldaten. Es gilt einen Job zu erledigen, einen schmutzen Job, aber jemand muss diesen Job erledigen und sich dabei die Hände schmutzig machen. Zum anderen resultiert der Imperativ gegen NS-Deutschland vorzugehen, aus gänzlich prosaischen Motiven einer Welt am Abgrund. Der GI in *Twelve O'Clock High* wird zu einem modernen Odysseus, wie ihn Max Horkheimer und Theodor W. Adorno in der „Dialektik der Aufklärung" interpretiert haben: „Wo er jedoch auf vorweltliche Mächte trifft, die weder domestiziert noch erschlafft sind, hat er es schwerer. Niemals kann er den physischen Kampf mit den exotisch fortexistierenden mythischen Gewalten selber aufnehmen. Er muss die Opferzeremoniale, in die er immer wieder gerät, als gegeben anerkennen: zu brechen vermag er sie nicht. Stattdessen macht er sie formal zur Voraussetzung der eigenen vernünftigen Entscheidung" (1984, S. 75). Ein Narzissmus des Subjekts weicht in *Twelve O'Clock High* der Perspektive auf die weltpolitische Abhängigkeit individuellen Handelns, wobei Ersteres und Letzteres sich gegenseitig reziprok beeinflussen. Die Serie schafft ein Bewusstsein dafür, was der Einzelne aufgibt, nicht nur um Teil des Kollektivs zu sein, sondern auch um die Welt vor der faschistischen Tyrannei zu befreien. In *Twelve O'Clock High* sind die Soldaten nicht Helden durch das Opfer, sie werden es trotz des Opfers.

## 2.3 Combat! (1962–1967)

Zeitgleich zu *Twelve O'Clock High* und *The Gallant Men* wird auf ABC eine weitere Kriegsserie produziert. Programmatisch betitelt, handelt es sich bei *Combat!* (1962–1967) um die langlebigste und erfolgreichste TV-Kriegsserie der Sendegeschichte (Abb. 2.5). Ausgestrahlt zur Prime Time, wird in fünf Staffeln und hundertzweiundfünfzig etwa einstündigen Episoden vom Alltag der US-amerikanischen Infanterie auf ihrem Vorstoß durch Europa im Jahr 1944 erzählt. Nach der erfolgreichen Landung in der Normandie – zu sehen als Flashback in der Episode „Crossfire" (1965; Staffel 4, Episode 8) – begleitet *Combat!* die US-GIs durch Frankreich, wo sie immer wieder neue Missionen zu bewältigen haben. Die unterschiedlichen Aufträge, aber auch personelle Neuzugänge oder Gefangennahmen durch den Feind verleihen der Serie dabei auf differenziale Weise ihre episodische Struktur. Im Fokus von *Combat!* stehen die Offiziere Lieutenant Gil Haney (Rick Jason) und Sergeant Chip Saunders (Vic Morrow) mit ihrem Platoon, das sie nach bestem Wissen und Gewissen zu führen versuchen. Das Kriegsgeschehen wird so durch den einfachen Fußsoldaten und die Erfahrungen der King Company, 361st Infantry Regiment perspektiviert, wobei mal Lieutenant Haney, mal Sergeant Saunders im Zentrum der Episoden steht. Hinzu kommen weitere Akteure als konstantes Figurenarsenal: der Cajun LeMay (Pierre Jalbert), der grüblerische Sanitäter „Doc" Walten (Steven Rogers), der impulsive Gefreite Kirby (Jack Hogan), der gutmütige Hüne Littlejohn (Dick Peabody) sowie Braddock (Shecky Greene) als Figur zur gelegentlichen humoresken Auflockerung zwischen den Kampfhandlungen. Die Perspektivierung auf Augenhöhe des Infanteristen ist zentral für *Combat!* Nicht nur nämlich wird dadurch ein proletarisches Publikum angesprochen, nicht nur erlaubt sie eine Auflösung von militärischen Strategien in narrative Muster,

**Abb. 2.5** *Combat!* © ABC

auch unterstreicht sie eine zentrale Aussage der Serie: dass der Krieg sich für den GI an der Front ganz anders anfühlt als für den General im Büro. Entworfen von Robert Pirosh, selbst Veteran im Zweiten Weltkrieg und bereits Drehbuchautor der einflussreichen Kinofilme *Battleground* (1949) sowie *Go for Broke* (1951), eilt *Combat!* bis heute der Ruf voraus, nichts weniger als „one of the finest series that television ever produced" (Rovin 1977, S. 83) zu sein. Neben Pirosh involviert *Combat!* ein ganzes Arsenal junger Kreativer, das die Serie als Möglichkeit zur Profilierung nutzt. Regisseure wie Robert Altman, Richard Donner, Burt Kennedy oder Tom Gries inszenieren Episoden, als Drehbuchautoren fungieren etablierte Namen wie Richard Matheson oder Richard Maibaum. Dabei steht pro Episode ein bemerkenswertes Budget von bis zu $ 125,000 zur Verfügung, mehr als manchem Kinofilm zu dieser Zeit. Kulturwissenschaftler adressieren *Combat!* dann auch als „really a collection of complex 50-minute movies" (Santoro 2011, S. 69), womit sie die Serie über ihre Verbindung zum respektablen Medium des Kinos zu nobilitieren trachten. In der Tat aber lässt *Combat!* sich auch ohne apologetische Haltung als Serie von ‚Kurzfilmen' betrachten, deren betriebener Aufwand wie selbstgesetzter Anspruch nicht hinter Produktionen für das Kino zurück steht: „Salted with battle sequences, [the episodes] follow a squad's travails from D-Day on – a gritty ground-eye view of men trying to salvage their humanity and survive [t]hough they're dead on their feet and always shorthanded; replacements are grease monkeys or cook's helpers who are fodder, and everybody knows it. [T]his TV series, shot on MGM back lots when color TVs were rare, remains exceptional" (Santoro 2011, S. 69). Auch Filmhistoriker unterstreichen den exzeptionellen Charakter von *Combat!* als Serie besonderer Signifikanz, ausgestattet mit „a slickness rivaling medium-budget feature films" (Galbraith 2011). Zum einen stellen sie ebenfalls ihre außergewöhnlich detailreiche Reimagination des Zweiten Weltkriegs heraus: „One of its greatest achievements is that while virtually the entire show was shot on MGM's backlot in Culver City, art directors Carl Anderson, Philip Barber, George W. Davis, Addison Hehr, and Merrill Pye use that studio's assets to create a convincingly European look to the show's varied sets". Zum anderen werden die hohen Production Values der Serie auch mit deren inszenatorischer Qualität assoziiert: „[T]he sets aren't just believably European; they're also imaginative and serve the scripts to a degree quite rare in series television". Als Paradigma dafür kann bereits die Pilotepisode der Serie mit dem Titel „Forgotten Front" (1962) dienen: „[S]et in a dye works, a vividly realized multi-level set [it] has Saunders' squad making an unwanted prisoner of a deserting German soldier […]. When the prisoner becomes a liability, Saunders must decide whether to take him along or shoot him. The episode pulls no punches – almost – and grapples with the kind of moral issues that would be *Combat!'s* bread and butter"

(Galbraith 2004). Die spezifische Qualität der Serie zeigt sich durchaus in ihrer oft schonungslosen Darstellung unauflösbarer Dilemmata, die aus der kriegerischen Situation selbst erwachsen.

*Combat!* weicht damit gewiss stark ab von bis dato in TV-Serien gängigen Repräsentationen des Krieges. Die Innovation der Serie liegt in der Transposition des ‚neuen' Kriegsfilms aus dem Feld des Kinos in den Raum der Television. Dabei orientiert sich die Serie in Kontrast zu *The Gallant Men* und *Twelve O'Clock High* interessanterweise weniger am klassischen Kriegsfilm des Zweiten Weltkriegs als vielmehr dem eher pessimistisch geprägten, im ‚vergessenen' Konflikt des Koreakriegs (1950–1953) situierten Combat Movie, das mit Titeln wie *The Steel Helmet* (1949; Samuel Fuller), *Men in War* (1957; Anthony Mann) oder *Pork Chop Hill* (1959; Lewis Milestone) von Brutalität und Dehumanisierung kriegerischer Situationen erzählt. Dieser ‚vergessene' Krieg ist es, der die Repräsentation des Soldaten um das Bild eines leidenden Individuums ergänzt, das zwischen den Fronten von Feind wie Freund aufgerieben wird.

In der Auseinandersetzung zwischen der Demokratischen Volksrepublik Korea (Nordkorea) zusammen mit der Volksrepublik China auf der einen Seite und der Republik Korea (Südkorea) zusammen mit Truppen der Vereinten Nationen, vor allem der USA, auf der anderen Seite beginnt sich ein blutiger Konflikt anzubahnen, der sich nicht in das Narrativ der siegreichen Nation integrieren lässt. Als im Juni 1950 Nordkorea, nach dem Zweiten Weltkrieg aus der sowjetischen Besatzungszone hervorgegangen, mit seinen Truppen südkoreanisches Gebiet, seinerseits der US-amerikanischen Besatzungszone entstammend, attackiert, scheint zunächst noch eine Wiederholung etablierter Narrative denkbar. Verpflichtet durch den Bündnisfall, leisten US-Streitkräfte unter General MacArthur, dem ehemaligen Helden der Pazifikkampagne im Zweiten Weltkrieg, den südkoreanischen Truppen die erbetene Hilfe. Schnell jedoch weitet sich der Konflikt zum Stellvertreterkrieg aus, als nicht nur USA und UN intervenieren, sondern auch China in Korea eingreift. Es entwickelt sich ein verlustreicher Stellungskrieg, der fast eine Million Soldaten und etwa drei Millionen Zivilisten das Leben kostet. Die USA können den Krieg nicht gewinnen und müssen schließlich einem Waffenstillstandsabkommen zustimmen, das weitestgehend den Status quo ante restituiert. Über dreißigtausend US-GIs haben scheinbar sinnlos ihr Leben verloren.

„With the Korean War, we begin to see an increased cynicism about fighting wars", notiert Jeanine Basinger treffend, „a questioning of whether or not we should let ourselves be talked into it. This is demonstrated most dramatically by stories which frequently question military leadership and which often present weak, frightened, or unreliable people in command of troops" (2003, S. 161). Filmemacher wie Fuller, Mann und Milestone konzentrieren sich mit ihren Koreakriegsfilmen auf den Ausnahmezustand einer Kampfsituation, die weder durch politische Rechtfertigungen noch durch strategische Kompetenz hinreichend gedeckt ist. Der hochgefährliche Einsatz der GIs verlangt weiterhin nach couragierten, loyalen und selbstlosen Soldaten, im Koreakriegsfilm aber muss der Infanterist vor allem einen unbeugsamen Stoizismus besitzen, um die nicht zuletzt vom eigenen Militär verschuldeten Strapazen des Kampfes auf der koreanischen Halbinsel zu überleben. Isoliert von seinem Zuhause, von geteilten Werten, häufig auch distanziert von den eigenen Kameraden, scheint das soldatische Individuum ganz auf sich selbst zurück geworfen. Anstatt die USA zu repräsentieren, ist es von ihnen separiert.

Mit *Combat!* hält diese Sensibilität nachhaltig Einzug auch in der Television. Konträr zu *The Gallant Men* und *Twelve O'Clock High*, insbesondere aber Titeln wie *McHale's Navy* (1962–1967; ABC), *No Time for Sergeants* (1964–1965; ABC) oder *Wackiest Ship in the Army* (1965–1966; NBC) setzt *Combat!* weder auf ambivalente Opfermythen noch komödiantische Überformungen, sondern stattdessen vielmehr auf damals neue Realismuseffekte. „*Combat!* used some actual battle footage", resümiert Jeanine Basinger, „and emphasized realism" (2003, S. 182)[1]. Filmhistoriker unterstützen sie hier voll und ganz, wenn sie die Serie zwar „grim if not graphic" nennen, den Episoden aber dennoch den Willen zur ungeschönten Darstellung attestieren: „They're practically bloodless but occasionally quite intense and, according to many veterans, were among the most realistic depictions of platoon life up to that time. Adding to the realism is that most episodes have characters speaking their native languages, dialogue which passes without subtitles" (Galbraith 2004). Die medienästhetische Konstruktion von *Combat!* vermeidet transhumane Heroisierungen der Soldaten ebenso wie den Einsatz emotionalisierender Effekte durch pathetische Musik. An ihre Stelle tritt ein konsequenter Einsatz von Handkamera und Untersicht, die beide daran arbeiten, das Kriegsgeschehen durch die Perspektive der GIs zu mediatisieren und es somit als unüberschaubar, bedrohlich, verstörend zu akzentuieren. Auch wenn die Serie faktisch durchgängig eine Apotheose auf den ‚einfachen' Infanteristen anstimmt, dessen Tapferkeit, Mut und Leidensfähigkeit ihr als höchste aller Tugenden gelten, fließen doch auch stets differente Stimmen ein. Während auf der einen Seite gängige militaristische Topoi wie Kameradschaft, Opferbereitschaft und Patriotismus gefeiert werden, sind auf der anderen Seite die Augen nicht vor Phänomenen wie inhumanen Befehlsstrukturen, soldatischen Animositäten oder physischen wie psychischen Versehrungen verschlossen. *Combat!* ist eine kontradiktorische Serie, die simultan den einzelnen

---

[1] ‚Realismus' ist freilich stets als ein spezifisches System medienästhetischer Konventionen zu begreifen, das historische Variabilität besitzt und immer nur relational bestimmt werden kann. Zu diesem „Wirklichkeitseffekt" siehe die einschlägigen Bemerkungen von Roland Barthes (2005) in seinem gleichnamigen Aufsatz.

## 2.3 Combat! (1962–1967)

Fußsoldaten verherrlicht, die autodestruktiven Strukturen des Krieges jedoch verwirft. Es ist klar, dass Nazi-Deutschland bekämpft werden muss, nicht aber, auf welche Art und Weise. Zum „good war" gibt es keine Alternative, auch wenn er im Detail nicht als gut sich erweist. *Combat!* wird durchzogen von Ambivalenzen, ohne eine Auflösung der Widersprüche zu leisten. Es ist die besondere Leistung der Serie, Kontradiktionen zu produzieren und diese in ihrer negativen Dissonanz auszuhalten. Sie versucht dem Schrecken des Krieges nicht mehr so sehr mit textexternen Semantiken beizukommen als durch die Semantisierung der textuellen Widersprüchlichkeit selbst ein Schreckenspotential zu entwickeln. Es ist diese Ästhetik der Ambivalenz, die *Combat!* an das Publikum der Serie weitergibt.

Eine romantisierende Kommemoration des US-Engagements im Zweiten Weltkrieg liegt der Serie durchgängig fern. Die Episode „No Trumpets, No Drums" (1963; Staffel 1, Episode 32) etwa zeigt, wie ein GI versehentlich einen französischen Zivilisten tötet und an der Tat zerbricht. In „Doughboy" (1963; Staffel 2, Episode 7) tritt ein traumatisierter Veteran auf, der glaubt, noch immer im Ersten Weltkrieg zu kämpfen. In „Bridgehead" (1963; Staffel 2, Episode 2) muss sich der US-Sergeant nicht nur gegen eine zahlenmäßig überlegene Wehrmacht, sondern auch einen unbeugsamen Gefreiten aus den eigenen Reihen durchsetzen, der frisch in die Einheit stößt und, nicht ohne Grund, seine Führungsqualitäten anzweifelt. In „Command" (1964; Staffel 2, Episode 30) wird das Platoon vorübergehend einem neuen Offizier unterstellt, der die Soldaten brutal auf Dienst nach Vorschrift drillt, um seine eigenen Schuldneurosen zu verbergen. In „Mountain Man" (1964; Staffel 3, Episode 1) trifft die Einheit auf einen verbitterten Deserteur, der kurzerhand bestochen wird, um den Männern einen Weg durch die Berge zu weisen. In „S.I.W." (1965; Staffel 4, Episode 3) hat sich ein Soldat mutmaßlich selbst verletzt, eine sog. „Self-Inflicted Wound" (S.I.W.) zugefügt, um dem Schrecken der Front zu entgehen. In „Nothing to Lose" (1966; Staffel 4, Episode 21) bekämpfen sich zwei GIs nicht nur verbal, sondern sprichwörtlich bis aufs Blut: mit Fäusten ebenso wie mit Waffengewalt.

Andere Episoden der Serie treiben die Ambivalenzen noch weiter. „Cat and Mouse" (1962; Staffel 1, Episode 9), geschrieben und inszeniert von Robert Altman, später ein wichtiger Protagonist des sog. New Hollywood und Regisseur der Kriegssatire *M\*A\*S\*H\** (1970), stellt das Kriegsgeschehen offen als sinnlosen Akt dar. Vic Morrows Sergeant Saunders überlebt dort nur durch Zufall einen von Scharfschützen und Landminen dezimierten Spähtrupp hinter den feindlichen deutschen Linien. Trotz größter Erschöpfung kehrt Saunders dorthin zurück, in Begleitung des unnachgiebigen Berufssoldaten Jenkins (Albert Salmi als Gaststar), der alle Ex-Zivilisten wie Saunders verachtet. Abermals jedoch wird das Platoon aufgerieben, was in einem Streit zwischen den beiden Offizieren resultiert, wie nun

**Abb. 2.6** *Combat!* © ABC

weiter zu agieren sei. Gefangen in einer alten Mühle, opfert der dickköpfige Jenkins schließlich sein Leben, damit Saunders seinen Bericht an die Vorgesetzten erstatten kann. Es stellt sich aber heraus, dass die akquirierte Information über einen bevorstehenden Angriff der Wehrmacht für das strategische Personal völlig wertlos ist. Die Amerikaner haben den Code der Deutschen bereits entschlüsselt und sind daher von allen Plänen des Feindes längst unterrichtet. Der Tod aller Soldaten, inkl. Jenkins' finalem Opfer, kann daher keinem höheren Sinn mehr zugeschrieben werden. „Cat and Mouse" schließt mit einer Aufnahme von Saunders' Stiefeln in schmutzigem Wasser, während er sich von den Befehlshabern und dem Publikum entfernt (Abb. 2.6). Die Episode leistet damit eine Verschiebung sowohl innerhalb der Kriegsserie wie auch des Kriegsfilms. Einerseits etabliert sie im seriellen Feld eine desillusionierte Haltung, die als Zuspitzung der Grundtendenz von *Combat!* gelten kann; andererseits inszeniert sie den Zweiten Weltkrieg auf gänzlich neue Art und Weise. Wo das WWII Combat Movie zwar stets den Preis apostrophiert, der zur Bezwingung der faschistischen Barbarei von NS-Deutschland und imperialem Japan nötig ist, dabei aber dieses Opfer letztlich immer propagiert und einem finalen Ziel subordiniert, werden in „Cat and Mouse" erstmals Zweifel an

## 2.3 Combat! (1962–1967)

der Relation eines solchen Ziels zum Alltag suizidaler Mission artikuliert. Die Episode betont das absurde Moment kriegerischen Alltags: das sinnlose Sterben auf dem Schlachtfeld, welches keinem übergeordneten Wohl dient. Zwar bleibt auch in „Cat and Mouse" nie ein Zweifel daran, dass Amerika, besser: der einfache Infanterist, für eine wichtige Sache kämpft, der Kampf selbst aber nicht immer dieser Sache dient. *Combat!* projiziert so ein kriegskritisches Sentiment, das sich in den 1950er Jahren mit der Eskalation des Krieges zwischen Nordkorea und Südkorea ausformt, als die USA in den Konflikt eingreifen. Diese militärische Intervention evoziert nachhaltige Effekte für den Diskurs der TV-Kriegsserie und *Combat!* im Speziellen. Nun erscheint der einzelne GI nicht mehr als Verkörperung der Nation, stattdessen ist er nun von den Strukturen isoliert, die er repräsentieren soll. Krieg selbst wird zur chaotischen Anstrengung, die das Individuum nicht nur brutalisiert, sondern auch den sinnlosen Tod des Einzelnen nachgerade befördert.

Die Rivalität zwischen Saunders und Jenkins in „Cat and Mouse" wird in der Episode „Bridge at Chalons" (1963; Staffel 2, Episode 1) als Konflikt unter Offizieren sowie zwischen differenten Dienstgraden noch weiter zugespitzt. Sergeant Saunders trifft dort auf Sergeant Turk (Lee Marvin als Gaststar), einen Sprengstoffexperten, der zusammen mit Saunders und seinen Männern eine deutsche Brücke zerstören soll. Von Beginn an tut sich nicht nur eine tiefe persönliche Abneigung zwischen Saunders und Turk auf, Turk sucht auch ständig den Konflikt mit Saunders' Platoon, dessen Männern er die soldatische Kompetenz abspricht, schlicht beleidigt oder gar das Kriegsgericht androht. Dabei, und hierin liegt eine der Volten von „Bridge at Chalons", hat Turk nicht einmal Unrecht: Saunders Männer erscheinen mitunter tatsächlich als nur wenig fähig. Einer etwa verweigert Befehle, ein anderer verrät durch Unachtsamkeit beinahe den Aufenthaltsort des Platoons. Die Männer geben nicht das Bild eines schlagkräftigen Kollektivs ab, sie zerfallen in eine Notgemeinschaft von Amateuren. Saunders selbst muss den Tod eines Soldaten verantworten, weil er sich nicht genug auf seine Rolle als Leiter der Eskorte für Turk konzentriert. Der wiederum stellt sich schließlich als notorischer Feigling heraus, dessen Misstrauen gegenüber allem und jedem nur seine panische Angst vor dem Soldatentod, verschuldet durch „some jerk", verbirgt. Angesichts von Saunders und seinem Platoon voller solcher „jerks" jedoch hat Turk durchaus Anlass dazu, auf der Hut zu sein. Konträr zum WWII Combat Movie ist der eine GI dem anderen GI in „Bridge at Chalons" nicht mehr verlässlicher Kamerad, sondern vielmehr Gefahr für Leib und Leben. Nicht nur der Feind, auch der Freund kann jederzeit für den plötzlichen Tod sorgen. Die Episode „Bridge at Chalons" fokussiert auf diese Weise ein Potential an Spannungen, das mitten durch die US-Armee läuft. Anstatt die Homogenität der ‚Kriegskörper' und ‚Nationalkörper' zu betonen, erscheint das US-Militär als fragmentierte Kraft voller interner Risse, Spaltungen und Verwerfungen. Dennoch finden die Akteure am Ende noch einmal zusammen, wenn auch nur ephemer und unter Versehrungen: Als Turk verwundert wird und den Sprengauftrag nicht mehr ausführen kann, übernimmt Saunders seinen Part, bis die Brücke im großen Episodenfinale letztlich doch noch erfolgreich gesprengt wird. „Bridge at Chalons" bildet somit eine ideologische Inkohärenz aus, die als typisch für *Combat!* gelten kann. Zwei widersprüchliche, einander eigentlich exkludierende Positionen: Funktionalität vs. Disfunktionalität des militärischen Apparats werden beide mit gleicher Emphase artikuliert.

In der Episode „The Enemy" (1965; Staffel 3, Episode 16) gelingt es Rick Jasons Lieutenant Hanley, einen deutschen Soldaten (Robert Duvall als Gaststar) gefangen zu nehmen, der ein ganzes französisches Dorf mit Sprengladungen vermint hat. Hanley will den Deutschen zwingen, die Bomben zu entschärfen, der aber hegt ganz andere Pläne und versucht stattdessen, Hanley in die Falle zu locken. Die Prämisse der gesamten Episode fußt auf der Überlegenheit des deutschen Soldaten gegenüber Hanley. Diese Souveränität besitzt allegorischen Charakter: Während die US-Armee sich primär aus Zivilisten zusammensetzt, denen nur wenige Monate an Training zugestanden worden ist, tritt ihr mit der deutschen Wehrmacht ein Feind gegenüber, der sich jahrelang auf den Angriffskrieg vorbereitet hat. „The Enemy" ist in der gleichnamigen Episode von *Combat!* nicht nur ein gerissener Berufssoldat, sondern auch ein scheinbar übermächtiger Gegner, dessen totalitäre Mobilmachung kein Äquivalent im Bürgersoldaten der USA besitzt. *Combat!* entwirft so das Bild eines ungleichen Kräfteverhältnisses, das dem US-Militär unweigerlich höchste Verluste bescheren muss. Diese, suggeriert die Serie, werden nur allzu gerne in Kauf genommen. In den sicheren Tod schickt der Militärapparat seine Männer, degradiert zu Nummern auf ihren Erkennungsmarken.

Wie solche Verluste aussehen, demonstriert eindrücklich die Episode „The First Day" (1965; Staffel 2, Episode 4). Dort hat das Platoon mehrere jugendliche Neuzugänge zu verzeichnen, einen High-School-Football-Star, einen Straßenjungen, einen Gefreiten vom Land und einen All-American Boy. Schon ihre Ankunft wird von den Fronveteranen mit einem zynischen „We better win this war soon – we're running out of men" kommentiert. Die restliche Laufzeit der Episode schildert dann im Folgenden, wie die vier Teenager versuchen, ihren ersten Tag an der Front unversehrt zu überstehen. Erfolg ist dabei nicht allen beschieden: Einer wird von den Deutschen in den Rücken geschossen, einer schwer verletzt, einer erleidet einen Nervenzusammenbruch, einer hat jede Unschuld verloren. Wieder fällt der Kommentar des Platoons desillusioniert aus: „Four bright, shiny new replacements – one dead, one wounded, one cracked up, and one you can't tell the difference from the rest of us". *Combat!* macht sich dabei die Haltung der Veteranen zu Eigen. Krieg erscheint als ein dreckiges Geschäft, das alle Hände schmutzig macht. Nur

## 2.3 Combat! (1962–1967)

**Abb. 2.7** Combat! © ABC

wer dennoch pragmatisch agiert, hat eine Chance auf Überleben. Perspektive ist hier nicht vorrangig ein Sieg über den Gegner, es gilt lediglich Tag für Tag durchzustehen. Dass am Ende die deutsche Einheit aufgerieben werden kann, erscheint mehr als Zufall denn als Zwangsläufigkeit.

In der Doppelfolge „Hills Are for Heroes" (1966; Staffel 4, Episode 25 und 26) bleibt schließlich selbst der temporäre Sieg von „The First Day" verwehrt. „Hills Are for Heroes" beginnt zunächst wie eine typische Episode von *Combat!*: Lieutenant Hanley bekommt eine routinemäßige Mission zugeteilt, er soll einen Hügel erobern, der angeblich strategische Signifikanz besitzt. Um besagten Hügel entfachen sich im Folgenden heftigste Feuergefechte, als die GIs wieder und wieder gegen die Maschinengewehrbunker der deutschen Armee anrennen. Obwohl auch Sergeant Saunders im Zuge der Gefechte verletzt wird, erhält Hanley stets aufs Neue den Befehl, weiter vorzurücken und den Hügel einzunehmen, koste es was es wolle. Im zweiten Teil der Doppelfolge gelingt es den GIs mit letzten Kräften tatsächlich, die Wehrmacht niederzuringen. Durch die Unterstützung eines Panzers und einer Nebelwand, auf welche beide die Männer schon vergeblich gewartet zu haben glauben, können sie den umkämpften Hügel stürmen, auch wenn erneut eklatante Verluste zu beklagen sind. Dann aber gibt alles sich als große Chimäre zu erkennen: Noch bevor die völlig erschöpften Männer den Gipfel des Hügels erklimmen können, werden sie zum Rückzug abgeordert. Scheinen sie Lieutenant Hanley zuerst noch den Befehl zu verweigern, um auf dem eingenommenen Gipfel zu verweilen, machen sie sich dann mit gesenktem Kopf doch daran, den Hügel wieder hinab zu steigen (Abb. 2.7). Zurück bleiben nur Leichen. „Hills Are for Heroes" versinnlicht so die Ambivalenz des soldatischen Körpers in starken Affektbildern: Einerseits ist er Gegenstand von symbolischer Honorierung, andererseits Objekt radikaler Verdinglichung. Zwischen beiden Perspektiven existiert kein

**Abb. 2.8** *Combat!* © ABC

Potential der Aufhebung. Uniform und Orden kaschieren nur die kontingente Verfügbarkeit des soldatischen Lebens.

In *Combat!* realisiert sich so eine Krise des Aktionsbilds, wie sie Gilles Deleuze einige Jahre zuvor bereits für den Kinofilm konstatiert hat. Die Serie zeigt erschütterte Figuren, die ihr In-der-Welt-Sein als sinnlosen Kampfeinsatz wahrnehmen. Leere Zeiten des Wartens ohne Aktion kontrastieren mit Gewalteskalationen, die scheinbar aus dem Nichts kommen und ebenso wenig bedeuten. Resultat ist eine ‚Störung' der handlungsorientierten Verkettung von Situation und Aktion, die das klassische Kino noch definiert. Dominant wird stattdessen eine „dispersive, lückenhafte Realität, eine Folge bruchstückhafter, zerstückelter Begegnungen" (Deleuze 1997a, S. 284). Episoden wie „Hills Are for Heroes" lassen Wahrnehmungen der Figuren nicht mehr automatisch in Aktionen übergehen. Daher kann sich keine Schließung der Bewegungsbilder mehr ergeben. Das sensomotorische Schema reißt, und „rein optische und akustische Situationen" können sich konstituieren. Dominant wird nun eine Mise-en-scène der Blicke, die das Bewegungs-Bild mit seinen Relationen von Reiz und Reaktion aussetzt (Abb. 2.8). Sie kulminiert für Deleuze in einem „reinen optisch-akustischen Bild". Mit ihm sind die sensomotorischen Verbindungen nicht mehr nur gelockert, sondern bedeutungslos, und das Bild gelangt zu einer basalen Aisthesis, der nur optisch und akustisch definierten Situation, in der Perzeptionen nicht mehr automatisch zu Aktionen führen. Sinn und Sinnlichkeit koinzidieren in diesem Bild: „[D]ie Unterscheidung des Subjektiven und Objektiven [verliert] in dem Maße an Bedeutung, wie die optische Situation oder die visuelle Beschreibung die motorische Handlung ersetzen. Wir haben es hier in der Tat mit einem Unbestimmbarkeits- oder Ununterscheidbarkeitsprinzip zu tun: Man weiß nicht mehr, was imaginär und real, körperlich und mental in der Situation ist, nicht weil man diese Merkmale vermengte, sondern weil man es nicht mehr zu wissen braucht und es keinen Anlass gibt, danach zu fragen" (Deleu-

## 2.3 Combat! (1962–1967)

ze 1997b, S. 19). Die Frage ist nicht länger, was das nächste Bild zeigen wird; die Frage ist, was das aktuelle Bild zeigt. Die Sinnkrise der Soldaten hat damit auch die mediale Form erreicht. Als Opto- und Sonozeichen wirken Bilder und Töne enigmatisch in ihrer scheinbar asignifikativen Struktur, die nicht mehr explikativ operiert, sondern nur noch deskriptiv. Die Handlungsohnmacht der soldatischen Figuren geht einer mit neuen Bildtypen, die *Combat!* erstmals im medienästhetischen Feld der Television etabliert.

Als *Combat!* anno 1967 nach fünf Staffeln und ebenso vielen Jahren eingestellt wird, befinden sich die USA bereits wieder im Kriegszustand. Die Serie, handelnd vom Zweiten Weltkrieg, produziert aber in der Ära zwischen Koreakrieg und Vietnamkrieg, nimmt somit eine Scharnierstellung ein. Traditionen des WWII Combat Movie bleiben erhalten, werden aber zugleich mit Tendenzen des Koreakriegsfilms wie auch dem kulturellen Klima der frühen Vietnamkriegszeit hybridisiert. Die daraus resultierenden textuellen Kontradiktionen weisen *Combat!* als polyphonen Diskurs zur Repräsentation des Zweiten Weltkriegs aus. Die Serie lässt sich daher keinesfalls mit Thomas Doherty bloß als „a weekly reiteration of the tropes of the classical WWII combat film" (1999, S. 304) abtun, da sie eben gerade nicht darin aufgeht, wie auch Jeanine Basinger meint, wenn sie angibt, wie *Combat!* dem „traditional format of the genre" folge, „thus solidifying its existence and further continuation" (2003, S. 182). Der Kulturhistoriker Andrew J. Huebner hat indes eine revisionistische Position stark gemacht, die *Combat!* als Präfiguration des Vietnamkriegsfilms sieht: „Throughout its five seasons, *Combat!* combined [warrior] images of men in war with more familiar portraits of heroism, patriotism, and camaraderie. But it did more than that. *Combat!* made war prime time entertainment in the homes of millions of Americans, something that was to become immeasurably more real during the war in Vietnam" (2008, S. 165). So kommt es etwa bereits unmittelbar nach Ende des Zweiten Weltkrieges zur intensiven Beschäftigung verschiedenster Vertreter aus den Sozialwissenschaften mit dem plötzlich virulenten Problem der Wiedereingliederung von Veteranen in das zivile Leben, wobei konkret Missstände wie Wohnungsnot, posttraumatischer Stress oder Versehrtenrente diskutiert werden. Während der Kriegsfilm im Kino diese Diskurse bis in die 1950er Jahre zunächst noch zu ignorieren trachtet, wird in literarischen Bearbeitungen des Zweiten Weltkriegs, allen voran Norman Mailers Roman *The Naked and the Dead* (1948), bereits ein äußerst ambivalentes Bild des „good war" gezeichnet, das antagonistische Relationen zwischen Infanteristen und ihren Kommandeuren konturiert.

Sozialgeschichtlich ist *Combat!* einem kulturellen Klima voller Spannungen zuzuordnen, das dem Klischee einer homogenen, mit sich selbst, ihrer Regierung und ihrem Militär identischen Gesellschaft zuwider läuft. Huebner argumentiert gegen eine dichotomische Separation, gerne verbunden mit der Demarkationslinie der kurzlebigen Kennedy-Administration, eines ‚guten' Zweiten Weltkriegs vom ‚schlechten' US-Eingriff in Vietnam, die Ersterem moralische Größe zuspricht und Letzteres in den Status einer nationalen Tragödie erhebt. Stattdessen legt Huebner den Fokus auf die komplexe Dynamik von Repräsentationen des Krieges, in denen *Combat!* einerseits dem klassischen Kriegsfilm verpflichtet ist, andererseits aber auch auf dessen kritische Diskursivierung im Vietnamkriegsfilm voraus weist: „Imaginative representations of the Vietnam War also reinforced and amplified many ideas since the late 1940s, suggesting that perhaps the difference between Vietnam-era imagery and what came before was a matter of degree more than essence" (2008, S. 243). Bereits mit Ende des Zweiten Weltkriegs manifestiert sich ein Klima der Kriegsmüdigkeit, das mit einer Besorgnis um die Entwicklung des Kalten Kriegs koinzidiert. Eine individuelle Alarmierung angesichts der Auswirkungen des Krieges auf den einzelnen Soldaten, aber auch eine generelle Angst vor dem militärisch-industriellen Komplex, insbesondere der Gefahr nuklearer Eskalation, sorgen für diskursive Verschiebungen in den USA: „Later, with Vietnam in the rearview mirror, many observers would assume (or remember) that depictions of the military and war in the 1950s were simple, quaint, and patriotic. [...] Contrary to such memories and to the interpretations of some scholars, that film and much else in Cold War culture offered more complex warrior imagery than it would seem in retrospect after the great national nightmare in Vietnam" (Huebner 2008, S. 167). Es ist die Serie *Combat!*, die auf dem medienkulturellen Feld der Television eine solche Komplexität der Repräsentation installiert. Sie stellt erstmals im Fernsehen klar, dass auch ein ‚gerechter' Krieg, d. h. in seiner Gewalt gerechtfertigt durch eine demokratische Legitimation in der Bevölkerung, gänzlich ungerechte Effekte zu zeitigen vermag. *Combat!* unterstreicht sowohl, dass Sieg in kriegerischen Konflikten schlicht Überleben heißen kann als auch, dass dieser Sieg und dieses Überleben nicht von Schuld, Brutalisierung und Wahnsinn zu trennen sind.

*Combat!* lässt sich aus dieser Perspektive als ein televisueller Beitrag zum Diskurs einer kulturellen Verschiebung begreifen. Die medienästhetische Repräsentation des Soldaten oszilliert hier zwischen dem tradierten Bild eines von Zähigkeit, Loyalität und unerschütterlicher Hingabe an seine Nation charakterisiertem Individuum und einem tendenziell zwar weiterhin tapferen, in sich aber gespaltenen und fehlerhaften Subjekt, das zum leidenden Opfer des bürokratischen Militärapparats evolviert. Ist das WWII Combat Movie noch von einer Tendenz zur Heroisierung des Soldaten und einer Rationalisierungsrhetorik des kriegerischen Eingriffs geprägt, schwächen sich beide Dispositionen in *Combat!* massiv ab. Wo der klassische Kriegsfilm zwar Entbehrungen, Mühsal und Leiden der GIs nicht ausspart, betont er den Krieg doch als konstruktive Kraft, sowohl für ein weltpolitisches Ziel als auch den Reifungsprozess der GIs zu besseren Bürgern. Die Soldaten durchlaufen mittels ihrer Partizipation an einer das Individuum transzendierenden Sache transformatorische Prozesse, deren positive Aspekte letztlich immer den Diskurs dominieren. In *Combat!* dagegen herrscht eine neue Unsicherheit vor. Die positiven Aspekte verschwinden mitunter hinter den negativen Auswirkungen des Krieges auf den einzelnen Soldaten. Der GI wird einerseits zum Opfer kaltblütiger Strategien, skrupelloser Militärbürokratie und geopolitischer Kräfte, die er nicht zu durchschauen vermag; andererseits wird er selbst dem Kameraden zur Gefahr, wenn defizitäre Individuen zum Dienst an der Waffe gezwungen sind.

Wolle man eine Zäsur benennen, ist für Andrew J. Huebner am ehesten der Koreakrieg als ausschlaggebend im kontinuierlichen Wandel differenter Attitüden zu begreifen. Mit dem Einsatz auf der koreanischen Halbinsel wird der Kalte Krieg plötzlich heiß und fordert insbesondere von den USA hohe Verluste, die nicht durch das Erfolgserlebnis eines Kriegsgewinns legitimiert werden können. Es ist somit der Koreakrieg, der die US-amerikanische Haltung zu kriegerischen Konflikten wenn nicht radikal zu verändern, so doch nachhaltig zu verkomplizieren weiß. Auch die Berichterstattung der Medien über diesen ‚vergessenen' Krieg fokussiert nun primär auf Opfer und Leid, weit mehr als die Presseberichte über den Zweiten Weltkrieg zuvor. Begünstigt durch gelockerte Zensur, rückt dieses „increasingly skeptical reporting" (Huebner 2008, S. 100) in Wort und Bild von Tageszeitungen und Magazinen sukzessive Strapazen der Soldaten ins Zentrum der Aufmerksamkeit, auch vor Beschreibung wie Darstellung versehrter GIs wird nicht Halt gemacht. Große Publikationsorgane wie Life und Newsweek brechen mit tradierten Repräsentationen von Krieg und Soldaten, selbst Fotos weinender Infanteristen gehören nun zum Repertoire der Berichterstattung. Wo während des Zweiten Weltkriegs noch die antifaschistische Kraft der nationalen Anstrengung sowie die toughe Männlichkeit des GI apostrophiert worden ist, geht es nunmehr stärker um ein „greater degree of discouragement, sorrow, agony, and fear" (Huebner 2008, S. 130), das neue Bilder des Soldaten in die kollektive Imagination einprägt. Auch ein Roman wie James Jones' *The Thin Red Line* (1962), erschienen im Startjahr von *Combat!*, schließt die Imagination des Zweiten Weltkriegs mit dem Diskurs des Koreakrieges kurz, indem sowohl Grausamkeit des Kampfgeschehens als auch Inhumanität der militärischen Führung thematisch werden. Emphasiert sind jetzt die Kosten des kriegerischen Engagements, zu tragen von Individual- wie Kollektivkörper. Zwar existiert keine TV-Serie, die ihre Diegese explizit im Konflikt des Koreakriegs ansiedelt, *Combat!* aber verhandelt den Zweiten Weltkrieg ebenfalls aus einer Perspektive, die durch die Erfahrung vom US-Einsatz in Korea geprägt ist. Der Glaube an die unverrückbare Notwendigkeit kriegerischen Handelns, das sowohl einem moralischen Zweck dient und dabei auch noch als achtbarer Initiationsritus für junge Männer in den Status phallischer Adoleszenz fungiert, weicht einem Verständnis von Krieg als bisweilen zwar noch immer notwendigem, aber oft destruktivem und moralisch mehrdeutigem Unterfangen, dessen korrumpierendes Potential auch vor den eigenen Soldaten nicht Halt macht. Der für die Identität der USA konstitutive Wertekonflikt von individuellem Lebensglück und Dienst am Kollektiv wird damit nicht länger aufgehoben, sondern stattdessen in der Figur des Soldaten zur Radikalisierung gebracht. Sie kann kein richtiges (individuelles) Leben im falschen (kollektiven) Apparat des Militärs mehr finden. Zwischen geopolitischer Rationalität und individuellem Opfer tut sich eine Kluft auf, die nicht zu kippen ist und *Combat!* die für diese TV-Serie so charakteristische Ambivalenz einschreibt.

Das Konzept der Ambivalenz kann mithin als zentrale Kategorie für die ersten TV-Kriegsserien der 1960er Jahre gelten. Bereits Produktionen wie *The Gallant Men* und *Twelve O'Clock High* beginnen, die Geschichte des Zweiten Weltkriegs vor dem Horizont des US-Einsatzes in Korea einer desillusionierten (Re)Lektüre zu unterziehen. Krieg wird als ein Projekt destruktiver Energien gedeutet, das Gegenseite wie eigene Truppen gleichermaßen bedroht. Diese Tendenz kristallisiert sich im Laufe der Jahre immer stärker aus, bis mit *Combat!* die Diskursivierung des Zweiten Weltkriegs aus einer Perspektive des Koreakriegs ihren pessimistischen Höhepunkt erreicht. Individuen können nun nicht länger homogen im Kollektiv von Nation und Militärapparat aufgehen. Stattdessen manifestieren sich krisenhafte maskuline Subjektivitäten, die konsequenterweise eine televisuelle „Krise des Aktionsbildes" (Gilles Deleuze) nach sich ziehen. Diese Krise ist noch nicht beeinflusst von Diskursen über das US-Engagement in Vietnam, das sich während der letzten Staffeln von *Combat!* jedoch bereits zu intensivieren beginnt. Ich werde in Kapitel 4 darauf zurückkommen, mich zunächst aber weiteren Traditionslinien der WWII Combat Series widmen, die den Ambivalenzen von *The Gallant Men*, *Twelve O'Clock High* und *Combat!* ab Mitte der 1960er Jahre das performative Spiel einer Posthistoire entgegen setzen.

## Literatur

Adams, Michael C. C. 1994. *The best war ever: America and World War II*. Baltimore: Johns Hopkins University Press.
Adams, Michael C. C. 1998. The good war myth and the cult of nostalgia. *The Midwest Quarterly* 40 (1): 59–74.
Barthes, Roland. 1964. *Mythen des Alltags*. Frankfurt a. M.: Suhrkamp.
Barthes, Roland. 2005. *Das Rauschen der Sprache*. Frankfurt a. M.: Suhrkamp

Basinger, Jeanine. 2003. *The World War II combat film: Anatomy of a genre*. Middletown: Wesleyan University Press.
Bowie, Stephen. 2013. *The Gallant Men. The classic TV history blog: Dispatches from the vast wasteland*. http://classictvhistory.wordpress.com/2013/04/02/the-gallant-men. Zugegriffen: 1. Aug. 2013.
Butler, Judith. 1997. *Körper von Gewicht: Die diskursiven Grenzen des Geschlechts*. Frankfurt a. M.: Suhrkamp.
Deleuze, Gilles.1997a. *Das Bewegungs-Bild: Kino I*. Frankfurt a. M.: Suhrkamp.
Deleuze, Gilles. 1997b. *Das Zeit-Bild: Kino II*. Frankfurt a. M.: Suhrkamp.
Doherty, Thomas. 1999. *Projections of war: Hollywood, American culture and World War II*. New York: Columbia University Press.
Galbraith, Stuart. 2004. *Combat*: Season 1 – Campaign 1. http://www.dvdtalk.com/reviews/11947/combat-season-1-campaign-1. Zugegriffen: 1. Aug. 2013.
Galbraith, Stuart. 2011. *Combat!* The complete fourth season. http://www.dvdtalk.com/reviews/60858/combat-the-complete-fourth-season. Zugegriffen: 1. Aug. 2013
Horkheimer, Max, und Theodor W. Adorno. 1984. *Dialektik der Aufklärung: Philosophische Fragmente*. Frankfurt a. M.: Suhrkamp.
Huebner, Andrew J. 2008. *The warrior image: Soldiers in American culture from the Second World War to the Vietnam era*. Chapel Hill: University of North Carolina Press.
Jeffords, Susan. 1989. *The remasculinization of America: Gender and the Vietnam war*. Bloomington: Indiana University Press.
Kappelhoff, Hermann. 2006. Shell shocked face: Einige Überlegungen zur rituellen Funktion des US-amerikanischen Kriegsfilms. In *Verklärte Körper: Ästhetiken der Transfiguration*, Hrsg. Nicola Suthor und Erika Fischer-Lichte, 69–89. München: Fink.
Kleiner, Marcus. 2010. Men at war! Zur medialen Konstruktion von Kriegertypen im amerikanischen, europäischen und asiatischen Gegenwartskino. In *Medien – Krieg – Geschlecht: Affirmationen und Irritationen sozialer Ordnungen*, Hrsg. Martina Thiele, Tanja Thomas, und Fabian Virchow, 173–192. Wiesbaden: Springer.
Mundey, Lisa M. 2012. *American militarism and anti-militarism in popular media, 1945–1970*. Jefferson: McFarland.
Rovin, Jeff. 1977. *The great television series*. Cranbury: Barnes.
Santoro, Gene. 2011. Infantrymen on the small screen. *World War II* 6:69.

# Posthistoire und Performanz 3

Mitte der 1960er Jahre treten neue Genres in die Landschaft existierender TV-Serien. Speziell Spionageserien, beeinflusst vom weltweiten Erfolg der ersten Filme um den britischen Geheimagenten James Bond, können auf breiter Ebene reüssieren. Neben Titeln wie *The Man from U.N.C.L.E.* (1964–1968; NBC), *Get Smart* (1965–1970; CBS) oder *I Spy* (1965–1968; NBC) verbindet insbesondere *Mission: Impossible* (1966–1973; CBS) den bereits im Kriegs-Genre etablierten Topos einer militärischen Einheit auf strategischer Mission mit der Darstellung extrem elaborierten Teamworks. Inspiriert von *Mission: Impossible* koppeln neue Serien wie *Jericho* (1966–1967; CBS) das Spionagekonzept mit Syntaktik und Semantik des Kriegs-Genres rück. In *Jericho* operiert ein Trio von alliierten Spionen während des Zweiten Weltkriegs hinter den feindlichen deutschen Linien. Im besetzten Frankreich agieren sie primär klandestin als Saboteure, müssen aber kaum an offenen Kampfhandlungen teilnehmen. *Jericho* ist damit dem semantisch-syntaktischen Set des Thrillers enger verbunden als dem Kriegsfilm. Die Narrative der Serie stellen vor allem Fragen nach der Distribution von Wissen, nicht nach dem Effekt dieses Wissens auf dem Schlachtfeld. Über Subjektivität wird nicht in Stahlgewittern entschieden, sondern im Chaos der undurchsichtigen Informationsflüsse.

## 3.1 The Rat Patrol (1966–1968)

Während *Jericho* damit stärker dem Spionage- als dem Kriegs-Genre verpflichtet bleibt, startet ABC mit *The Rat Patrol* (1966–1968) eine neue Serie, die Impulse von *Mission: Impossible* aufnimmt, dennoch aber sehr viel mehr in Tradition des

**Abb. 3.1** *The Rat Patrol*
© ABC

klassischen WWII Combat Movie steht (Abb. 3.1). In zwei Staffeln à neunundzwanzig, lediglich gut zwanzigminütigen Episoden erzählt die Serie von vier alliierten Soldaten, drei GIs und einem Briten, die als Kampfeinheit in der tunesischen Wüste gegen NS-Infanterie opponieren. Ihr Auftrag ist klar, artikuliert schon im invarianten Serienvorspann: „to attack, harass and wreak havoc on Field Marshal Rommel's vaunted Afrika Korps". Diese Prämisse strukturiert den gesamten Serienkorpus. In Kontrast zu den dialoglastigen Titeln *The Gallant Men*, *Twelve O'Clock High* und selbst *Combat!* fokussiert *The Rat Patrol* das Geschehen zuallererst auf die Kampfhandlungen selbst. Gedreht als erste Kriegsserie in Farbe, steht die Attraktion der Aktion im Zentrum. Das grelle Technicolor der Serie bricht mit der konventionalisierten Repräsentation des Krieges als einem ‚schwarzweißen' Genre, das nicht nur auf den Authentizitätseffekt der Wochenschauen rekurriert, sondern diese auch immer wieder direkt in seine Bildfolgen einschneidet. „In Color" heißt es im Vorspann der Serie, bereits ein erster Hinweis darauf, dass die ‚schweren' Zeichen des Sujets ihre Seriosität verlieren.[1]

Das titelgebende Platoon in *The Rat Patrol* operiert als unabhängige Einheit, die sich ausgerüstet mit Maschinengewehren und eigenen Jeeps durch die Wüste bewegt und vor allem sich selbst verpflichtet ist. Angeführt wird sie von Sergeant Troy (Christopher George), einem ebenso smarten wie einfallsreichen Strategen, der falls nötig aber dennoch mit Härte durchzugreifen versteht. Ihm zur Seite steht der britische Sergeant Moffitt (Gary Raymond), ein Archäologe und Sprachenspezialist, der sich sowohl in Arabisch als auch Deutsch fließend zu verständigen

---

[1] Zu ‚schweren' und ‚leichten' Zeichen siehe die Ausführungen von Jean Baudrillard (1982) im Kontext seiner poststrukturalistischen Medientheorie.

weiß. Unter Troy und Moffit agieren Private Hitchcock (Lawrence P. Casey), ein gewitzter Trickster und Liebling der Frauen, sowie Private Pettigrew (Justin Tarr), ein Hillbilly aus Kentucky, der seine außergewöhnlichen Fähigkeiten als Fahrer durch illegale Alkoholtransporte erworben hat. Den vier Alliierten gegenüber steht die deutsche Wehrmacht, personifiziert in Kapitän Dietrich (Hans Gudegast), der ihnen als ‚guter' Nazi einen ebenbürtigen Gegner abgibt. Die alliierte Patrouille und das deutsche Afrikakorps betreiben ein permanentes Katz-und-Maus-Spiel in *The Rat Patrol*, eine Form von Mexican Standoff, die das ausweglose Patt zum Normalzustand erklärt. Freilich schließen die einzelnen Episoden der Serie – ebenso konstant wie imaginativ nach dem Charakter der jeweiligen Mission betitelt: „The Kill or Be Killed Raid" (1966; Staffel 1 Episode 4), „The Deadly Double Raid" (1966; Staffel 1, Episode 11), „Holy War Raid" (1967; Staffel 1, Episode 23), „Take Me to Your Leader Raid" (1967; Staffel 1, Episode 27) oder gar „Maska-Raid" (1967; Staffel 1, Episode 3) – stets mit einem Etappensieg der Alliierten. Trotz seiner hohen Intelligenz und seines großen militärischen Geschicks ist Dietrich der Rat Patrol nie wirklich gewachsen. Obwohl das Afrikakorps ihr an Männern und Material weit überlegen ist, gelingt es der Rat Patrol immer, ihren quantitativ wie technologisch übermächtigen Gegner zu bezwingen. Ob durch List, Tücke oder rohe Gewalt, siegreich bleibt immer die alliierte Einheit. Die Serie funktioniert ganz nach dem Gesetz des Genres. Fernsehhistoriker assoziieren *The Rat Patrol* daher mit einer Comic-Ästhetik, die sowohl Dramaturgie als Darstellung der Serie affiziert: „The happy-go-lucky group, never weary or anxious or battle-fatigued, daringly pulls off some crazy scheme in each frantic episode: often this involves driving right into a German outpost and spectacularly blowing it up while our heroes beat a hasty retreat across the sand dunes. They seem to kill lots of Germans, but they're almost never even injured, and there's no blood anywhere. In many episodes Sam [Troy] & Co. don't even let the audience in on what there [sic!] plans are; this being a half-hour show, there's little time to see any actual planning that goes into their raids. The lopsided victories, week-after-week, shatter any credibility" (Galbraith 2006). Glaubwürdigkeit aber ist nicht das Telos von *The Rat Patrol*. Die Serie vertraut stattdessen vielmehr auf Konventionen des Bekannten, die nach ihren eigenen medienästhetischen Implikationen funktionieren.

*The Rat Patrol* rückt spekulativ das spektakuläre Potential des Krieges ins Zentrum. Es wird geschossen und gesprengt, verfolgt und verprügelt, gerast und gesprungen. Bereits die Pilot-Episode „The Chase of Fire Raid" (1966) beginnt mit einer ausgedehnten Schlachtsequenz, während der ein Mitglied der alliierten Einheit zu Tode kommt und dadurch Platz für den Neuzugang Moffitt frei macht (Abb. 3.2). Zunächst gegen seinen Willen schließt Moffitt sich dem Team an und wird sogleich auf einer wichtigen Mission gebraucht. Es gilt ein verlassenes briti-

**Abb. 3.2** *The Rat Patrol*
© ABC

sches Munitionsdepot vor den Deutschen zu finden, das von Wüstensand bedeckt ist und die Soldaten daher nur mit Hilfe von Moffitts archäologischen Fähigkeiten finden können. Die Episode schließt mit einem genretypischen „last stand", im Zuge dessen es der Rat Patrol gelingt, das Depot zu zerstören. Moffit wird daraufhin kameradschaftlich in das Team aufgenommen. Diese Integration ist freilich charakteristisch für jene historischen Freiheiten, die der US-zentristische Ansatz von *The Rat Patrol* evoziert: Nicht etwa GIs, sondern das britische Militär hat während des Zweiten Weltkriegs den Kampf gegen das deutsche Afrikakorps angeführt.

Keine historische, sondern generische Wahrscheinlichkeit leitet *The Rat Patrol*. Die Serie nimmt in ihrer unapologetischen Fetischisierung der Aktion damit neuere Positionen der Geschichtswissenschaft vorweg, die sich zunehmend vom logozentrischen Wahrheitsanspruch und einem unnachgiebigen Primat putativer Faktizität entfernen. Ausgegangen wird stattdessen davon, dass historische Erzählungen grundsätzlich über ein fiktionales Moment verfügen, Mythos und Aufklärung sich nicht einfach trennen lassen: „History and fiction have always been notoriously porous genres, of course. At various times both have included in their elastic boundaries such forms as the travel tale and various versions of what we now call sociology. It is not surprising that there would be overlappings of concern and even mutual influences between the two genres" (Hutcheon 2004, S. 106). Eine klare Differenzierung von Fakt und Fiktion, von Geschichte auf der einen Seite und Genre auf der anderen Seite, das scheint nicht mehr möglich. Die Comic-Phantasien von *The Rat Patrol* verweisen bereits in den 1960er Jahren auf ein Posthistoire, d. h. eine Zeit gewandelten Geschichtsbewusstseins, der alle Sinn-Konstruktionen suspekt sind, die auf totalitären Theorie-Konzepten basieren. *The Rat Patrol* perpetuiert einen egalisierenden Postmodernismus avant la lettre: „Die

## 3.1 The Rat Patrol (1966–1968)

alten Dichotomien greifen nicht mehr. So operiert die Postmoderne [...] in einem Spannungsfeld zwischen Tradition und Innovation, Bewahrung und Erneuerung, Massenkultur und hoher Kunst; dabei wird der jeweils zweite Begriff nicht mehr automatisch gegenüber dem ersten privilegiert, und die alten dichotomischen Kategorien und Zuschreibungen von Fortschritt gegen Reaktion, Linke gegen Rechte, Rationalismus gegen Irrationalismus, Zukunft gegen Vergangenheit, Modernismus gegen Realismus, Abstraktion gegen Repräsentation, Avantgarde gegen Kitsch funktionieren nicht mehr in der gewohnten zuverlässigen Weise" (Huyssen 1986, S. 41). *The Rat Patrol* durchmischt Genre und Geschichte auf eine prekäre Weise, die dichotomische Modelle durcheinander würfelt. Es ist eine Serie, die ernsthaft den antifaschistischen Krieg des US-Militärs als epochale Leistung würdigt, zugleich aber einer unbefangenen Fabulierlogik unterwirft, die aus Superheldenerzählungen vertraut ist. Wichtigster Einfluss für *The Rat Patrol* scheinen dann auch nicht mehr so sehr die Kinoproduktionen des WWII Combat Movie zu sein als vielmehr die Paralleluniversen der populären graphischen Literatur: *Sgt. Fury and His Howling Commandos* von Marvel, *Sgt. Rock* von DC Comics. Das Platoon in *The Rat Patrol* zeichnet sich auf ganz ähnliche Weise durch die unterschiedlichen Fähigkeiten der Mitglieder aus, ohne den Umweg einer Figurenpsychologie in Anspruch nehmen zu müssen. Die psychologische Entdifferenzierung korreliert mit einer auf Aktionsdynamik zentrierten Erzählökonomie, deren Telos sich in der Realisierung generischer Gratifikation manifestiert. Durch die unbekümmerte Chuzpe, an die Stelle historischer Wirklichkeit die Wirklichkeit des Generischen zu stellen, rächt sich die Serie am bleischweren Authentizitätspathos geschichtsdeterministischer Akribie. Anstatt der Historie des Krieges ein Wertmodell als immanent zu hypostasieren, lanciert *The Rat Patrol* einen offenen Diskurs, der die Frage stellt, wie eine Konstruktion von Geschichte überhaupt zu denken ist.

Die dehierarchisierende Hybridisierung differenter Stimmen, eine Kollision von ‚großer' Geschichtslast und ‚kleiner' Genrelust, verleiht *The Rat Patrol* ästhetische Kontur. Historische Fakten akzeptiert die Serie nur als unspezifischen Rahmen ihrer Diegese, innerhalb der sie zur Bedeutungslosigkeit degradiert sind. Als *The Rat Patrol* gegen Mitte der 1960er Jahre zur Ausstrahlung kommt, spricht Arnold Gehlen bekanntlich bereits vom soziokulturellen Zustand einer Posthistoire, d. h. einem Ende der Geschichte, das historisches Potential durchgespielt, bekannte Weltbilder überholt und somit die Kollektivstruktur sozialer Interaktion signifikant modifiziert hat.[2] Gehlen konstatiert eine Situation der Erstarrung, die er als „kulturelle Kristallisation" beschreibt, einen Zustand von Geschichte, der dann „eintritt, wenn die darin angelegten Möglichkeiten in ihren grundsätzlichen Be-

---

[2] Einen Überblick zum Diskurs der Posthistoire gibt Hans v. Fabeck (2007) aus Perspektive der Kritischen Theorie.

ständen alle entwickelt sind" (1971, S. 293). Das Ende der Geschichte meint hier keinen Spengler'schen Untergang als vielmehr die infinite Perpetuation des kristallinen Status. Fern davon, melancholisch den Verlust von Historie zu beklagen, wird das Ende der Geschichte nicht als Ende von Welt, wohl aber aus nietzscheanischer Perspektive als Ende von Sinn interpretiert. Gehlen deutet den Akt des Erstarrens als Prozess einer Disruption zwischen Geschichte und Ideal, wobei „es blutig zugeht", wenn Geschichte sich dem Ideal nicht fügt und das Ideal revanchistisch auf Geschichte zugreift: sich „an ihr rächt" (1971, S. 287). Dieser bei Gehlen konstatierte ‚Krieg' zwischen Ideal und Geschichte wird von *The Rat Patrol* zu einer ästhetischen Frage gemacht. Die Serie verfolgt eine generische Idee, die sich Geschichte in medienästhetischer Tradition der TV-Kriegsserie durch audiovisuelle Narration aneignet. Sie fragt nach neuen Potentialen der Narrativisierung von Geschichte, ohne damit eine Hoffnung auf das Novum neuer historischer Ereignisse für die Narration zu verbinden. Unweigerlich treten so Dissonanzen auf, die nicht zuletzt eine Re-Perspektivierung des ‚klassischen' Begriffs von Geschichte einfordern.

*The Rat Patrol* lässt im ostentativen Transformationsprozess von Geschichte zu Genre an das Konzept der Metahistory von Hayden White (1991b) denken, der damit eine differenzierte Akzentsetzung im Posthistoire-Diskurs vornimmt, wenn er aufzeigt, wie alle Wiedergabe von Geschichte auf generischen Prinzipien beruht. Whites Thesen können damit einen wichtigen Beitrag zum Verständnis der Serie in ihrem kulturellen Kontext liefern. Sie helfen, ästhetische Praxis als Intervention auf dem Feld von globaleren gesellschaftlichen Tendenzen zu begreifen. Anders gesagt: Eine White'sche Lektüre von *The Rat Patrol* verifiziert nicht bloß die Gültigkeit von Diskursen, vielmehr macht sie ein Erfassen der spezifischen soziokulturellen Signifikanz der Serie erst möglich. Denn Geschichtsschreibung unterliegt für White immer erzählenden Strukturen, auch wenn sie sich selbst als nicht narrativ darstellt. Deshalb konstatiert White, dass sie in keinem Falle ‚wissenschaftlichen' Objektivitätskriterien genügt. Vielmehr handelt es sich bei Geschichtsschreibung um eine Form von Narration, die ihren Gegenstand durch Modellierung historischer Berichte erklärt.[3] Aus Fakten, Daten und Chroniken wird so eine umgreifende Geschichtenform generiert. Durch die Verleihung von Plot-Strukturen wird Geschichte dem Generischen also nicht nur sehr ähnlich, für

---

[3] Aus Northrop Fryes berühmter Essay-Sammlung „Anatomy of Criticism" (1957), die sich vor allem im Aufsatz „Theory of Myths" mit dem Verhältnis von Geschichte und Genre auseinandersetzt, übernimmt White eine Klassifizierung literarischer Formen: Romanze, Tragödie, Komödie und Satire. Analog gelte diese Aufschlüsselung für die Darstellung von Geschichte – jeder Historiker sei gezwungen, alle partikulären Geschichten, die seine Erzählung ausmachen, in das Schema einer rahmenden Form einzuordnen, und zwar nach archetypischen Kriterien.

White bilden sie signifikante Schnittmengen aus. Narration und Geschichtsschreibung, beide figurieren sich über Leistungen der Sprache. Sprache jedoch besitzt mit White nie rein abbildende, sondern immer auch legitimierende Funktion: „Das für den Historiker charakteristische Instrument der Kodierung, der Kommunikation und des Gedankenaustausches ist die Sprache des durchschnittlich Gebildeten. Das bedeutet, daß die einzigen Mittel, die er besitzt, um seinen Daten Bedeutung zu verleihen, um das Fremde vertraut zu machen und die geheimnisvolle Vergangenheit verstehbar zu machen, in den Verfahren der *figurativen* Sprache bestehen. Alle historischen Ereignisse setzen figurative Beschreibungen der Ereignisse voraus, die sie darzustellen und zu erklären behaupten. Und das heißt, daß historische Erzählungen rein als sprachliche Kunstwerke betrachtet durch die Form ihres figurativen Diskurses [...], in dem sie gestaltet sind, gekennzeichnet werden können" (1991a, S. 116). Für White legt also bereits die Form des Erzählens das Erzählte fest. Jene Strukturierung des Plots, die der Historiker bei seiner Darstellung eines spezifischen Ereignisses wählt, macht aus Geschichte unweigerlich Geschichten.[4] Durchweg handelt es sich um generische Muster. Freilich bedeutet dies nun keineswegs, dass historische Fakten nicht existieren. Natürlich lassen unleugbare Ereignisse sich aufrechterhalten. Nur ihre Interpretation in sinnstiftenden Narrativen will berücksichtigt sein. So bringt bereits die Frage nach ‚Sieger' und ‚Verlierer' in einem Krieg diffizile Probleme mit sich. Je nach Perspektive, je nachdem ob Strategie oder Subjekt in den Vordergrund treten, können Antworten variieren. Denn Fakten an und für sich sind völlig ohne Aussage. Ihre besondere Qualität besteht darin, einen Tank der Narrationen zu garantieren.

Die Genre-Ästhetik von *The Rat Patrol* lässt sich als medienkulturelle Praxis zu Whites kulturtheoretischen Thesen lesen: Indem die Serie Geschichte(n) erzählt, schreibt sie mit an dem historischen Imaginären einer Gesellschaft, auf keine fundamental differente Art und Weise als ‚legitime' Historiographie dies tut. Allerdings gibt sie gerade keine Antwort auf die Frage, wie es denn gewesen ist im Krieg. Auch nicht auf die Frage, wie sich das, was wohl gewesen ist, in einer

---

[4] Der Phänotyp von Historiographie und Geschichtsphilosophie differenziert sich bei White nur aufgrund ästhetischer oder moralischer Prinzipien in narrative Momente aus, aufgrund des Romantischen: wie bei Friedrich Nietzsche, des Tragischen: wie bei Karl Marx, des Komödiantischen: wie bei Georg Wilhelm Friedrich Hegel, des Satirischen: wie bei Benedetto Croce. Ebenso unterliegen die unterschiedlichen Möglichkeiten von formaler Schlussfolgerung gestaltenden Strategien: Ein Anschein von Erklärung wird durch formativistische (Nietzsche), mechanistische (Marx), organizistische (Hegel) oder kontextualistische (Croce) Strukturen vorgenommen. Zusätzlich versucht der Historiker seinen Gegenstand durch ideologische Implikation zu erklären. White unterscheidet hier nochmals vier Typen: Anarchismus (Nietzsche), Radikalismus (Marx), Konservatismus (Hegel) und Liberalismus (Croce).

**Abb. 3.3** *The Rat Patrol* © ABC

Fernsehserie ‚angemessen' repräsentieren lässt. Die fröhliche Unverschämtheit der Serie gebiert Geschöpfe der Phantasie. Sie will allem Sichtbaren den Anschein einer Genre-Welt verleihen, d. h. *The Rat Patrol* schert sich weniger um historische Fakten als um jene televisuelle Genre-Rhetorik, die aus ihnen resultiert. Wenn *The Rat Patrol* für das Fernsehen an einer medienästhetischen Sichtbarmachung von Geschichte arbeitet, dann ist das stets auch eine Geschichte des eigenen Genres. In den Kriegsaudiovisionen von *The Rat Patrol* verbinden sich gelebte Historie und populäre Mythologie. So erklärt es sich, dass die Protagonisten der Serie immer überhöht sind, stets etwas Größeres repräsentieren als bloße Durchschnittsfiguren. Als Genre-Figuren überschreiten sie immer die Grenzen dessen, was außerhalb des Genre-Kosmos für die Grenzen der Geschichte gehalten wird.

*The Rat Patrol* entwirft einen Kosmos der Zeichenhaftigkeit. Bereits die Protagonisten sind Männer fast ohne Eigenschaften. Sie differenzieren sich mehr nach Stil denn nach Substanz aus: Troy, der einen Schlapphut der australischen Armee trägt; Moffit, der mit britischem Akzent spricht; Pettigrew, der gerne einen Zahnstocher zwischen den Zähnen hat; Hitchcock, der unablässig Kaugummi kaut und ein rotes Käppi trägt (Abb. 3.3). Historie wird dadurch transformiert und mit

## 3.1 The Rat Patrol (1966–1968)

neuen generischen Elementen aufgeladen: „Die mythische Genealogie adelt die Wirklichkeit. Der Mythos entläßt den Ursprungssucher aus den Geschichten in die Geschichte, aber das historische Ereignis muß nun das Gewicht mythischer Überhöhung tragen" (Böhringer 1998, S. 8). In *The Rat Patrol* findet sich eine solche ‚Adelung', d. h. eine Transformation, die aus Geschichte Geschichten, die aus Geschichte Televisualität macht: einen μῦθος, im Sinne von Aristoteles – als kohärenter Plot. History gleich Story, so lautet die Gleichung in den Bewegungsbildern von *The Rat Patrol*, das Kollektive ergibt sich aus dem Individuellen, die Situation aus der Aktion, das Öffentliche aus dem Persönlichen. Das Ganze wiederholt sich im Einzelnen, das Einzelne spiegelt sich im Ganzen. Hintergrund und Vordergrund überlagern sich, interagieren permanent. Die Horizontale der Historie schließt die diskursive Brücke hin zur Vertikalen des Individuellen. Denn Politik und Television, das bildet eine unzertrennbare Einheit in *The Rat Patrol*. Die Serie macht deutlich, dass beide Felder voneinander nicht zu separieren sind, auch wenn dies ein Diskurs negiert, der Politik und Television unter einer Prämisse trennt, die dem Fernsehen alle Freiheiten zugesteht, solange es sich nicht in den Raum des Politischen begibt. Der bildbasierte Antifaschismus von *The Rat Patrol* flüchtet sich trotz seiner Attraktionslogik nicht ins Ahistorische, weil politisches Bewusstsein als eine diskursive Prädisposition der Serie dient, die von ihr nicht mehr notwendigerweise auf explizierender Ebene verhandelt werden muss, gerade weil sie bereits als generischer Grundbestandteil der Serie fungiert. Der Wertprinzipfixierung logozentristischer Diskurse ist ein Pragmatismus des Politischen entgegen gesetzt.

Paradigmatisch für die Medienästhetik von *The Rat Patrol* kann die dreiteilige Folge „The Last Harbor Raid" (1966; Staffel 1, Episoden 15–17) stehen, welche unter dem Titel *Massacre Harbor* (1968) auch als Film in den Kinos startet. Der Aufbau von „The Last Harbor Raid" realisiert das Konzept der Serie beispielhaft: Die Rat Patrol bekommt zu Beginn eine scheinbar unmögliche Mission zugeteilt, die das Team dann durch Strategie und Waffengewalt möglich zu machen versteht. Sein Auftrag im „Last Harbor Raid" ist die Befreiung tausender alliierter Kriegsgefangener, die Rommels letzten Hafen an der nordafrikanischen Küste sanieren müssen. In „The Last Harbor Raid – Episode 1" versucht die Patrouille auf einem mit Sprengstoff beladenen Boot in den Hafen zu kommen, wird aber gestoppt und in ein Feuergefecht verwickelt. Die Männer fliehen in ein nahe gelegenes Dorf, wo sie El Gamil (Stanley Adams), arabischer Kaufmann und Schwarzhändler, mit Ausrüstung und deutschen Uniformen versorgt. In „The Last Harbor Raid – Episode 2" infiltrieren sie das Küstendorf und versuchen eine Fischereiflotte für ihre Flucht zu mobilisieren. „The Last Harbor Raid – Episode 3" schließlich schildert die erfolgreiche Befreiung der Kriegsgefangenen. Der Rat Patrol gelingt es mit Unterstützung einheimischer Widerstandskämpfer nicht nur, die Männer auf Boo-

**Abb. 3.4** *The Rat Patrol* © ABC

ten in Sicherheit zu bringen, auch der deutsche Stützpunkt kann zerstört werden (Abb. 3.4). Gehalten wird die Episode dabei in jener abstrakten Action-Ästhetik, wie sie für *The Rat Patrol* so charakteristisch ist. Feuergefechte und Explosionen und Verfolgungsjagden bestimmen das audiovisuelle Bild. Die Zeichen des Krieges sind hier nicht für das Narrativ da, das Narrativ existiert nur für die Zeichen des Krieges.

In Kontrast zu Spionageserien wie *Mission: Impossible* und *Jericho* geht es *The Rat Patrol* nicht primär um eine Präsentation möglichst komplexer Aufgaben für die Protagonisten. Stattdessen wird Wert gelegt auf die physische Konfrontation zwischen Körpern, welche aus den Missionen der Patrouille resultiert. Die Historikerin Lisa Mundey wirft der Serie daher eine zweifelhafte Haltung zum Sujet des Krieges vor: „Its aggressiveness in tone and action is more militaristic than previous shows" (2012, S. 163). Man könnte Mundeys Argument aber auch gegen sich selbst wenden. Eben weil *The Rat Patrol* sich auf Darstellungen von Kampfgeschehen fixiert, entwickelt die Serie einen karnevalesken Gestus. Ihr Spiel mit permanenten Hyperbolisierungen konturiert das Geschehen als eine Nummernrevue frivoler Episoden, die sich voll und ganz selbst genug sind. Die ‚Schwere' des Sujets wird dabei umgestülpt und in der Kollision von Ernst und Spiel entwertet. Dem putativen Militarismus der Serie ist so sein Pathos entzogen, bis nur noch die Performanz der Aktion bleibt. Das Faszinosum entsteht hier nicht aus einer Identifikation mit den Figuren, vielmehr resultiert es aus dem von *The Rat Patrol* nachgerade obsessiv gesetzten Fokus auf die Beschleunigung der Bilder. Lee Hitch, ausführender Produzent der Serie, bringt ihre Strategie auf den Punkt: „What people want to watch is action. Our philosophy is movement" (zitiert nach: Mundey 2012, S. 163 f.). *The Rat Patrol* ist eine Serie, die nicht von Charakteren, sondern vom Plot angetrieben wird. Dessen visuelle Dynamik verleiht der Serie ihre Kontur.

## 3.1 The Rat Patrol (1966–1968)

Mit der Bewegung der Bilder als Funktion politischer Philosophie präfiguriert die Serie auf dem Feld der Television eine medienästhetische Verfassung, die mit Blick auf den Kinofilm erst Dekaden später als ‚Oberflächenästhetik' zur berühmt-berüchtigten Diskursivierung gelangt. *The Rat Patrol* geht es letztlich weniger um Bilder des Krieges als um einen Krieg der Bilder. Die Serie bringt das Sichtbare zur Hyperventilation und lässt es abschweifen. Das Fernsehen ist hier ganz Animation, ein Perpetuum mobile. Die Beschleunigung des Audiovisuellen fungiert als ein Motor der Deformation von Geschichte durch Mythen und Zeichen. *The Rat Patrol* alterniert zwischen hektischen Handkameraaufnahmen (die nicht den Raum öffnen, sondern Linien oder Flächen verschieben) und Montageregie (die nicht für Kontinuität sorgt, sondern das Sichtbare splittern lässt). Der Schnitt fragmentiert das Außen und die Kamera verdichtet das Innen. Jede Frage nach dem filmischen Ausdruck wird so dialektisch zur Frage der Mise-en-scène erhoben: Die chaotische Ordnung kommt ins geordnete Chaos durch das Arrangement der destruktiven Elemente. Es entsteht ein wilder Strudel der Aktionen und Affekte: ein Sichtbares, das nicht mehr alles gewaltsam materialisieren will, sondern in der Materialisierung seiner Kräfte die Kraft dessen übersteigt, was ihm zugrunde liegt.

Durch ihr Insistieren auf die Ausstellung von Effekten, aber auch durch die figurenseitige Typisierung zu Lasten jeder Charakterisierung und durch die Emphase der Performanz aktionaler Körper vor einfühlendem Schauspiel erinnert die Serie überdeutlich an die Wurzeln des Bewegtbildes: Zirkus, Varieté und Jahrmarktkultur. Die Effekte gehen nicht auf in einer diegetischen Funktion, fördern kaum noch das Erzählte. Permanent changierende audiovisuelle Reize subvertieren Mechanismen von Einfühlung und Identifikation. Es sind disruptive Potentiale, die in der Multiplizierung der Zeichen freigesetzt werden, Verweise auf ein Unsagbares hinter den televisuellen Effekten. Bilder und Töne zirkulieren rascher und rascher, sie besitzen nicht länger ein Zentrum, wenn alles angelegt ist auf Spaltung und Spiel, ein Abgleiten der Signifikanten. Es geht *The Rat Patrol* nicht um eine Kritik des Krieges durch Verfremdung, die Strategie der Serie ist eine Verkörperung: Sie bedeutet das Chaos des Krieges so hyperbolisch, dass sich alle Aktion auflöst im Spiel der ästhetischen Reize. *The Rat Patrol* attackiert das Publikum durch die Arbitrarität des Schnitts und der Kamerabewegung ebenso wie durch Gewehrfeuer und Granatsalven vor dem Objektiv. Die Mechanik der Serie zielt hier ganz ab auf Effekt und Emotion. Sie allein verleihen dem Gegenstand seine Signifikanz. Die Serie interessiert sich nicht für symbolische Lektüren des Krieges, ihre Aufmerksamkeit gilt den funktionalen Abläufen an der Front. Diese sind zu generischen Gesten verdichtet. Statt moralischer Lehren setzt *The Rat Patrol* ganz auf die Lehre von Action und Suspense.

**Abb. 3.5** *Garrison's Gorillas* © ABC

## 3.2 Garrison's Gorillas (1967–1968)

Parallel zu *The Rat Patrol* wird auf ABC eine weitere Kriegsserie in Produktion gegeben. Unter dem Titel *Garrison's Gorillas* (1967–1968) tritt sie die Nachfolge von *Combat!* an, doch trotz gleichem Sendeplatz und identischer Genre-Verhaftung könnte die Serie verschiedener von ihrem Vorgänger kaum sein (Abb. 3.5). *Garrison's Gorillas* steht sicherlich *The Rat Patrol* näher als *Combat!*, bildet aber auch dazu nur geringe Ähnlichkeiten aus. Produziert in einer Staffel mit sechsundzwanzig knapp einstündigen Episoden, führt die Serie einen neuen Zynismus in der televisuellen Medienästhetik ein. Prototyp für *Garrison's Gorillas* ist nicht mehr *Mission: Impossible*, sondern der umstrittene, finanziell jedoch höchst erfolgreiche Kinofilm *The Dirty Dozen* (1967), mit dem das Kriegs-Genre eine Transformation durchläuft. Obwohl schon in Filmen wie *Gung Ho!* (1943; Ray Enright) oder *The Secret Invasion* (1964; Roger Corman) der Krieg von Kriminellen geschlagen worden ist, erreicht die Darstellung eines ‚dreckigen' Krieges mit *The Dirty Dozen* nochmals eine differente Qualität: „*The Dirty Dozen* suggests that war needs evil and antiauthoritarian attitudes to succeed", konstatiert Jeanine Basinger: „The boy next door is going to be a bungling fool. Get a criminal. An orderly leader with a sense of military discipline is not going to be able to solve the problem, because the problem may require a little cheating, a little fudging of the rules" (2003, S. 185). Vor allem aber verlangt das Problem nach Soldaten, die ohne Zögern töten. Dabei gibt es keinen Code, der offene Kampf wird oft vermieden, die Soldaten töten aus dem Hinterhalt – und seien es Zivilisten. Der Punkt ist hier nicht, dass der Krieg die Soldaten zu Mördern macht. Der Punkt ist, dass Mörder im Krieg die besten

## 3.2 Garrison's Gorillas (1967–1968)

Soldaten abgeben. Krieg wird skizziert als ein Unternehmen, das im Idealfall von Killern geführt wird.

Inspiriert von *The Dirty Dozen* und dem, was Basinger „the ‚dirty group' movie" (2003, S. 184) nennt, zeigt *Garrison's Gorillas*, wie eine schlagkräftige, jedoch vollkommen amoralisch agierende Einheit der deutschen Wehrmacht empfindliche Niederlagen beifügt. Dabei geht es nicht um die Darstellung monumentaler Schlachten, vielmehr rücken Kommando- und Guerilla-Aktionen ins Zentrum, wie sie historisch zur Produktionszeit der Serie in Vietnam wichtig werden. Analog zu *The Dirty Dozen* sind in *Garrison's Gorillas* mehrere Schwerstverbrecher aus Hochsicherheitsgefängnissen rekrutiert, um ihr destruktives Potential gegen den Feind in Übersee zu konzentrieren. Unter dem Kommando von Lieutenant Garrison (Ron Harper) kommen so zusammen: „Actor" (Cesare Danova), ein gewiefter Betrüger; „Casino" (Rudy Solari), ein hartgesottener Safeknacker und Mechaniker; „Goniff" (Christopher Cary), ein drahtiger Fassadenkletterer; und „Chief" (Brendon Boone), ein schweigsamer Indianer, der bevorzugt mit dem Klappmesser tötet. Den Männern wird eine Aussetzung ihrer Strafe zur Bewährung nach Ende des Krieges versprochen, niemand aber glaubt daran, dass sie dieses tatsächlich noch erleben. Zu gefährlich ihre Aufträge, zu übermächtig der Gegner. *Garrison's Gorillas* jedoch funktioniert abermals ganz nach Genre-Gesetzen: Für die Männer gibt es keine Chance, also nutzen sie sie. Stationiert in einem abgelegenen britischen Herrenhaus, schwärmen die „Gorillas" immer wieder aufs Neue aus durch ganz Europa.

*Garrison's Gorillas* scheint zunächst ähnlich wie *The Rat Patrol* den Fokus auf spektakuläre Einsätze zu legen. Ja, geradezu touristisch nimmt der Blick auf die Aktivitäten der Soldaten sich aus. In der Pilotepisode „The Big Con" (1967) lautet die erste Mission der Männer, mehrere Falschgeld-Druckplatten für die echten, in einem Panzer durch ganz Deutschland transportiert werdenden Exemplare, zu ersetzen. In „48 Hours to Doomsday" (1967; Episode 5) müssen sie unter Zeitdruck einen in einem Gemälde versteckten Mikrofilm aus einem holländischen Museum an sich bringen. In „20 Gallons to Kill" (1967; Episode 11) werden die Männer über Jugoslawien abgeschossen und schließen sich einer Gruppe lokaler Widerstandskämpfer an. In „Friendly Enemies" (1967; Episode 12) verhelfen sie mehreren GIs zur Flucht aus der italienischen Kriegsgefangenschaft. In „Run from Death" (1968; Episode 16) wirbt eine französische Nonne die Männer an, vier Waisenkinder nach Großbritannien zu schmuggeln. In „The War Diamonds" (1968; Episode 25) reisen sie in die Schweiz, um Industriediamanten zu retten, die von einem Zug gestohlen worden sind. Ungeachtet der alternierenden Schauplätze, stets scheinen die Männer das wechselnde Setting ganz für das Publikum zu erkunden, um ein Begehren nach der ‚Exotik' unbekannter Orte zu schüren. Die Ironie dabei tritt offen zu Tage:

**Abb. 3.6** *Garrison's Gorillas* © ABC

Was den Soldaten zur Kriegszeit noch an Bewegungserfahrung ohne finanzielle Gegenleistung zu Teil wird, das kostet nach Kriegsende viel Geld. Die Soldaten zahlen allenfalls mit ihrem Leben.

Wo *The Rat Patrol* eine spielerische Genrefizierung des Krieges betreibt, geht *Garrison's Gorillas* nicht mehr im generischen Diskurs auf. In der Serie sind vermeintliche Gewissheiten brüchig geworden. Ihre GIs sind Verbrecher in Uniform, die nur deshalb noch als Projektionsfläche für das Publikum funktionieren, weil ihre Gegner noch verkommener sind: die totale Barbarei des Nazi-Regimes. Dabei geht es in *Garrison's Gorillas* nie um den Gedanken, der Krieg könne die Verbrecher resozialisieren. Vielmehr treten an ihrem Bild die ‚Schattenseiten' selbst des ‚gerechtesten' Krieges hervor. Sie sind nicht Erlöser, sondern Symptome. Anders als in den früheren Serien, von *The Gallant Men* über *Twelve O'Clock High* bis hin zu *Combat!*, bringen sie kein Opfer mehr dar. Sie haben nichts mehr zu verlieren, sondern nur noch das nackte Leben zu gewinnen.

Dissonanzen treten auf im Krieg von *Garrison's Gorillas*. Nicht nur die Grenzen zwischen Freund und Feind werden fragil, auch die tradierten Werteordnungen des Krieges zeigen sich erodiert. Zu dem kommt eine neue Unübersichtlichkeit des Raums. Die Männer von *Garrison's Gorillas* operieren nicht mehr an der Front, ihr Einsatzgebiet ist das Hinterland im Territorium des Feindes. Ihr Stoßtrupp führt ins Herz des Bösen, wo ihnen jede Orientierung fehlt. Mit dem Verlust der Übersicht geht ein Verlust der Illusionen einher. So herrschen Relationen des Risses. *Garrison's Gorillas* funktioniert nicht mehr kantianisch. Ein Sinn lässt sich nicht länger eindeutig bestimmen: Was der Mensch tun soll, hoffen darf, wissen kann. Der ‚gerechte' Krieg wird folglich weder länger mit ‚gerechten' Menschen noch mit ‚gerechten' Mitteln geführt. Eine Moral ist den Männern abhanden gekommen (Abb. 3.6). So muss der Einzelne lernen, autonom zu handeln, souverän zu sein.

## 3.2 Garrison's Gorillas (1967–1968)

Das wird möglich, weil die Soldaten in *Garrison's Gorillas* verdichtete Subjekte sind: Über-Menschen. Die „Gorillas" jedoch leiden nicht unter dem Druck der generischen Verdichtung. Deshalb, weil sie es nicht ertragen können, nur Durchschnitt zu sein. Physisch wie moralisch, die Soldaten der Serie sind jeder Norm entgegengesetzt. Was immer sofort auffällt: dass sie auffallen. *Garrison's Gorillas* zeigt außergewöhnliche Menschen, die außergewöhnliche Dinge tun, das aber als die gewöhnlichste Sache der Welt. So wird das Unglaublichste glaubwürdig, das Außerordentlichste selbstverständlich. *Garrison's Gorillas* sucht nicht nach historischer Rekonstruktion, die Serie interessiert sich für das Exemplarische. Immer liegt im Konkreten ja auch Beispielhaftes. Dadurch wird das Erzählen suggestiv und die Geschichten generisch.

In der Freiheit, genregerecht zuzuspitzen und zu verdichten, artikuliert *Garrison's Gorillas* eine Ambivalenz, die sowohl vom Karnevalesken in *The Rat Patrol* als auch vom kontradiktorischen Gestus in *Combat!* abweicht. Während in *Combat!* die Funktionalität gegen die Disfunktionalität des militärischen Apparats ausgespielt wird, hebt *Garrison's Gorillas* den Widerspruch von Kritik und Affirmation durch Zynismus auf. Krieg erscheint in der Serie zum einen als brutales und sinnloses Unterfangen, zum anderen jedoch wird es auch als großes Männerabenteuer präsentiert. Da eine Synthese der beiden Positionen nicht möglich ist, wird gerade ihre unüberbrückbare Differenz betont. Der zynische Nihilismus von *Garrison's Gorillas* ist dabei keiner der Indifferenz und keiner im Dienste dominanter Machtdiskurse. Er markiert vielmehr einen Moment des Bruchs, im Sinne von Slavoj Žižek: „Kynicism represents the popular, plebeian rejection of the official culture by means of irony and sarcasm: the classical kynical procedure is to confront the pathetic phrases of the ruling official ideology – its solemn, grave tonality – with everyday banality and to hold them up to ridicule, thus exposing behind the sublime noblesse of the ideological phrases the egotistical interests, the violence, the brutal claims to power. This procedure, then, is more pragmatic than argumentative: it subverts the official proposition by confronting it with the situation of its enunciation; it proceeds ad hominem" (1994, S. 313) Das Platoon aus Killern und Kriminellen in *Garrison's Gorillas* präsentiert sich demzufolge nicht als Profiteur der kriegerischen Auseinandersetzung. Eher ist es Expression der Kontradiktionen patriotischer Ideologie, die den ‚sauberen' Krieg propagiert, aber simultan das ‚schmutzige' Opfer einfordert. Die nihilistische Flucht von *Garrison's Gorillas* führt in ein Posthistoire, das anders bestellt ist als noch in *The Rat Patrol*. Dort werden im Krieg keine ‚Abenteuer' mehr bestanden, stattdessen geht es darum, den Stillstand zwischen Affirmation und Kritik durch Coolness auszuhalten. Den „Gorillas" fehlt jene Naivität, jenes Begehren, jener Narzissmus, die nötig wären, um den Krieg als Abenteuerspielplatz auszunutzen. Ihr permanentes

Sich-Entziehen, das beginnt bereits in der dehumanisierenden Alliteration des Serientitels, löst eine Praxis der Parapraxen ein, die sich weigert, alles und jedem zu entsprechen. Sie sind weder richtig gut noch richtig böse, weder richtige Soldaten noch richtige Verbrecher, weder richtige Patrioten noch richtige Asoziale. Es sind Outlaws auf einem (post)apokalyptischen Schlachtfeld, das die Subjekte von der Geschichte separiert hat. Anders gewendet: *Garrison's Gorillas* bezwingt die Geschichte, die die Serie entwirft. Die „Gorillas" der Serie triumphieren, weil der Kampf um die Zivilisation bereits verloren ist.

## 3.3 Baa Baa Black Sheep/Black Sheep Squadron (1976–1978)

Mit zunehmender Eskalation des Konflikts und dem massiven US-Engagement in Vietnam verschwindet die Kriegsserie aus der Television. Wo das Kino zunächst noch weiter produziert, einen nach Nam Dong versetzten Pseudo-Western mit *The Green Berets* (1968; John Wayne) oder einen nostalgischen Appell an die Kriegskultur des Zweiten Weltkriegs mit *Patton* (1970; Franklin J. Schaffner), ist das Genre im Feld der Television ab 1968 nicht mehr anzutreffen. Stattdessen gelangen dokumentarische Bilder aus Vietnam auf die Kanäle, nicht zuletzt von Kriegsverbrechen der eigenen Armee. Während sich Proteste und Kontroversen gegen den Krieg daran weiter intensivieren, gehen keine neuen Serien auf Sendung. Erst nach Niederlage der USA und erfolgtem Waffenstillstand startet im Folgejahr eine neue Produktion. Es ist die Serie *Baa Baa Black Sheep/Black Sheep Squadron* (1976–1978), in Auftrag gegebenen von NBC und kreativ betreut von Stephen J. Cannell, der zuvor bereits einflussreiche Serien wie *The Rockford Files* (1974–1980; NBC) und *Baretta* (1975–1978; NBC) konzipiert hat[5] (Abb. 3.7). *Baa Baa Black Sheep* orientiert sich nicht am Zeitgeschehen, sondern wirft stattdessen erneut den Blick zurück auf den Zweiten Weltkrieg. Dabei bringt die Serie in mehrfacher Hinsicht frühere Serien zusammen, im Besonderen *The Rat Patrol* und *Garrison's Gorillas*: Auf der einen Seite pflegt *Baa Baa Black Sheep* den Zweiten Weltkrieg als Quelle karnevalesker Attraktion, auf der anderen Seite wird der Reimagination des Krieges eine zynische Perspektive auferlegt.

*Baa Baa Black Sheep* ist, in Analogie zu *Twelve O'Clock High*, eine Serie, die den Luftkampf des Zweiten Weltkriegs fokussiert. Anders als in *Twelve O'Clock High* jedoch bildet nicht Europa, sondern der Pazifikraum um die Salomon-Inseln

---

[5] Später folgen sollten noch Titel wie *The A-Team* (1983–1987; NBC), *Hardcastle and McCormick* (1983–1986; ABC), *Riptide* (1984–1986; NBC), *21 Jump Street* (1987–1991; Fox) oder *Renegade* (1992–1997; Syndication/USA Network).

**Abb. 3.7** *Baa Baa Black Sheep* © NBC

das Setting der Diegese. Dort sind Major Boyington (Robert Conrad) und seine Staffel von Jagdfliegern auf der Insel Vella La Cava stationiert. Als Kampfgeschwader VMF-214 fliegen sie in zwei Staffeln und siebenunddreißig Episoden dort Luftkriegseinsätze gegen die japanische Armee. In Tradition von *Garrison's Gorillas* und dem „dirty group movie" handelt es sich bei den Protagonisten der Serie ebenfalls um Außenseiter der Gesellschaft wie des Militärs. Selbst ein japanischstämmiger Amerikaner, Captain Harachi (Byron Chung), ist Teil der Jagdstaffel.

Die Missionen der Männer werden nie sauber, immer aber erfolgreich abgeschlossen. „They were a collection of misfits and screwballs who became the terrors of the South Pacific", heißt es bereits im Vorspann der Serie: „They were known as the Black Sheep." Diese schwarzen Schafe setzen sich zusammen aus jungen Piloten, die über außerordentliche Talente als Flieger verfügen, jedoch durch militärische Verfehlungen wie Disziplinlosigkeit, Asozialität oder Aggression auffällig geworden sind. Durch Major Boyington vor dem Kriegsgericht bewahrt, kämpfen sie nun auf ihre Weise gegen den Feind. Möglich wird das, weil Boyington, anders als noch Lieutenant Garrison aus *Garrison's Gorillas*, selbst ein unbequemer Nonkonformist ist, der sich nicht an Hierarchiestrukturen und Regelapparate zu halten bereit ist. Gerade daraus jedoch resultiert die Effektivität von ihm und seiner Staffel: Sie erledigen ihren Job nicht gewissenhaft, aber sie erledigen ihn gewiss.

Schon die Pilotepisode von *Baa Baa Black Sheep*, als Doppelfolge unter dem Titel „Flying Misfits" (1976) ausgestrahlt, demonstriert die narrative Strategie der

**Abb. 3.8** *Baa Baa Black Sheep* © NBC

Serie. So nimmt sich Major Boyingtons Konstitution seiner Staffel schon als reichlich unkonventionell aus: Als er eines Schreibtischjobs auf Espiritu Santo müde wird, über das offizielle Prozedere des Militärapparats aber weder Männer noch Flugzeuge attribuiert bekommt, rekrutiert er die Männer kurzerhand aus der Haft und lässt sie die Flugzeuge stehlen. „In the series", notiert Robert J. Thompson, „Major Boyington was a mischievous, carousing, nonconformist fighter pilot whose wayward ways were validated by the fact that he was [...] very good at what he did. He had shot down enough Japanese planes to qualify him as an ace three times over, yet he eschewed military authority completely [...]. *Baa Baa Black Sheep* presented an entire squadron filled with such characters" (1990, S. 75). *Baa Baa Black Sheep* betont kontinuierlich die unkonventionelle Erledigung der Missionen durch ein findiges Umschiffen standardisierter Militärroutinen. „Flying Misfits" gibt hier die Struktur der Serie vor. Boyington betrügt und manipuliert seine Vorgesetzten, um an jene Ziele zu kommen, die er selbst für richtig hält – und sei es nur, sich gemeinsam mit seinen Männern bis ins Koma zu trinken (Abb. 3.8).

Als Boyington in „Flying Misfits", mit seinen fünfunddreißig Jahren von den jungen Männern nur „Pappy" genannt, einmal alkoholisiert am Strand liegt, sucht ihn Lieutenant Bragg (Dirk Blocker) auf, einer seiner Piloten, der von einer schweren Existenzkrise geplagt wird. Scheinbar besonders einfühlend wendet der Major dem jungen Mann sich zu, bis der sich zu öffnen beginnt, von seiner Todesangst und „seeing the light" berichtet. Als Boyington dem Jungen dann aber wieder auf die Beine geholfen hat, holt er urplötzlich aus, um einen brachialen Fausthieb am Schädel von Bragg zu landen: „I've got something that's gonna help you!" Zwischen den beiden Männern entfacht eine wilde Prügelei, die erst endet, als beide blutüberströmt und völlig erschöpft am Boden liegen. „You still see the light?", fragt Boyington, und danach ist das Problem beigelegt: „If I don't die in the next ten minutes, I feel like I'm gonna live forever!", antwortet Bragg. In *Baa Baa*

## 3.3 Baa Baa Black Sheep/Black Sheep Squadron (1976–1978) 73

**Abb. 3.9** *Baa Baa Black Sheep* © NBC

*Black Sheep* wird auf sehr eigene Weise therapiert, ganz ohne einen Blick in die Dienstvorschrift zu werfen. Die Serie kreist dabei um eine Diskursivierung von Fragen der Potenz, sexuell, sozial wie militärisch. Auf allen Ebenen kommt es zu einer (Re)Phallisierung maskuliner Subjektivität, die den devianten Piloten zunächst verweigert wird. Es geht darum, wer über Macht verfügt, und wie der, der nicht darüber verfügt, sie sich verfügbar machen kann. Gerade den Outsidern, sexuell, sozial wie militärisch, wird der Gratifikationsgewinn zugestanden. *Baa Baa Black Sheep* führt damit einen unorthodoxen adornitischen Diskurs, dem es um jene Elemente zu tun ist, die dort lokalisiert sind, wo das soziale Ganze nicht mit sich selbst identisch werden kann. Der Serie, als einer – in den Worten Adornos – vom „Identitätszwang befreite[n] Sichselbstgleichheit" (1970, S. 190) gelingt es, „dem Nichtidentischen bei[zu]stehen, das der Identitätszwang in der Realität unterdrückt" (1970, S. 14). Ihr geht es letztlich darum, Dignität durch Mannigfaltes, d. h. „dem Heterogenen Gerechtigkeit widerfahren" (1970, S. 285) zu lassen. Ihre Idee ist eine der Devianz, justiert vor dem Horizont eines Widerständigen und sich Entziehenden, das im Außen lokalisiert ist. Das Interesse der Serie liegt dort, wo die dominante Tradition ihren blinden Fleck besitzt: „beim Begriffslosen, Einzelnen und Besonderen" (Adorno 1966, S. 20). Was vom Allgemeinen abweicht, das fokussiert *Baa Baa Black Sheep*. Es zählt das redemptorische Moment marginalisierter Subjekte. So ist *Baa Baa Black Sheep* ein Plädoyer wider diskursive Gleichschaltung, das stets hinweist auf das Defekte, das Differente, das Dazwischen: „Angesichts der totalitären Einigkeit, welche die Ausmerzung der Differenz unmittelbar als Sinn ausschreit, mag temporär etwas sogar von der befreienden gesellschaftlichen Kraft in die Sphäre des Individuellen sich zusammengezogen haben" (Adorno 1951, S. 16). Am Ende der Pilotepisode „Flying Misfits" fliegt Boyington in einem Sehnsuchtsbild dem Horizont entgegen (Abb. 3.9). Dazu ist

**Abb. 3.10** *Baa Baa Black Sheep* © NBC

seine Voice-Over zu hören, die das Prinzip der folgenden fünfunddreißig Episoden prägnant zusammenfasst: „Somebody once said that wherever I went I just set up my own Marine Corps. There was a reason for that. It was because I didn't much like the way they had it set up before I got there. My guys stayed in more trouble on the ground and in the air than any other squadron in Marine Corps history. We were a haven for drunks and screw-ups and troublemakers but it didn't seem to matter to the nurses. And God knows it didn't matter much too me. Some of us lived and some died. But we were always the Black Sheep". Boyington und seinen Männern geht es darum, sich auch in der Ausnahmesituation des Krieges treu zu bleiben. Trotz oder gerade dann, wenn das bedeutet, den Krieg in das eigene Militär hineinzutragen. Der Kampf am Boden ist der Serie mindestens ebenso wichtig wie der Kampf in den Lüften.

Boyingtons Kontrastfigur im Laufe von *Baa Baa Black Sheep* ist ein Offizier namens Colonel Lard (Dana Elcar), sein unmittelbarer Vorgesetzter. Der Konflikt beider Figuren bringt die antiautoritäre Stoßrichtung von *Baa Baa Black Sheep* auf den Punkt. Wo Lard mehr am Einhalten bürokratischer Prozesse als einem Sieg über den Kriegsgegner interessiert scheint, nutzt Boyington auch ungesetzliche Methoden, um den Pazifikkrieg zugunsten der USA zu entscheiden. Dabei nimmt er keinerlei Rücksicht auf andere Standpunkte, die Gefühle anderer schon gar nicht. Illegal ist ihm keineswegs illegitim (Abb. 3.10).

Die Serie präsentiert ihre Protagonisten als Geschwader von Säufern und Schlägern, Lügnern und Lüstlingen, Wichtigtuern und Witzbolden. Dennoch bleibt sie ihnen zugeneigt. In Kontrast zu *Garrison's Gorillas* wird nicht die Coolness eines Sich-Entziehens aus dem Krieg und der Geschichte apostrophiert. *Baa Baa Black*

## 3.3 Baa Baa Black Sheep/Black Sheep Squadron (1976-1978)

*Sheep* findet stattdessen zurück zum frivolen Spiel von *The Rat Patrol*. Das Spielerisch-Karnevaleske wird nun bereits in den Titeln der Episoden transparent: „The Meatball Circus" (1976; Staffel 1, Episode 8), „The War Biz Warrior" (1977; Staffel 1, Episode 14), „The Show Must Go On ... Sometimes" (1978; Staffel 2, Episode 11) oder „Sheep in the Limelight" (1978; Staffel 2, Episode 12) rücken die Serie dezidiert in einen performativen Kontext. Weniger noch als *The Rat Patrol* geht es *Baa Baa Black Sheep* um putative Fakten der Geschichte, vielmehr kommt es an auf jene unterschiedlichen Bedeutungen, die aus Historie gewonnen werden können: um eine Orchestrierung der Diskurse. *Baa Baa Black Sheep* ist keine aufklärerische Serie, aber durchaus mit einem selbstaufklärerischen Anspruch versehen. Ohne die historische Qualität des Kriegssujets zu negieren, erarbeitet *Baa Baa Black Sheep* einen Abguss der Geschichte in Anführungszeichen. Wichtig werden Zwischenräume, die Differenz von Ereignis und Erzählung. In dieser Gratwanderung zwischen Geschichte und Genre lässt sich *Baa Baa Black Sheep* als durchaus doppelcodiert beschreiben. Es ist der als performativer Akt ausgewiesene Rekurs auf Historie als Pool generischer Erzählungen, der die Serie auszeichnet.

*Baa Baa Black Sheep* macht damit deutlich, dass selbst die Re-Situierung eines Zeichens in seinen ‚ursprünglichen' historischen Kontext nicht ausreicht, um das sekundäre semiologische System, den im Kriegs-Genre zementierten Zugriff des Generischen auf Geschichte, gänzlich zu überwinden. Nicht nur kann dieser Kontext immer auch selbst ein generisches Konstrukt sein, auch kann die Spur des Genres im historischen Narrativ nicht verschwinden. Denn wenn das Genre einmal Geschichte medienkulturell gefiltert hat, dann scheint eine unmediatisierte Rezeption sowie die Hypostasierung eines ‚originären' Basisaggregatzustands von Historie kaum mehr möglich. Geschichte aber ist dem Genre kein vorgängiger Objektbereich, vielmehr wird sie im Prozess der Genrefizierung erst performativ mit Sinn versehen.

*Baa Baa Black Sheep* begreift das Fernsehen nicht als moralische Anstalt, mag dies auch ‚politisch unkorrekt' wirken. Die Serie übt sich im generischen Erzählen, ohne Apologien zu leisten. Sie gibt somit zu bedenken, ob Zeichen überhaupt fähig sind, ‚ursprüngliche' Bedeutungen zu signifizieren – wie sich Jacques Derrida fragt: „Eine Wahrheit des Zeichens überhaupt zu hypostasieren – würde das nicht heißen, daß das Zeichen nicht die Möglichkeit der Wahrheit ist, daß es sie nicht konstituiert, sondern sich damit begnügt, sie zu bezeichnen, zu reproduzieren, zu verkörpern und sich ihr sekundär einzuschreiben oder auf sie zurückzuverweisen?" (1979, S. 77). Derrida sieht einen Widerspruch zwischen der Zurückweisung einer abschließenden Analyse von Mythen und der Annahme universell gültiger Gesetze. Scharf kritisiert er jedes Beharren auf zentrischem Denken, das die traditionelle Historiographie nur zu desavouieren vorgibt. Stattdessen müsse dieses endlich preisgegeben werden, da universelle Gesetze die mythischen Strukturen der Genres nie fassen können: „Der Diskurs über diese a-zentrische Struktur, als die der Mythos zu verstehen ist, kann selbst kein Subjekt oder absolutes Zentrum haben. Will er die Form und die Bewegung des Mythos nicht verfehlen, muß er die Gewaltsamkeit vermeiden, die darin bestünde, eine Sprache zu zentrieren, die eine a-zentrische Struktur beschreibt. Man muß hier also auf den wissenschaftlichen Diskurs, auf die *episteme* verzichten, die die absolute Forderung stellt, zur Quelle, zum Zentrum, zum Grund, zum Prinzip usw. zurückzugehen. Im Gegensatz zum *epistemischen* Diskurs muß der strukturelle Diskurs über die Mythen, der *mytho-logische* Diskurs selbst *mythomorph* sein. Er muß die Form dessen haben, worüber er spricht" (1976, S. 433). Folgt man Derridas Überlegungen, so ließe sich *Baa Baa Black Sheep* durch die in der Serie geleistete Emphase performativer Akte als ein Genre-Diskurs multipler Ordnung beschreiben: Die Serie nutzt das Zeichensystem des Kriegsfilms in seinem etablierten generischen Formenrepertoire und lanciert auf dieser Basis eine zusätzliche Referenzebene. Indem *Baa Baa Black Sheep* das generische Vokabular evoziert, überschreitet die Serie eben den semiotischen Rahmen der Produktion, so dass die generischen Elemente in ihrer konventionalisierten Artifizialität offen gelegt sind.

Das Genre ist von der Serie im Modus der Ironie bemüht. Eine uneigentliche Eigentlichkeit bestimmt das Spiel mit den Zeichen, und die Darstellung hat nicht nur die bloße Bedeutung, bloß Bedeutungen zu transportieren. Dass Signifikanz nicht so sehr als Referenz auf Vormediales zu verstehen ist, sondern vielmehr als Regulativ des Signifikantengebrauchs, wird an ihr in besonderem Maße evident. Innerhalb des generischen Paradigmas der Kriegsserie liegt ein performativer Raum, der offen ist für Experimente und Extravaganzen, Versuche und Verrücktheiten, wie *Baa Baa Black Sheep* sie verfolgt. Jacques Derrida hat mit seinem Konzept der *différance* hingewiesen auf einen solchen Ort von Dynamik und Fluss. *Baa Baa Black Sheep* ist dort situiert: in der generischen *différance*. Die *différance*, führt Derrida aus, veranlasst, dass „die Bewegung des Bedeutens nur möglich ist, wenn jedes sogenannte ‚gegenwärtige' Element, das auf der Szene der Anwesenheit erscheint, sich auf etwas anderes als sich selbst bezieht, während es das Merkmal (*marque*) des vergangenen Elementes an sich behält und sich bereits durch das Merkmal seiner Beziehung zu einem zukünftigen Element aushöhlen läßt" (1988, S. 39). Bedeutung kann so nur entstehen, wenn die Gegenwart eine Relation besitzt zum Vergangenen, das sich ereignet hat, sowie zum Zukünftigen, das sich ereignen kann. Sie bleibt immer aufgeschoben, d. h. nie präsent, immer abwesend. Das Signifikat ist stets schon Signifikant. Übertragen auf *Baa Baa Black Sheep* und die Kriegsserie scheint der Moment der Signifikation damit fortwährend gebunden an eine historische Vergangenheit, die im generischen Zugriff immer wieder neu

## 3.3 Baa Baa Black Sheep/Black Sheep Squadron (1976–1978)

**Abb. 3.11** *Baa Baa Black Sheep* © NBC

umgebildet werden kann. *Baa Baa Black Sheep* ist der Kriegsserie aufs Engste verbunden, schafft aber immer auch Nuancen einer *différance*, die Geschichte für Generisches fruchtbar macht.

So bleiben die Attraktionen von *Baa Baa Black Sheep* immer auch ästhetischer Surplus, unproduktive, irrationale Energie; die Erfahrung geht nicht auf im Dekodieren der Zeichen. Ein präreflexiver Mehrwert jenseits von Motivation und Zeichencharakter dominiert, der auf eine Rezeption im Unterbewusstsein abzielt, noch bevor Verstand und Kognition zu arbeiten beginnen. Die Aktivierung von Vorstellung und Gedächtnis, entlang der begrifflichen Sprache, scheint die Serie zu suspendieren durch evasive Affektexpression und eine sinnlich-onirische Wahrnehmung. Es ist, als wolle *Baa Baa Black Sheep* durch die Medienästhetik einer extremen Abstraktion weniger ein Bild der Geschichte entwerfen, sondern mit vorkommunikativer Emphase vielmehr einen präödipalen „Genotext" (Kristeva 1978, S. 95) beschreiben. Gegenüber dem Narrativen dominiert das Demonstrative (Abb. 3.11).

*Baa Baa Black Sheep* ist eine Serie der Signifikanten. An erster Stelle steht immer das Bild, erst dann kommen Ideen. Nicht die Erzählung arrangiert Sichtbares, vielmehr wird das Narrativ zum Spielball des Sichtbaren. Die Devise lautet: nicht symbolisieren und repräsentieren, sondern konkretisieren und präzisieren.

Der Serie geht es um Effekte der Bilder, die sich unmittelbar vergegenwärtigen sollen. So entsteht eine televisuelle Welt, die in ihrer medienästhetischen Präsenz umgehend einleuchtet. Es dominieren Zeichen des Selbstverständlichen, die evidente Genre-Geschichten erzählen wollen. Der Serie geht es um eine Materialität der Objekte und die Kraft ihrer Erscheinungen. Wie Flugzeuge und Körper sich ineinander schieben, sich verdecken und den Blick schließlich wieder freigeben, um sich schon wieder aufs Neue zu überlagern, daran wird die performative Qualität von *Baa Baa Black Sheep* evident. An Signifikanten, die sich ihrer gegenständlichen Basis entziehen, die zeigen und immer nur auf das Zeigen verweisen. Die Darstellung emanzipiert sich aus dem Dienste des Dargestellten, sie stellt dar, dass sie darstellt, indem sie darstellt, wie sie darstellt. Anders gewendet: Die Simulation der Bilder und Töne lässt die Bilder und Töne als simuliert erkennen, sie betont das Konstruktive der medialen Repräsentation, sie macht deutlich, wie der Prozess der Medialisierung immer ein performativer ist. *Baa Baa Black Sheep* sucht nicht das Indexikalische, sondern das Ikonische der Bilder. Die Serie will nicht erfassen, sondern arrangieren. Sie signifiziert nicht Geschichte, sie ist die Geschichte dieser Signifikation.

*Baa Baa Black Sheep* hat somit einen radikalen Paradigmenwechsel vollzogen, der sich bereits mit *The Rat Patrol* und *Garrison's Gorillas* in Kontrast zur Ambivalenzästhetik der frühen TV-Kriegsserien zu artikulieren beginnt. Die für das Genre konstitutive Krise der Repräsentation bewegt sich hier weg vom Widerspruch der Unvereinbarkeit individueller und kollektiver Bedürfnisse, zugunsten des lustvollen Aufgehens im kulturellen Paradigma einer Posthistoire. Statt dem Kriegsfilm des Kinos werden nun Comic-Strips und Pulp-Novels zu den zentralen Referenzmedien der TV-Serie, die ein ‚Fernsehen der Attraktionen' für sich kultiviert. Während *The Rat Patrol*, *Garrison's Gorillas* und *Baa Baa Black Sheep* jede (Un)Sinnzuschreibung an den Zweiten Weltkrieg zu negieren scheinen, halten die Serien der kristallisierten Historie einen Fokus auf die Performanz spektakulärer Aktionen entgegen, die zwangsläufig ‚klassische' Konzepte von Geschichtlichkeit in Frage stellt. Wichtig werden dadurch neue kulturelle Möglichkeiten der Narrativisierung von Historie, an die sich aber gerade keine Hoffnung auf das Novum neuer historischer Ereignisse mehr koppelt. Ob im Modus des Zirzensischen (*The Rat Patrol*), ob im Modus des Zynischen (*Garrison's Gorillas*) oder ob im Modus des Karnevalesken (*Baa Baa Black Sheep*), stets geht es den Serien um eine Kultur kritischen Geschichtsbewusstseins, der alle Sinn-Konstruktionen suspekt anmuten. Somit entsteht ein performativer Raum, in dem der Rekurs auf Historie ostentativ als generisches Produkt ausgewiesen ist und die Zeichenlogik des Genres jeden semiotischen Rahmen ihrer Prozessualität überschreitet. Freilich ließe sich diese Flucht in ein Posthistoire symptomatisch auch als Reaktion auf das Engagement der USA in Vietnam lesen, das ab Mitte der 1960er Jahre immer verheerendere Formen annimmt und zur Zeit des Erfolges von *Baa Baa Black Sheep* bereits als zentrales Trauma der Nation fungiert. Um eben jene Rückkehr der Geschichte ist es dem folgenden Kapitel zu tun.

## Literatur

Adorno, Theodor W. 1951. *Minima Moralia: Reflexionen aus dem beschädigten Leben.* Frankfurt a. M.: Suhrkamp.
Adorno, Theodor W. 1966. *Negative Dialektik.* Frankfurt a. M.: Suhrkamp.
Adorno, Theodor W. 1970. *Ästhetische Theorie.* Frankfurt a. M.: Suhrkamp.
Basinger, Jeanine. 2003. *The World War II combat film: Anatomy of a genre.* Middletown: Wesleyan University Press.
Baudrillard, Jean. 1982. *Der symbolische Tausch und der Tod.* München: Matthes & Seitz.
Böhringer, Hannes. 1998. *Auf dem Rücken Amerikas: Eine Mythologie der neuen Welt im Western und Gangsterfilm.* Berlin: Merve.
Derrida, Jacques. 1976. *Die Schrift und die Differenz.* Frankfurt a. M.: Suhrkamp.
Derrida, Jacques. 1979. *Die Stimme und das Phänomen: Ein Essay über das Problem des Zeichens in der Philosophie Husserls.* Frankfurt a. M.: Suhrkamp.
Derrida, Jacques. 1988. *Randgänger der Philosophie.* Wien: Passagen.
Fabeck, Hans v. 2007. *Jenseits der Geschichte: Zur Dialektik des Posthistoire.* München: Fink.
Frye, Northrop. 1957. *Anatomy of criticism: Four essays.* Princeton: Princeton University Press.
Galbraith, Stuart. 2006. *The Rat Patrol:* The complete first season. http://www.dvdtalk.com/reviews/20151/rat-patrol-the-complete-first-season-the. Zugegriffen: 1. Aug. 2013.
Gehlen, Arnold. 1971. *Studien zur Anthropologie und Soziologie.* Neuwied: Luchterhand.
Hutcheon, Linda. 2004. *A poetics of postmodernism: History, theory, fiction.* London: Routledge.
Huyssen, Andreas. 1986. Postmoderne – eine amerikanische Internationale? In *Postmoderne: Zeichen eines kulturellen Wandels,* Hrsg. Andreas Huyssen und Klaus R. Scherpe, 13–44. Reinbek bei Hamburg: Rowohlt.
Kristeva, Julia. 1978. *Die Revolution der poetischen Sprache.* Frankfurt a. M.: Suhrkamp.
Mundey, Lisa M. 2012. *American militarism and anti-militarism in popular media,1945–1970.* Jefferson: McFarland.
Thompson, Robert J. 1990. *Adventures on prime time: The television programs of Stephen J. Cannell.* New York: Praeger.
White, Hayden. 1991a. *Auch Klio dichtet oder die Fiktion des Faktischen: Studien zur Tropologie des historischen Diskurses.* Stuttgart: Klett-Cotta.
White, Hayden. 1991b. *Metahistory: Die historische Einbildungskraft im 19. Jahrhundert in Europa.* Frankfurt a. M.: Suhrkamp.
Žižek, Slavoj. 1994. *The sublime object of ideology.* London: Verso.

# Trauma und Tabu 4

Die TV-Kriegsserie ist bis Ende der 1980er Jahre eine Serie über den Zweiten Weltkrieg. Ihre Fixierung auf den „good war" ist nicht allzu schwer nachzuvollziehen. Die Erinnerung an den Zweiten Weltkrieg bleibt trotz aller Opfer tendenziell positiv konnotiert. Einerseits kann er als Quelle der ökonomischen Prosperität nach Kriegsende gelten: „After the war, [the] industrial capacity was converted into an unprecedented flow of consumer goods – cars, washing machines, and eventually, television sets. This standard of living was the awe of foreign peoples and America shared some of its prosperity with a world in need: through the Marshall Plan alone, $ 12 billion in aid was used to help spark European economic recovery. There was much to be proud of" (Adams 1998, S. 59). Andererseits erlaubt es der Zweite Weltkrieg so auch, ein Bild der USA zu entwerfen, das ihre internationale Reputation befördert. Er macht es nicht nur möglich, die Nation als erstens siegreiche Macht und zweitens als in sich geschlossene Einheit zu porträtieren, sondern sie drittens auch als Stifter von Demokratie und Freiheit in Europa wie Asien darzustellen. Wie bereits ausgeführt, prägt der Mythos vom „good war" die Kriegsserie der 1960er und 1970er Jahre, wenn bei weitem auch nicht in kontradiktionsfreier Form. Es ist allerdings erst mit der Eskalation des Kalten Kriegs im US-Engagement in Vietnam, dass die mythische Konzeption eines ‚guten' Krieges nicht mehr nur Erosionen durchläuft, sondern vom „bad war" in Südostasien überschattet wird.

## 4.1 *The Lieutenant* (1963–1964)

Die USA beginnen sich bereits ab dem Jahr 1955 im Konflikt zwischen dem sozialistischen Nord- und dem kapitalistischen Südvietnam zu engagieren. Der Bürgerkrieg eskaliert anno 1965, als die USA den Kampfeinsatz eigener Bodentruppen beschließen. Mit der sog. „Operation Rolling Thunder", einer „systematic, gradually expanding bombing campaign" (Moss 2002, S. 183), wird zunächst ein Luftkrieg gegen Nordvietnam geführt. Dieser jedoch kann den Gegner nicht in die Knie zwingen, so dass Präsident Lyndon B. Johnson die Präsenz der US-Streitkräfte vor Ort intensiviert. Auch damit aber haben die USA keinen Erfolg, nicht zuletzt weil Nordvietnam von China und der Sowjetunion mit Waffen- und Nachschublieferungen unterstützt wird. Vor allem jedoch finden sie keine Antwort auf den entschlossenen Guerillakrieg der Nordvietnamesen, die sich auch von der scheinbaren Überlegenheit des US-Militärs nicht einschüchtern lassen und bereit sind, tausende Menschenleben zu opfern. Aus der projektierten kurzen militärischen Intervention wird so ein jahrelang anhaltender Kriegseinsatz, der erst eine Dekade später mit der Niederlage des US-Militärs sein Ende findet.

Diese Niederlage zehrt am Mythos des „good war" und lässt sich nicht mehr der großen Erzählung eines ‚gerechten Krieges' einverleiben. Der Angriffskrieg erschwert eine Opfererzählung und macht jeden Legitimationsdiskurs prekär: „Amerika, so die seit den Indianerkriegen populäre Meistererzählung, führt seine Kriege nicht aus freien Stücken oder selbstsüchtigen Motiven, sondern findet sich stets in der Rolle des überraschend und aus dem Hinterhalt Angegriffenen. Seine Truppen haben es mit Feinden zu tun, die den offenen Kampf scheuen und stattdessen die Wehrlosen und Schwachen, Frauen und Kinder attackieren – und damit zu verstehen geben, dass sie Freiheit und Sicherheit an der Wurzel treffen wollen. Diese Verachtung für das Leben anderer findet sich in der Geringschätzung des eigenen Lebens gespiegelt: Vor die Wahl zwischen Kapitulation und Untergang gestellt, optieren die fanatisierten Feinde der Zivilisation für Letzteres. Wer es aber mit Kamikazekämpfen im Dienste des Übels zu tun hat, wird notgedrungen zu einem Krieg ohne Regeln gezwungen und muss sich um der Rettung vor der Barbarei willen zeitweilig selbst barbarischer Mittel – den alles vernichtenden Gegenschlag eingeschlossen – bedienen" (Greiner 2007, S. 529). Ideologischer Überbau und militärische Praxis sind im Krieg von Vietnam nicht miteinander zu kongruieren. Wo auf der einen Seite die vietnamesische Bevölkerung für die Idee von Freiheit und Demokratie, im Verständnis der USA: speziell freier Marktwirtschaft gewonnen werden soll, ist ein systematischer Vernichtungskrieg gegen Soldaten wie Zivilisten geführt, der als strategisches Ziel letztlich nur die größtmögliche Zufügung von Verlusten kennt.

**Abb. 4.1** *The Lieutenant*
© NBC

Bereits im Jahr 1966 beginnen sich gegenkulturelle Proteste wider das US-Engagement im Vietnamkrieg zu radikalisieren. Sukzessive setzt sich eine Ablehnung der Kriegsbeteiligung auf Basis breiter Öffentlichkeit durch: „Never before had so many Americans representing diverse organizations publicly questioned and demonstrated against their government in time of war" (McWilliams 2000, S. 47). Die Medienberichterstattung über Kriegsverbrechen der US-Armee, insbesondere gegen die nordvietnamesische Zivilbevölkerung, lässt die Akzeptanz des militärischen Einsatzes schwinden. Es sind vor allem Fernsehbilder, die den Schrecken des Krieges von Vietnam auch in den Haushalten der US-Bevölkerung rezipieren lassen. Sie setzen die Überzeugung durch, dass der Krieg nicht das Beste, sondern das Schlechteste aus dem Menschen herausholt. Vietnam wird zum Inbegriff eines „bad war", dessen Repräsentation sich im fiktionalisierenden Rahmen eines Unterhaltungsformats wie der TV-Serie verbietet. Thomas Doherty hat hier ferner auf eine Inkompatibilität zwischen historischem und generischem Narrativ hingewiesen: Der Vietnamkrieg, sagt er, „was a lousy narrative with a vague beginning, an ungainly middle, and no end in sight" (1999, S. 282). Die Struktur des WWII Combat Movie scheint nicht mehr auf die neue Situation des Krieges in Vietnam zu transponieren.

Vor der Eskalation des Krieges in Vietnam widmet sich jedoch eine Episode der Serie *The Lieutenant* (1963–1964; NBC) bereits dem Konflikt. *The Lieutenant* ist keine Kriegsserie im engeren Sinne, Kampfeinsätze stehen dort nicht im Zentrum (Abb. 4.1). In Kontrast zu den bisher analysierten Produktionen spielt sie auch nicht zur Ära des Zweiten Weltkriegs. Stattdessen ist ihre Handlung gegen Beginn/Mitte der 1960er Jahre parallel zur Produktionszeit der Serie angesiedelt und diskursiviert damals kurrente Fragen der US-amerikanischen Innen- wie Außenpolitik. Konzipiert und kreativ betreut von Gene Roddenberry, später auch verantwortlich für die quasi-pazifistische Science-Fiction-Allegorie *Star Trek* (1966–1969; NBC), erzählt die einzige Staffel der Serie in neunundzwanzig Episoden von Erfahrungen der Titelfigur, dem jungen Lieutenant Rice (Gary Lockwood). Der idealistische Rice, frischer Absolvent der Marineakademie und Kommandant eines Platoons von Gewehrschützen, ist als Ausbilder von Rekruten stationiert im Camp Pendleton, dem Hauptquartier des US Marine Corps an der Westküste. Dort wird das Leben der Soldaten während der frühen Jahre des Kalten Krieges thematisch. Rice, ein noch unerfahrener Offizier mit seinem ersten Kommando, ist konfrontiert mit Verfehlungen innerhalb des Militärapparats, die ihn immer wieder an seiner Berufswahl zweifeln lassen. Unterstützt von seinem dienstälteren Vorgesetzten Captain Rambridge (Robert Vaughn), versucht er dennoch das zu leisten, was er für soldatische Pflicht hält.

Die Haltung von *The Lieutenant* ist dabei ambivalent gegenüber dem Militär und seinen Praktiken, das zwar benevolent behandelt, nie aber glorifiziert wird. Eher ist an soziale Reinigungskräfte appelliert, die militärische Missstände überwinden sollen. Die Spanne der Sujets reicht so von Brutalität in der Ausbildung in „The Proud and the Angry" (1963; Episode 3) über Machtmissbrauch in „The Two Star Giant" (1963; Episode 4) bis hin zu ethnischer Diskriminierung in „To Set It Right" (1964; Episode 21). *The Lieutenant* nimmt hier wenig Rücksicht auf kulturellen Konsens, legt stattdessen gezielt den Finger in die Wunde. Auch wenn das bedeutet, dass die Episode „To Set It Right" letztlich nie ausgestrahlt wird: Ihre Erzählung von einem afroamerikanischen Gefreiten, der sich rassistischer Anfeindungen von einem höherrangigen Kameraden (Dennis Hopper als Gaststar) ausgesetzt sieht, geht keine Kompromisse ein. Vor expliziter Nennung von Termini wie „black monkey" oder „nigger" schreckt die Episode ebenso wenig zurück wie vor einer Desavouierung des Protagonisten. Er kann den Konflikt zwischen den Männern schlicht nicht beilegen. Am Ende von „To Set It Right" geht der Vorhang zu, die entscheidenden Fragen aber bleiben offen.

Den Konflikt in Vietnam macht *The Lieutenant* erstmals zum Thema mit der Folge „A Troubled Image" (1963; Episode 10), in welcher Lieutenant Rice eine Gruppe von südvietnamesischen Soldaten trainiert. Im Zentrum steht allerdings noch nicht das US-Engagement in Asien, vielmehr konzentriert sich das Narrativ auf die Beziehung von Rice zu einer vietnamesischen Offizierin, die er fortbilden soll. Die Folge „To Kill a Man" (1964), finale Episode der Serie, spielt dann tatsächlich in Vietnam, wohin Rice und seine Männer abkommandiert werden. Ihre Mission lautet, einen südvietnamesischen Stützpunkt mit militärischem Gerät auszustatten. Vor Ort aber wird der Hubschrauber von Rice abgeschossen, so dass er notlanden und sich plötzlich in einer tatsächlichen Gefechtssituation wiederfinden muss. Zunächst noch von einem vietnamesischen Offizier protegiert, der sich ihm

**Abb. 4.2** *The Lieutenant* © NBC

gegenüber als Bewunderer von George Washington und der US-amerikanischen Unabhängigkeitserklärung präsentiert, gerät Rice in ein erstes Feuergefecht, während dem seine Einheit aufgerieben und er angeschossen wird. Als Rice allein durch den Dschungel irrt, findet ihn eine vietnamesische Frau, die den Verletzten mit zu sich nimmt, um seine Wunden zu versorgen. In ihrem Dorf trifft Rice den vietnamesischen Offizier wieder, der sich nun als überzeugter Kommunist entpuppt. Abermals entfacht eine politische Debatte zwischen den beiden Männern, wobei unterschiedliche Konzepte von Freiheit aufeinander prallen: Während der Vietnamese die Rolle des Freiheitskampfes für sein Land betont, beharrt Rice auf der demokratischen Legitimation von Herrschaft. Die Kontroverse ist nicht zu lösen, und das Gespräch endet in Gewalt. Rice gelingt es schließlich, den feindlichen Offizier in Notwehr zu töten. Dennoch schließt „To Kill a Man" wenig euphorisch. Zwar bleibt kein Zweifel an einer Notwendigkeit des US-Einsatzes in Vietnam, die Tötung des gegnerischen Offiziers und der Verlust seiner Männer aber lassen Rice traumatisiert zurück (Abb. 4.2). „To Kill a Man" wird damit zur Präfiguration einer Erzählung vom Krieg in Vietnam, die erst Jahrzehnte später wieder im Fernsehen wiederkehren soll. Mitte der 1960er Jahre jedoch erweist sich die Serie als nicht konformistisch genug. Nach nur einer Staffel und „To Kill a Man" als letzter Episode wird sie eingestellt. „Unfortunately, the show was not renewed for subsequent seasons", beklagen Kulturwissenschaftler retrospektiv: „It reflects an anti-militaristic attitude [...], indicating that audiences were not ready to address such deep and complicated contemporary issues, at least not in entertainment television" (Mundey 2012, S. 141). In der Tat dauert es bis Ende der 1980er Jahre, dass die Kriegsserie zum Diskursstand von 1964 zurückkehren – und darüber hinausgehen – wird.

## 4.2 *Tour of Duty* (1987–1990)

Die Vermeidung einer Thematisierung von Vietnam ist zunächst kein Exklusivum der TV-Serie. Auch auf dem Feld der Kinoproduktionen findet sich, mit Ausnahme von John Waynes – finanziell gefloppten – *The Green Berets* (1968), bis Ende der 1970er Jahre kein einziger Vietnamkriegsfilm, auch wenn das US-Engagement bereits 1973 mit einem Waffenstillstandsabkommen eingestellt wird. Denn mit Vietnam alterniert die medienkulturelle Haltung zu Kriegsfragen, nicht nur weil 1975 mit der Befreiung von Saigon durch die nordvietnamesische Armee das US-Militär die erste Niederlage seiner Geschichte eingestehen muss. Herrscht in Nachfolge des „good war" noch ein nationaler Mythos, der US-GIs als heroische Befreier der Unterdrückten und Verteidiger der Freiheit verklärt, so kann der „bad war" in Vietnam dagegen keinen vergleichbaren Konsens etablieren. Wo die USA im Zweiten Weltkrieg ja tatsächlich für Demokratie kämpfen, wird während der Ära des Kalten Krieges die Verteidigung politischer Freiheit ersetzt durch die Verteidigung der Interessen freier Marktwirtschaft. Die Protegierung des Kapitalismus bringt nun vielmehr die Verachtung von politischer Freiheit und demokratischen Rechten mit sich, wenn eine von Unternehmen kontrollierte Regierung gegen sozialistische Staaten interveniert. Als Mitte der 1960er Jahre dafür in Vietnam auch ein Angriffskrieg betrieben und die Leben von GIs geopfert werden sollen, scheitert die Mobilmachung der Bevölkerung im Namen der ‚Freiheit'. Während der US-Einsatz in Vietnam durch Drogenkonsum und Desertion, bis hin zur gezielten Ermordung von Vorgesetzten und missliebigen Kameraden gekennzeichnet ist, evolviert eine Desillusionierung mit Regierung, Militär und Kriegsführung in den USA zum kulturellen Massenphänomen. Der Vietnamkrieg markiert mithin eine traumatische Erfahrung, die zunächst nicht im Rahmen der TV-Serie verarbeitet werden kann.

Das Trauma markiert, gesprochen mit Thomas Elsaesser, „etwas Nicht-Assimilierbare[s]", d. h. es stellt eine Erfahrung dar, die „nicht in die psychische Öko-

## 4.2 Tour of Duty (1987–1990)

nomie des Subjekts integriert ist" (2007, S. 196). Es ist eine rekursive Struktur, deren Präsenz sich gerade in der Absenz artikuliert: „Man müsste die Kategorie des ‚negativ Performativen' erfinden, weil das Trauma auf die Textur der Erfahrung gerade durch seine Spurlosigkeit einwirkt. Und wenn das Trauma ein Ereignis impliziert, das ‚jede Registrierung ausschließt', so bringt es angesichts seiner Unzugänglichkeit selbst noch die Kategorie der Zeugenschaft [...] zum Einsturz. Geht man davon aus, dass Trauma durch seine Vergessenheit, sein wiederholtes Vergessen, erfahren wird, dann bestünde paradoxerweise eines der Zeichen für das Vorhandensein eines Traumas im Fehlen jeden Anzeichens, das auf ein Trauma hindeutet" (Elsaesser 2007, S. 203). Die Unfähigkeit zur Trauerarbeit an den eigenen Verlusten einerseits und zum Schuldeingeständnis der Verbrechen gegenüber dem Kriegsgegner andererseits suspendiert den Repräsentationsprozess der traumatischen Erfahrung temporal. Aus dieser Perspektive wird das lange Fehlen von Narrativen über den Vietnamkrieg verstehbar. Als sie schließlich einsetzen, artikuliert sich das Paradox der Traumaarbeit: Mediale Repräsentationen des Vietnamkriegs sind immer geprägt von einer Verlusterfahrung, die überwunden werden soll, im Versuch des Überwindens aber wird der Verlust umso schmerzlicher bewusst. Jene Wunde, die durch den Akt der Repräsentation geheilt werden soll, reißt im Prozess des Repräsentierens wieder auf. Jede virtuelle Bewältigung des Traumas evoziert aktuell eben dessen peinigenden Affekt.

Der Vietnamveteran und Filmwissenschaftler Rick Berg hat auf diesen Prozess hingewiesen: „For the national health and welfare, Vietnam and its effects, the war and its remains, were to be decently repressed and forgotten, buried like the three-hundred-dollar aluminum coffins. At this time, and it seems peculiar now, the war's loss was marked by its absence from the marketplace. Vietnam was gone. It was unavailable in either of the two contending clearinghouses of information: neither the academy nor the culture industry, neither pedagogues nor producers, classrooms nor TV recalled Vietnam. Whether because of a lack of commitment on the part of the culture industry or because of a sense of ‚good taste' on the part of the academy, information about Vietnam prior to 1980 was spotty. What had been all too present, almost omnipresent, seemed to disappear. Vietnam's apparent absence from both markets, the sigh of its end, became a simulacrum of its loss" (1990, S. 43). Die Verlusterfahrung zunächst des verlorenen Krieges (1973) und dann der verlorenen Nation (1975) lässt eine medienkulturelle Lücke entstehen. Wo journalistische Berichterstattung mit TV-Sendungen wie *Scope* (ABC), *Vietnam Weekly Review* (NBC) oder *Vietnam Perspective* (CBS) den Krieg in die US-amerikanischen Wohnzimmer geholt hat, zeichnet er sich in den Jahren nach dem Abzug der US-Truppen durch eine symptomatische Absenz aus. Seine Erfahrungsdimension als „bad war" entzieht sich zunächst dem Zugriff einer retroaktiven Sinngenese auf dem Feld von Kino wie Television. Der modulative Prozess zur Konstitution kollektiver Erfahrungswerte im Modus imaginärer Lösungen bleibt suspendiert, da es dem medienkulturellen Diskurs nicht möglich ist, die Ereignisse von ‚Vietnam' in den sozialen Rahmen der geteilten Empfindungswelt zu integrieren. Wie Paul Virilio gezeigt hat, koinzidieren verschiedene Kriege stets mit der Entwicklung verschiedener Medien. Dabei wird die Darstellung von Ersteren entscheidend durch Letztere überdeterminiert: „Es ist offensichtlich", so konstatiert Virilio, dass „jede tiefgreifende historische Veränderung, jeder Abschnitt unserer Geschichte, einhergeht mit der ‚Machtergreifung' einer neuen Kommunikationstechnik" (1997, S. 51). Diese Verschiebungen implizieren nicht zuletzt auch alternative Subjekteffekte. Während zur Zeit des Zweiten Weltkrieges die Kinoleinwand demnach noch als Schutz-Schirm zwischen Publikum und Krieg fungiert, lässt das elektronische Bild der Television diese Distanz unwiederbringlich einziehen. Dadurch wiederum kommt es zu medialem Feedback. Auch das Kino ist nach den Fernsehnachrichten aus Vietnam für immer verändert.

Nach Kriegsende sind es vorerst Filme um Kriegsheimkehrer, die Narrative um den Vietnamkrieg entwickeln. Produktionen wie *Welcome Home, Soldier Boys* (1972; Richard Compton) und *The Visitors* (1972; Elia Kazan), später dann *Rolling Thunder* (1977; John Flynn), *Coming Home* (1978; Hal Ashby), *The Deer Hunter* (1978; Michael Cimino), *Who Will Stop the Rain?* (1978; Karel Reisz) oder *Cutter's Way* (1981; Ivan Passar) erzählen von desillusionierten Veteranen, die – psychisch und/oder physisch geschädigt – im zivilen Leben der USA nicht mehr zurechtkommen. Auch im Feld der TV-Serie treten Kriegsveteranen auf, gezeichnet zunächst als soziopathische Antagonisten: in *Columbo* (1968–1978; NBC) ebenso wie in *The Streets of San Francisco* (1972–1977; ABC), in *Cannon* (1971–1976; CBS) ebenso wie in *Hawaii Five-O* (1968–1980; CBS). Diese Veteranen bringen aus Vietnam eine Form von Kriminalität zurück in ihre Heimat, die den USA nun zur inneren Bedrohung gerät. Erst Jahre später findet unter der restaurativen Reagan-Administration eine Transposition dieses Stereotyps statt, wenn der Veteran plötzlich positiv konnotiert wird. In Actionserien wie *The A-Team* (1983–1987; NBC), *Airwolf* (1984–1986; CBS) oder *Knight Rider* (1982–1986; NBC) evolvieren die Vietnamveteranen zu vigilantistischen Heroen, die ihr im Krieg erworbenes Geschick des Tötens für die Verbrechensbekämpfung in US-Großstädten produktiv machen. Mit der gegen Anfang der 1980er Jahre erfolgenden Rehabilitierung des US-Militärs im konsensuellen Diskurs geht so eine Re-Evaluation des Vietnamkrieges einher, der nun als Ausbildungsstätte und Bewährungsraum heroischer Männlichkeit fungiert. Er wird zur konstitutiven Leerstelle restaurativer Ideologie, die seiner bedarf, ihn aber nur in Andeutungen adressieren kann. Als Setting der Diegesen bleibt Vietnam weiter absent.

Für das Kino entstehen dagegen ab Ende der 1970er Jahre mit *Go Tell the Spartans* (1978; Ted Post), *The Boys in Company C* (1978: Sidney J. Furie) und *Apocalypse Now* (1979; Francis Ford Coppola) die ersten im Vietnamkrieg situierten Combat Movies. Sie konzentrieren sich gemäß den Imperativen des Genres auf die Rolle einzelner Infanterieeinheiten im Dschungelkrieg, wobei nicht nur der aus dem klassischen Kriegsfilm bekannte Konflikt zwischen differenten militärischen Hierarchien wiederkehrt, sondern sich auch eine Grundskepsis gegenüber der Legitimation des Kampfeinsatzes artikuliert. Selbst wenn keiner der Filme die Frage nach den politischen, d. h. kapitalistisch-imperialistischen Gründen für den US-Einsatz in Vietnam stellt, erscheinen insbesondere die höherrangigen Militärs als ignorante oder gar psychopathische Egomanen, die auf Kosten der vietnamesischen Bevölkerung wie der eigenen Soldaten ihre Profilneurosen, ihren Hedonismus oder ihre Megalomanie ausleben. Hinzu kommt eine kritische Haltung gegenüber der Heeresleitung per se, die in ihrer strategischen Inkompetenz transparent wird: Ohne genauere Kenntnis des feindlichen Terrains und der militärischen Situation schickt sie ihre Soldaten in ein ‚Dschungelabenteuer', das diesen zum letalen Verhängnis wird. Damit einher geht eine weitere Verschiebung von Bildern soldatischer Männlichkeit in Richtung der spätestens seit dem Koreakrieg zirkulierenden Fragmentierungen. Nicht länger gelten Tapferkeit und Toughness als dominante Qualitäten, Sensibilität und Vulnerabilität sind als gleichberechtigte Eigenschaften hinzugekommen.

Den feuilletonistisch vielbeachtesten wie auch finanziell erfolgreichsten Höhepunkt des ‚kritischen' Vietnamkriegsfilms jedoch bildet erst Mitte der 1980er Jahre die Produktion *Platoon* (1986), geschrieben und inszeniert von Veteran Oliver Stone, der in den Film mutmaßlich seine eigenen Erfahrungen einfließen lässt. Für Douglas Kellner stellt *Platoon* nichts weniger dar als „arguably the most realistic and critical Vietnam combat film yet to appear" (2003, S. 118). Zwar werden nach Genre-Logik auch in *Platoon* politische Hintergründe ausgeblendet, jedoch geht der Film mit seiner auf Authentizitätseffekte bedachten Darstellung weiter als frühere Vietnamkriegsfilme. Zum einen greift ein ästhetischer, zum anderen ein ideologiekritischer Realismus. So forciert Stone einerseits Aktionskrisen der Soldaten, die nun desorientiert und dissoziiert auftreten. Ihre Einschränkung des Wahrnehmungsfeldes korreliert mit immersiven Adressierungen des Zuschauersubjekts, das nun unsouverän wie zuvor nur im Horrorfilm in den diegetischen Raum projiziert wird. Andererseits verweist Stone auf soziale Faktoren des Kriegseinsatzes. Er porträtiert das US-Engagement als sinnlosen Kampf von Männern aus der Arbeiterklasse und dem afro- wie latinoamerikanischen Milieu, die an der Front für die Interessen anderer verheizt werden. Während diese Interessen diffus bleiben, fokussiert der Film den Krieg in Vietnam stattdessen als brutalisierendes

Unterfangen, das aus jedem GI einen potentiellen Kriegsverbrecher macht. „Oliver Stone's focus in the film is on the experience of combat", konstatiert Kellner, „and the film brilliantly recreates the environment and atmosphere within which U.S. troops fought in Vietnam" (2003, S. 119). Es geht Kellner hier um ästhetische Strategien, die eine mediale Rückkoppelung zwischen Dargestelltem und Darstellung leisten. Mit David E. James ließe sich in der Tat formulieren, dass *Platoon* eine quasi-medienethnographische Ästhetik bedient, die ihren Zugang über das Verschmelzen von Subjektivität und Objektivität findet: „[I]n the combat scenes the cameramen's defensive reaction to enemy attack causes the coherence of the visual and aural fields to fall apart into the energized cacophony of the recording apparatus's own contact with violence, reproducing in the enunciation the chaotic violence of the exchange of fire and the cries of pain of the wounded" (1990a, S. 242). Auch Thomas Doherty schließt sich Kellner an, betont zusätzlich aber noch den Prozess generischer Transformation, der durch *Platoon* initiert wird: „Assuming the motion picture past as shared background and prime mover, the Vietnam film set about defacing the classical Hollywood picture. It found no larger purpose in war, ripped apart the union of the combat squad, and turned within to confront the true enemy. The Warner Bros. platoon killed the Nazis; Oliver Stone's *Platoon* killed each other" (1999, S. 286). Das Narrativ der heroischen Soldateneinheit, die sich geschlossen gegen den Feind von außen verteidigt, wandelt sich zur Erzählung vom Zerfall des US-Kollektivs, das sich nun im Inneren selbst zerfleischt. Was sich ändert, das sind allerdings weniger die generischen Konventionen selbst als vielmehr die Haltung zu ihnen. Das Platoon mag sich bei Stone gegenseitig massakrieren, noch immer aber kämpft es auch gegen einen gemeinsamen Feind von Außen. Insbesondere das Moment des Kampfes bleibt zentral. Ungebrochen dabei ist der phallische Impetus des Genres, nach dessen Logik ein Initiationsritus zu erfolgen hat, der das maskuline Subjekt über die Einübung der Ausübung von Waffengewalt installiert. So durchläuft der Protagonist Taylor (Charlie Sheen) eine traditionelle Passage vom impotenten Rekruten hin zum souveränen Frontveteranen, der am Ende nachgerade als Killermaschine agiert. In *Platoon* wird dieser klassische Phallozentrismus des Kriegsfilms auf prekäre Weise mit einer gegenkulturellen Sensibilität hybridisiert. Indem der Film mit den Figuren des liberalen Humanisten Sergeant Elias (Willem Dafoe) und des brutalen Killers Sergeant Barnes (Tom Berenger) nicht nur zwei differente Konzeptionen von Krieg kollidieren lässt, wobei Ersterer den „good war" und Letzterer den „bad war" personifiziert, wirft er auch zwei unterschiedliche Bilder von Männlichkeit auf. Es obliegt Taylor, diese am Ende diskursiv aufzuheben: „By killing Barnes, Taylor ends the film, not in the position of the masculine *or* the feminine, but in both […] while Taylor incorporates Elias's femininity and attitude toward the war into his final character,

## 4.2 Tour of Duty (1987–1990)

he uses Barnes's methods to do so. [...] He must become Barnes – the masculine – in order to successfully create a space in which he can be ‚born' as the masculine/feminine child" (Jeffords 1990, S. 209). Die Wiedergeburt des Protagonisten Taylor als Sohn sowohl von Elias als auch von Barnes führt die Kontradiktionen des Krieges zusammen. Er nimmt den „bad war" an, um in Vietnam einen Raum für den „good war" zu schaffen.

Den medienästhetischen Konventionen des Kriegsfilm-Genres entsprechend kennt *Platoon* keine Innenperspektive auf den Gegner. Zum Diskurs des Films zählt auch jene genretypische Degradierung des Feindes zum Objekt, das die eigene Subjektivität entweder über Affekte der Angst oder des Mitleids konstituiert. Darrell Y. Hamamoto kritisiert den Film daher für seine Personifikation des Krieges am männlichen Einzelschicksal, das den Kontext eines rassistisch motivierten „race war" ignoriert: „dramatizing the Vietnam War through the lens of individual action and personal heroism represses the concrete political and military decisions that stemmed from the imperatives of empire building. Further, the pivotal relationship between white supremacist state power and the conduct of a race war against Asian peoples remains unacknowledged [...].The American defeat in Vietnam is elevated to the status of myth through the retelling of tales of personal triumph over adversity, with the war serving as merely a convenient set piece for the dramatization of ‚universal' human truths" (1994, S. 133). Die Kritik von Hamamoto trifft freilich nicht exklusiv auf *Platoon* zu. Sie kann für das gesamte Genre des Kriegsfilms gelten, dem es um die Darstellung von Kampfhandlungen, nicht politische Analysen zu tun ist. Kurzum, auch *Platoon* steht bei aller Variation im Detail noch immer fest in Tradition des World War II Combat Movie.

Es ist sicherlich nicht zuletzt dem hohen symbolischen Kapital von *Platoon* bei Filmkritik wie Filmpublikum geschuldet, dass Ende der 1980er Jahre auch die erste TV-Kriegsserie ihre Diegese in Vietnam situiert. Auf CBS startet *Tour of Duty* (1987–1990), eng nach dem Prototyp von *Platoon* modelliert (Abb. 4.3). Für das Feld der Television jedoch forciert *Tour of Duty* ein medienkulturelles Novum. Erstmals findet eine fiktionalisierende Darstellung des „bad war" in Vietnam ihren Platz im Zentrum des bedeutendsten Massenmediums. Ausgestrahlt zur Prime-Time gegen 20 Uhr abends, gelten dort völlig andere Konditionen als im Kino. Die von Douglas Kellner im Fall von *Platoon* gerühmten Realismuseffekte des Films, der Drogenkonsum, die Vulgärsprache, die graphische Gewaltdarstellung, all diese ästhetische Strategien verbieten sich auf einem Network-Programm. Im Mediensystem der USA nämlich wird streng getrennt zwischen öffentlichem und privatem Rundfunk. Die frei empfangbaren Broadcast-Networks (ABC, CBS, NBC, Fox) senden über *public airwaves*, d. h. sie nutzen terrestrische Frequenzen, denen die US-Rechtsprechung einen öffentlichen Status attribuiert. Deshalb auch unterliegen

**Abb. 4.3** *Tour of Duty*
© CBS

sie der Kontrolle öffentlicher Organe. Zuständig ist hier die Federal Communications Commission (FCC), eine unabhängige Behörde mit Sitz in Washington, DC, die der Kongress anno 1934 geschaffen hat. Sie gibt ein strenges Regelwerk vor, das den Networks die Ausstrahlung spezifischer Sendungen untersagt. Dazu zählt „indecent" und „profane programming", das zwar durch den ersten Verfassungszusatz der Redefreiheit geschützt ist, allerdings aus Gründen des Jugendschutzes zwischen 6 Uhr und 22 Uhr nicht gesendet werden darf. Verstöße dagegen werden mit empfindlichen Geldbußen von bis zu $ 500.000 geahndet, nach drei Verstößen droht die Entziehung der Sendelizenz. „Indecent programming" ist dabei reichlich vage definiert als „language or material that, in context, depicts or describes, in terms patently offensive as measured by contemporary community standards for the broadcast medium, sexual or excretory organs or activities". Daneben gilt „profane material" analog hierzu als Sprachpraxis, die „sexual or excretory in nature or derived from such terms" ausfällt. Genauer sind darunter Vokabeln wie „shit", „piss", „fuck", „cunt", „cocksucker", „motherfucker" und „tits" subsumiert. Explizite Gewaltdarstellungen hingegen dürfen de jure vierundzwanzigstündlich gesendet werden. Jedoch verhindert die ökonomische Organisation des öffentlichen Rundfunks größtenteils, dass sie zur Ausstrahlung kommen. Die Networks nämlich sind abhängig von ihren Werbekunden, die sie finanzieren, und vielen Werbekunden gefällt es nicht, wenn ihre Produkte oder Dienstleistungen mit „violent", „indecent" oder „profane programming" in Verbindung gebracht werden. So kommt es zu einer Selbstzensur der TV-Inhalte über ihre institutionelle Basis auch jenseits der strikten Regeln, wie sie Kongress und FCC vorgeben. Um nicht die überlebensnotwendigen Geschäftspartner in den PR-Agenturen der Unterneh-

## 4.2 Tour of Duty (1987–1990)

men zu verlieren, verzichten die Networks nach Möglichkeit darauf, Programme mit Vulgärsprache und/oder violenten Darstellungen auszustrahlen, vorzugsweise nicht nur zwischen 6 Uhr morgens und 22 Uhr abends, sondern die gesamte Sendezeit über. Im Falle von *Tour of Duty* kommt noch das kontroverse Potential eines historischen Sujets hinzu, welches das Land tief gespalten hat. Gerade der als Sponsor fungierenden Großindustrie kann freilich nicht daran gelegen sein, ihre Produkte in einem Umfeld beworben zu wissen, das durch transgressive Darstellungen auffallen oder gar ihre eigene ideologische Verstrickung im kapitalistisch-antikommunistisch motivierten Angriffskrieg der USA gegen Nordvietnam abbilden würde. Für Prime-Time-TV auf einem Network wie CBS gilt vielmehr die Suche nach einem kleinsten gemeinsamen Nenner, der ein Maximum an heterogenen Zuschauern vor dem Bildschirm versammelt. Gerade deshalb lassen Fernsehfilme und TV-Serien wie *Tour of Duty* informative Rückschlüsse auf ihren kulturellen Kontext zu: „Whether reactionary or progressive, made-for-television movies must abide by a set of aesthetic, commercial, and ideological constraints dictated by industry practice and political considerations. But even when they are patently ‚bad', made-for-television movies are a window to the collective consciousness of the ideal audience as envisaged by the institutional complex comprising producers, writers, directors, advertisers, and executives. That is, the products of these creative minds betray latent sociocultural information in the form of entertainment" (Hamamoto 1994, S. 144 f.) In der TV-Serie wird das Latente einer Medienkultur manifest. Dabei kann dieses Manifeste ganz unterschiedliche Züge tragen. Begreift man die Fernsehserie indes als bloße Artikulation eines politischen Konsenses, reduziert man nicht nur den Widerstreit kultureller Diskurse, sondern kann auch dem signifikativen Spektrum medienkultureller Artefakte nicht hinreichend Rechnung tragen.

Da *Tour of Duty* ein dissensuales Sujet mit dem konsensualen Imperativ des Prime-Time-TV legiert, wird der Serie zunächst durchaus mit großer Skepsis begegnet. „The problem is that the backdrop this time is the Vietnam War", schreibt etwa die New York Times: „a conflict that doesn't conform easily to established gather-round-the-flag patterns. The war itself left much of this country shattered by widespread protests and open resistance to military service. Riddled with scandals about drugs, ‚fragging' and massacres, it was a war the United States eventually lost. We are still recovering from the trauma, only recently attending to neglected veterans" (O'Connor 1987). In der Tat scheint es eine schwierige Aufgabe, das Nationaltrauma der USA im Rahmen einer Fernsehserie zu bearbeiten, die keiner politischen Couleur zu nahe treten soll. Die New York Times glaubt nach Sichtung der ersten Episode ihre Befürchtungen dann auch bestätigt: „The result is television revisionism of the worst, most pandering sort. With grimness and negativity out, buddy stories and inspiration are in, generally with a thud. Following a platoon on a 12-month tour of duty, the show is determined to transform Vietnam into an experience of uplifting tolerance and reconciliation. [...] In trying to be all things to all people, if possible without offending anybody, *Tour of Duty* winds up firmly on the side of saying nothing and distorting everything. In search of feelings, it succeeds only in being pointless and even offensive" (O'Connor 1987). *Tour of Duty* erscheint hier als eine domestizierte Version von *Platoon*, die statt der Kontroverse den Konsens präferiert.

Wenig später haben die Zuschreibungen sich aber invertiert. Nicht nur gewinnt *Tour of Duty* im Jahr 1988 bereits den Emmy, auch Richard J. Thompson würdigt die Serie retrospektiv als „attempt to bring the grim realities of *Platoon* to television on a weekly basis". Er honoriert die Darstellung von „[b]loody corpses", von „muddy soldiers", von „rat-infested foxholes" und von „inexperienced officers". Für Thompson steht *Tour of Duty* in der Tradition von „quality TV" als eine Serie, die durch „liberal politics" ebenso charakterisiert ist wie durch „classy writing and acting" (1997, S. 141). Daniel Miller argumentiert ähnlich: „*Tour of Duty*, like its model, *Platoon*, has undoubtedly achieved a high degree of verisimilitude, especially in its treatment of detail. [...] Like *Platoon*, it carefully depicts sensory and environmental detail experienced by combat soldiers in Vietnam" (1991, S. 181). Indem die Serie jede souveräne Feldherrenperspektive zugunsten der zersplitterten Wahrnehmung des Frontsoldaten negiert, sorgt sie auf dem Feld der fiktionalen Television für eine medienästhetische Innovation, die sich gerade durch ihre Kassierung transzendentaler Subjektivitäten auszeichnet. Das ‚Neue' findet *Tour of Duty* dabei auf doppelte Weise im ‚Alten': Die Serie remediatisiert mit *Platoon* nicht nur den Kinofilm für das Fernsehen, via *Platoon* rekurriert sie auch auf die historische TV-Berichterstattung über den Vietnamkrieg. Agile Handkameraarbeit mit desorientierenden Reißschwenks sowie diskontinuierliche Schnitteffekte durch Raum und Zeit imitieren jene ‚dokumentarische', aus der Not bedrohlicher Produktionsbedingungen entstandene Ästhetik, die den Vietnamkrieg ab den 1960er Jahren als ‚Augenzeugenbericht' beobachtend teilnehmender Journalisten quasi in Echtzeit in die Wohnzimmer der USA bringt. Dabei koinzidiert die Ästhetisierung des historischen Fernsehjournalismus mit einer veränderten diskursiven Position. Aus ihm resultiert eine tiefe Skepsis, die den einzelnen Soldaten als Opfer deutet, von einem sich der Feldhügelperspektive entziehenden Feind wie politischen Verfehlungen der eigenen Administration gleichermaßen. Auch für Darrell Y. Hamamoto halten mit *Tour of Duty* demnach sowohl die narrative Komplexität als auch die kritischen Realismuseffekte von *Platoon* erstmals in der Television ihren verspäteten Einzug: „*Tour of Duty* did little to glorify the war in that there were few overt examples of heroics or patriotic gore. Few of the men of the multiethnic Bra-

## 4.2 Tour of Duty (1987-1990)

vo Company appeared to be motivated by anything other than group survival. *Tour of Duty*, unlike earlier military action adventure programs [...] depicted war with a greater degree of complexity and realism. [T]he program also introduced a number of progressive elements, such as a better numerical representation of minority soldiers (who saw combat in disproportional numbers) and extended *probes* into the inner lives of Black and Latino characters" (1994, S. 141). Daniel Marcus schließt sich der positiven Evaluation ebenfalls an. Er begreift die Serie als wichtigen Beitrag zu einem geschichtskritischen Diskurs, der gegen die ideologische Schließung von gesellschaftlichen Wunden interveniert: „*Tour of Duty* also revisits the war to enrich understandings of its failure, to assert that the war entailed complications beyond the schematic views of hawks and doves" (2004, S. 101). Auf dem Feld der Television kennt die Serie mit ihrer Emphase alltäglicher Lebenserfahrung an der Front bis dato keinen Vergleich. *Tour of Duty* leitet eine neue Schule der TV-Kriegsserie ein, die mit vermeintlichen Gewissheiten bricht, ohne das Genre insgesamt zu dekonstruieren. Vielmehr wird das serielle Format der Television genutzt, um in komplexen Narrativen einen multiperspektivischen Zugriff auf das Sujet des Krieges zu lancieren.

In drei Staffeln und achtundfünfzig knapp einstündigen Episoden dramatisiert *Tour of Duty* die Erfahrungen einer ethnisch durchmischten Infanterieeinheit an der Dschungelfront im Jahre 1967. Befehligt von Lieutenant Goldman (Stephen Caffrey), einem bedachten jungen Offizier, und Sergeant Anderson (Terence Knox), einem erfahrenen Frontveteranen, wird das Platoon der Bravo Company immer wieder auf gefährliche Patrouillenmissionen geschickt, die es in zahlreiche Gefechte mit dem nordvietnamesischen Kriegsgegner verwickeln. Die erste Staffel der Serie zeigt das Platoon stationiert in der Basis „Firebase Ladybird", die den übrigen Truppenstützpunkten vorgelagert ist. Staffel Zwei erzählt, wie „Ladybird" vom Vietcong überrannt und die Bravo Company an eine neue Basis bei Saigon versetzt wird. Hinzu kommen ferner zwei weibliche Protagonistinnen, die Journalistin Devlin (Kim Delaney) und die Psychiaterin Seymour (Betsy Brantley). In der dritten Staffel wird das Platoon einer Spezialeinheit der US-Armee unterstellt, mit der es verdeckte Operationen in Kambodscha durchführt. Am Ende der Staffel nimmt die Serie sich Zeit für eine Darstellung des Lebens nach dem Krieg, als die Soldaten zurück nach Hause kehren. Im Zentrum der Narrative steht neben den aktionsbetonten Kampfsequenzen mithin die Interaktion der Figuren vor dem Hintergrund einer Ausnahmesituation. Carol Mendelsohn, Autorin und Produzentin von *Tour of Duty*, beschreibt ihr Konzept als einen Ansatz, der sich als ‚character driven' bezeichnen ließe: „I don't really care about guns. I don't care about the military moves per se, and I don't care to write 47 min of action" (zit. n. Bernstein 1990). Auch wenn es *Tour of Duty* mitnichten an Kampfsequenzen mangelt, in

Kontrast zu früheren Kriegsserien wie *The Rat Patrol* oder *Baa Baa Black Sheep* nimmt sie sich nachgerade kontemplativ aus. *Tour of Duty* ist durchgängig von einer pessimistischen Perspektive gekennzeichnet. Krieg erscheint als ein Zustand, der nicht gewonnen, nur überlebt werden kann. Das Überleben an der Front jedoch ist weder heroischer noch glücksstiftender Akt. Die programmatisch betitelte Folge „The Good, the Bad, and the Dead" (1987; Staffel 1, Episode 8) handelt so nicht nur vom bekannten Konflikt zwischen unfähigen Offizieren und ausgelieferten Infanteristen, sie betont auch die nivellierende Kraft des Krieges. Einerseits zieht er Differenzen zwischen Gut und Böse ein, andererseits lässt er den Tod als einzig mögliche Alternative zum Kreislauf von Gewalt und Gegengewalt erscheinen. Als am Ende der Episode mit dem ausgebrannten Sergeant Decker (Tim Thomerson als Gaststar) der ehemalige Mentor von Sergeant Anderson stirbt, hat auch Letzterer jeden Glauben an eine Sinnhaftigkeit des Krieges verloren. Er begreift Decker als Privilegierten, der den Wahnsinn nun überstanden hat. Dass der Tod jeden Soldaten zu jeder Sekunde treffen kann, macht *Tour of Duty* auch gegen die Gesetze nicht nur des Kriegs-Genres, sondern auch der Fernsehserie klar. So sterben in der Serie nicht nur Gastfiguren wie Decker, immer wieder werden auch etablierte Stammcharaktere getötet. In „Pushin' Too Hard" (1988; Staffel 1, Episode 12) etwa wird Captain Wallace (Kevin Conroy) erschossen, in „Under Siege" (1988; Staffel 1, Episode 14) ist es kurz darauf der Sanitäter Matsuda (Steve Akahoshi). In späteren Staffeln bleiben auch weibliche Figuren nicht verschont: „Doc Hoc" (1989; Staffel 3, Episode 2) zeigt, wie die Kriegsreporterin Devlin, zugleich Goldmans Geliebte, durch ein Sprengstoffattentat zu Tode kommt. *Tour of Duty* führt damit ein verstörendes Moment der Kontingenz ein, das die Zuschauer simultan auf generisch-televisuelle Konventionen verweist und im Bruch der Konvention für die Differenz zwischen Geschichte und Genre sensibilisiert.

Durch alle drei Staffeln hinweg wird *Tour of Duty* von einem revisionistischen Ansatz geleitet. Die Serie profitiert freilich von ihrer historischen Distanz gegenüber dem Sujet: „[A]udiences in the late 1980s know the unsuccessful outcome of the war for American forces", konstatiert Daniel Marcus, „so that optimists among the soldiers (usually officers) look particularly foolish" (2004, S. 101). *Tour of Duty* geht es um eine möglichst nüchterne Darstellung des Alltags im Dschungelkrieg, die auch vor den unangenehmen Wahrheiten des „bad war" nicht Halt macht. Bereits in der Pilotepisode „Tour of Duty" (1987) enttarnt Sergeant Anderson einen Ring von Drogenhändlern unter den südvietnamesischen Alliierten, die in der späteren Folge „Paradise Lost" (1988; Staffel 1, Episode 19) ebenfalls Heroin an GIs verkaufen. Noch expliziter ist die Praxis der Drogensucht unter US-Soldaten mit „Blood Brothers" (1988; Staffel 1, Episode 17) diskursiviert. Schon

 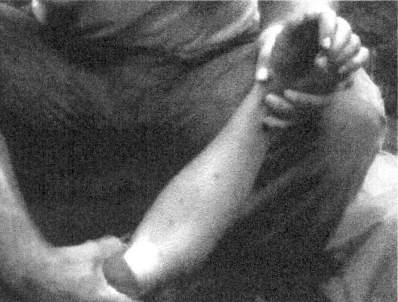

**Abb. 4.4** *Tour of Duty* © CBS

zu Beginn wird mit einer Deklaration operiert, in weißen Lettern über schwarzem Bildschirm: „By 1970 it is estimated that 10 to 15 % of all US troops serving in South Vietnam were addicted to heroin in one form or another". Fern davon, Drogensucht aus moralischer Perspektive zu verdammen, schildert die Episode den letalen Effekt des Heroinrauschs an der Front (Abb. 4.4). Dass die Drogen von US-Offizieren an ihre Soldaten weitergegeben werden, verleiht dem Problem seine besondere Brisanz. Vietnam wird von *Tour of Duty* so als ein infernalischer Drogenkrieg charakterisiert, in dem die GIs von ihren eigenen Vorgesetzten wie Verbündeten in die Sucht getrieben werden.

Ethnie, Klasse und Geschlecht der Soldaten sind in *Tour of Duty* ebenfalls offener Diskurs. Die Folge „Terms of Enlistment" (1989; Staffel 2, Episode 9) macht in diesem Sinne jenen heteronormativen Sexismus deutlich, der die Strukturen des US-Militärapparats prägt. Die Episode schildert das Schicksal eines homosexuellen GIs, der durch Erpressungsversuche seiner Kameraden in den Selbstmord getrieben werden soll. Verständnis findet er nicht bei den machistischen Soldaten, sondern nur bei der Psychiaterin Seymour, die ihn ohne Rücksicht auf ihre eigene Karriere verteidigt. „Terms of Enlistment" entwirft eine Perspektive auf die Außenseiter in der US-Armee, denen das Militär nie zur Heimat werden kann.

Mit „Burn, Baby, Burn" (1987; Staffel 1, Episode 6) wird auch der systematische Rassismus innerhalb der US-Armee transparent. Die Episode zeigt das US-Militär als Hort des Ku Klux Klans, dessen Mitglieder ihre afroamerikanischen Kameraden gezielt im gegnerischen Feuer aufreiben lassen. Am Ende kann ein Blutbad zwischen Afroamerikanern und Rassisten nur durch Einschreiten von Sergeant Anderson in letzter Sekunde verhindert werden. Den Konflikt langfristig beizulegen, das gelingt jedoch auch Anderson nicht. Nur durch die Versetzung eines afroamerikanischen Bürgerrechtsaktivisten kehrt vorübergehend Ruhe ein. Dass allerdings, wie Daniel Miller behauptet, „[o]rder and social harmony […] restored"

**Abb. 4.5** *Tour of Duty* © CBS

(1991, S. 174) seien, davon kann keine Rede sein. Die Episode schließt vielmehr bedeutungsschwanger mit dem Song „Bad Moon Rising" der Creedence Clearwater Revival, als der afroamerikanische Aktivist den Stützpunkt mit dem Helikopter verlässt, quasi aus den eigenen Reihen evakuiert werden muss (Abb. 4.5). Die US-Armee bleibt so über das Ende von „Burn, Baby, Burn" hinaus charakterisiert als Hort rassistischer Rednecks, denen jedes Mittel recht ist, ihre faschistoide Ideologie in die mörderische Tat umzusetzen. An Stelle von Ordnung und sozialer Harmonie herrschen Chaos und Hass.

Die Folge „Soldiers" (1988; Staffel 1, Episode 15) konfrontiert zwei Männer des Platoons mit dem zivilen Leben gegen Ende der 1960er Jahre, das untrennbar mit dem Krieg in Vietnam verbunden ist. Sie treffen sowohl auf erbitterte Antikriegsdemonstranten als auch auf verbitterte Vietnamveteranen, denen beiden das US-Militär zum Feind geworden ist. So wird ihnen klar, dass eine Rückkehr in ihr altes Leben unmöglich ist. Zum anderen machen die Begegnungen den GIs einsichtig, dass mitnichten ein gesellschaftlicher Konsens ihren Kampfeinsatz in Übersee legitimiert. Stattdessen führen sie einen Interessenskrieg zur Durchsetzung ökonomischer Macht.

## 4.2 Tour of Duty (1987-1990)

Diese größeren politischen Kontexte spart *Tour of Duty* nicht aus. In „Sealed with a Kiss" (1989; Staffel 2, Episode 14) ist offen auf verdeckte Operationen der CIA hingewiesen, die von offizieller Seite der US-Administration geleugnet werden. Weil Sergeant Anderson daran zweifelt, nach den Kriegserfahrungen jemals wieder in ein ziviles Leben zurückkehren zu können, fasst er eine Rolle als Söldner für den US-Geheimdienst ins Auge. Dort würde er im Rahmen von privatwirtschaftlich organisierten Militärunternehmen auf Tötungsmissionen gehen. Am Ende der Episode schließt Anderson diese Option aber aus. Sprichwörtlich dreht er dem Angebot eines CIA-Agenten den Rücken zu, ohne ihm noch einen Blick zu gönnen. In „Hard Stripe" (1989; Staffel 2, Episode 15) ist der Agent dann zurück, und das Platoon wird von ihm als Eskorte für dubiose Waffenlieferungen ausgenutzt. *Tour of Duty* leistet damit eine außergewöhnliche Diskursivierung auch der politisch-ökonomischen Kontexte des US-Engagements in Vietnam. „Sealed with a Kiss" oder „Hard Stripe" dimensionieren den Krieg als geleitet von US-Machtinteressen, die zur Not auch mit völkerrechtswidriger Gewalt durchgesetzt werden.

Die Haltung der Serie zum nordvietnamesischen ‚Feind' ist ebenso komplex. Nur auf einer vordergründigen Ebene werden etablierte Konventionen des Vietnamkriegs-Genres bedient. So finden sich zwar bekannte generische Ikonographien: von tödlichen Fallen, die der Vietcong auslegt, und auch Folter an US-amerikanischen Kriegsgefangenen wird dargestellt, beides zusammen etwa in der Folge „I Wish It Would Rain" (1989; Staffel 2, Episode 7). Dennoch konterkariert *Tour of Duty* diese tradierten Topoi durch eine differenzierte Darstellung der nordvietnamesischen Armee. Einseitige Dämonisierungen versucht die Serie zu vermeiden. Bereits in „Dislocations" (1987; Staffel 1, Episode 3) rettet ein Soldat des Vietcong das Leben von Sergeant Goldman. In „Gray-Brown Odyssey" (1988; Staffel 1, Episode 16) gerät ein GI zusammen mit einer Nordvietnamesin ins Kreuzfeuer zwischen US-Armee und Vietcong, nachdem er die Motive der Frau verstehen gelernt hat. Andererseits arbeitet die Serie auch Viktimisierungen des Vietcong auf. In „Sins of the Fathers" (1989; Staffel 2, Episode 13) wird eine vietnamesische Soldatin von GIs erschossen, in „Nowhere to Run" (1988; Staffel 1, Episode 10) ist es ein kleiner vietnamesischer Junge. Am weitesten geht jedoch die Folge „A Bodyguard of Lies" (1989; Staffel 3, Episode 5) in der Darstellung US-amerikanischer Kriegsverbrechen. Dort ereignet sich ein von US-GIs an vietnamesischen Zivilisten begangener Massenmord im fiktiven Dorf „Phu An", welcher gezielt Reminiszenzen an das historische Massaker von My Lai evoziert. Analog zum Dorf My Lai werden in Phu An hunderte von Zivilisten getötet, ohne dass die Öffentlichkeit zunächst davon erfährt. Das US-Militär versucht den Vorgang zu vertuschen, was in den auf „A Bodyguard of Lies" folgenden Episoden „A Necessary End" (1989; Staffel 3, Episode 6), „Cloud Nine" (1989; Staffel 3, Episode 7) und „Thanks for the Memories" (1989; Staffel 3, Episode 8) breiten Raum einnimmt. Erst wenn der afroamerikanische Colonel Brewster (Carl Weathers) sich gegen alle Widerstände führender Offiziere mit einem investigativen Journalisten in Verbindung setzt, kann eine amtliche Untersuchung des Massakers eingeleitet werden.

Die Rezeption von *Tour of Duty* ist durch Kontroversen gekennzeichnet. Dabei herrscht nicht nur Uneinigkeit unter restaurativen Kräften, ob die Serie nun auf ‚unpatriotische' Weise das Erbe der Nation befleckt oder nicht. Auch treffen differente ideologiekritische Konzepte aufeinander. Abermals kommt es zur Konfrontation von Geschichte und Genre. Daniel Miller etwa glaubt sich auf Seite von Ersterer und will streng zwischen Mythos und Historie differenzieren. Er würdigt zwar den Pluralismus der Perspektiven in der Serie, kritisiert aber ihre Arbeit mit Identifikationsfiguren. Er spielt die Genre-Logik von *Tour of Duty* gegen einen Geschichtsdeterminismus aus und stellt den US-Kriegsfilm per se in den Dienst dominanter Ideologie. Seine Conclusio ist daher harsch zugespitzt: „The process of memorializing and valorizing the war and veterans in traditional ways has progressive implications in that it rectifies past portrayals of deviance that damaged the legacy and visibility seeking social rights. But it has ultimately reactionary implications in that it denies history and politics, and redefines the war and warriors in traditional, glorifying ways [...]. That ideology has served to rehabilitate and legitimate the war" (1991, S. 185 ff.). Ideologiekritik wird so zu Bilderphobie, die vom Konkreten nicht ins Allgemeine zu abstrahieren bereit ist. Generisches erscheint ihr nicht als imaginärer Lösungsversuch soziokultureller Kontradiktionen, vielmehr wird es an einer putativen Faktizität des Historischen abgeurteilt. Demgegenüber stehen Lesarten, die das dem Genre immanente Moment der Personalisierung des Politischen ernst nehmen und gerade im narrativen Entfalten ein dissensuales Potential entdecken. Vertreter einer ‚ästhetischen Linken' legen in diesem Sinne den Fokus auf in Geschichten erzählte Geschichte und würdigen *Tour of Duty* als kaleidoskopische Narrativisierung von Kriegserfahrungen, die sich nach den Konventionen des Genres auf den Infanteriekampf zentrieren: „16jährige als Kanonenfutter; Heroin als letzte Hoffnung, die Grausamkeit des Dschungelkriegs zu vergessen; der Irrwitz, jene, die den Dienst an der Waffe verweigerten, einfach unbewaffnet als Sanis mit auf Patrouille zu schicken und sie so auf den ‚rechten' Weg zu drillen; GI, die aus amerikanischen Hubschraubern heraus, also durch ‚friendly fire', abgeknallt wurden, weil die Bordschützen frisch aus den Ausbildungscamps in den Staaten mangels besserer Organisation direkt zum Einsatz befohlen wurden und in ihrer Unerfahrenheit auf alles schossen, was sich da unten bewegte; die Unfähigkeit der Dschungelkrieg-Profis beim Überleben zu Hause in Florida; nichts, was zeigt, wie schmutzig dieser Krieg war, wurde ausgelassen. Auch nicht das Massa-

## 4.2 Tour of Duty (1987–1990)

ker von ‚My Lai' – Inbegriff der Mordlust gegenüber vietnamesischen Zivilisten, wurde hier nachgespielt, nur daß sich der verantwortliche Lieutnant [sic!] im Film nach dem Urteil des Militärsgerichts die Kugel gab" (Forster 1992). Die kontroverse Debatte um *Tour of Duty* verdeutlicht das in der Serie sedimentierte Potential an textueller Polyphonie. Sie ließe sich damit wahlweise als opportunistisch oder als kritisch lesen. Ihre Weigerung, eindeutig Position zu beziehen, könnte als konsensuelle Strategie ebenso gelten wie auch als Dekonstruktion vermeintlicher ideologischer Gewissheiten. Die politische Ambivalenz der Serie wäre dann sowohl aus Perspektive einer Erfüllung wie einer Unterwanderung dichotomischer Zuschreibungen lesbar.

Daneben stellt die ‚Offenheit' der Serie aber auch Fragen nach der historischen Bedeutung von *Tour of Duty*: nicht nur als Erzählung von Geschichte(n), sondern auch als Erzählung in der Geschichte. Bei allen generischen Versatzstücken ließe die Serie sich so als Instanz eines kulturellen Tabubruchs auf dem Feld der Medien lesen. Nicht nur wird mit dem Vietnamkrieg ein tabuiertes Thema erstmals im Rahmen einer Fernsehserie verhandelt, nicht nur geschieht dies zur Sendezeit der Prime-Time auf einem Major-Network, auch situiert die Serie sich keineswegs affirmativ gegenüber dominanten Diskursen der Reagan-Administration, die bei Sendestart von *Tour of Duty* anno 1987 noch zwei Jahre im Amt sich befinden wird. Die sich an diesem Punkt ergebende Verbindung zwischen Trauma und Tabu scheint mir zentral für die soziokulturelle Signifikanz der Serie zu sein. Sie vermag Aufschluss über Produktion und Rezeption von *Tour of Duty* zu geben, indem sie Antworten auf die Frage nach den Kontroversen um die Serie findet. Erst eine Skizzierung des Zusammenspiels von traumatischer Erfahrung und tabubrechender Praxis lässt so eine substantielle kulturelle Einordnung von *Tour of Duty* zu. Insbesondere eine psychoanalytische Lektüre kann hier dem Verständnis dienlich sein. Bereits bei Sigmund Freud wird bekanntlich ein enger Zusammenhang zwischen Trauma und Tabu postuliert. Für Freud meint Trauma eine Erfahrung, die den Reizschutz des Subjekts transgrediert und damit seine psychischen Verarbeitungsmöglichkeiten überfordert: Es ist „ein Erlebnis, welches dem Seelenleben innerhalb kurzer Zeit einen so starken Reizzuwachs bringt, daß die Erledigung oder Aufarbeitung derselben in normal-gewohnter Weise mißglückt, woraus dauernde Störungen im Energiebetrieb resultieren" (1991, S. 264). Mit dem Trauma kommt es zur Destruktion der psychischen Abwehrökonomie des Subjekts durch Reizüberflutung. Freud geht davon aus, dass in der durch das Trauma evozierten Neurose die traumatische Erfahrung durch eine Wiederholungsstruktur verarbeitet und assimiliert wird. Rationalisierung lässt sich in diesem Sinne auch als Narrativisierung lesen. Der sinnstiftende Versuch einer nachträglichen Lösung der übermäßigen Erregung wird durch die Konversion von Passivität zu Aktivität ermöglicht. Dadurch kann das Trauma schließlich in der Psyche des Subjekts zur Repräsentation finden. Diesen „positiven" Effekten des Traumas gegenüber situiert Freud jedoch auch „negative" Wirkungen. Letztere versuchen gerade nicht die traumatische Erfahrung erneut zur Geltung zu bringen: „Die negativen Reaktionen verfolgen das entgegengesetzte Ziel, daß von den vergessenen Traumen nichts erinnert und nichts wiederholt werden soll. Wir können sie als *Abwehrreaktionen* zusammenfassen. Ihr Hauptausdruck sind die sog. *Vermeidungen*, die sich zu *Hemmungen* und *Phobien* steigern können. Auch diese negativen Reaktionen leisten die stärksten Beiträge zur Prägung des Charakters; im Grunde sind sie ebenso Fixierungen an das Trauma wie ihre Gegner, nur sind es Fixierungen mit entgegengesetzter Tendenz. Die Symptome der Neurose im engeren Sinne sind Kompromißbildungen, zu denen beiderlei von den Traumen ausgehende Strebungen zusammentreten, so daß bald der Anteil der einen, bald der anderen Richtung in ihnen überwiegenden Ausdruck findet. Durch diesen Gegensatz der Reaktionen werden Konflikte hergestellt, die regulärer Weise zu keinem Abschluß kommen können" (1979, S. 39). Die von Freud skizzierten Effekte sind von Latenz gezeichnet. Sie treten nicht unmittelbar auf, sondern zeichnen sich durch temporale Suspendierungen aus. Traumatische Neurosen manifestieren sich nachträglich. Im Falle von *Tour of Duty* kommen beide traumatischen Wirkungen zusammen. Während der Wiederholungszwang sich in der ab *Platoon* zu konstatierenden Flut von medienkulturellen Narrativen zum Vietnamkrieg und nicht zuletzt freilich in der seriellen Struktur von *Tour of Duty* selbst seinen Ausdruck findet, ist gerade die Latenzzeit zwischen dem Ende des Krieges und dem Auftauchen der ersten Narrative durch vermeidende Hemmungen bestimmt. Entscheidend dabei sind auch die von Freud spezifizierten Phänomene der Nachträglichkeit und Retroaktivität. So schreibt Freud dem Trauma eine nonkausale Logik der Zeit zu, die paradoxerweise von der Wirkung auf die Ursache schließen lässt. Das aktuelle traumatische Ereignis wirkt in seiner virtuellen Latenz fort, braucht aber eine Aktualität des Virtuellen, um in einer Gegenwart lesbar zu werden, über die wiederum das Vergangene bestimmt ist. Jean Laplanche hat aus dieser Perspektive in seiner Freud-Lektüre von einem traumatischen Signifikanten des Anderen gesprochen, der als rätselhafte Botschaft sinnfällig wird: „Even if we concentrate all our attention on the retroactive temporal direction, in the sense that someone reinterprets their past, this past cannot be a purely factual one, an uncompressed or raw ‚given'. It contains rather in an immanent fashion something that comes before – a message from the other. It is impossible therefore to put forward a purely hermeneutic position on this – that is to say, that everyone interprets their past according to their present – because the past already has something deposited in it that demands to be deciphered, which is the message of the other person" (1999, S. 265). Dieser Signifikant des Anderen verlangt nach einer

## 4.2 Tour of Duty (1987–1990)

retroaktiven Lektüre der Vergangenheit über die Bedingungen des Gegenwärtigen. Das Vergangene gibt sich dabei als die Gegenwart implizierende Determinante zu erkennen, deren Postulat aber gerade keine Sicherheiten garantiert. Die Zustellung der Botschaft an den Empfänger bleibt stets Irritationsmomenten unterworfen, die auf dem Weg ein Potential an semantischen Verwirrungen durchläuft. Erst so wird verständlich, wie *Tour of Duty* den historischen Referenten des Vietnamkrieges weder als Faktensignifikanten fetischisiert noch ihn im generischen Zeichenspiel liquidiert. Stattdessen fließen Geschichte und Genre ineinander, ohne dabei hierarchische Relationen auszubilden. Auf diese Weise überlagern sich Aktualitäten und Virtualitäten in einer genuin traumatischen Logik, die Faktisches und Spektrales zusammenfallen lässt.

Die aufschiebende Nachträglichkeit, von der Freud spricht, lässt sich in Relation zu seiner Konzeption des Tabus setzen und damit auch die besondere soziokulturelle Bedeutung von *Tour of Duty* auf konstruktive Weise explizieren. Das Tabu wäre mit Freud als ein Prohibitiv zu werten, das strikte Grenzen markiert, indem es religiöse und moralische, d. h. diskursive Diktate erlässt. Tabus sind nach Freud soziokulturell verankert und reglementieren die Koexistenz von Menschen im öffentlichen Raum. Sie bestimmen Schranken des Erlaubten, innerhalb derer ein kollektiver Diskurs sich ereignet. Obwohl das Tabu aleatorisch konstruiert wird und einer grundlegenden kulturellen Relativität unterliegt, wirkt es in bemerkenswerter Permanenz, bleibt also über große historische Perioden konstant.[1] Für Freud haben Tabus sich aus der unbewussten Neigung zum kulturell Verbotenen herausgebildet und besitzen daher eine starke Verbindung zur Zwangsneurose, wie sie auch durch die Rückkehr des Verdrängten im Falle der traumatischen Störung auftritt. Zwischen beiden Phänomenen, dem Tabuverbot und der Traumaneurose lassen sich Gemeinsamkeiten in vier Punkten lokalisieren: „1.) In der Unmotiviertheit der Gebote, 2.) in ihrer Befestigung durch eine innere Nötigung, 3.) in ihrer Verschiebbarkeit und in der Ansteckungsgefahr durch das Verbotene, 4.) in der Verursachung von zeremoniösen Handlungen, Geboten, die von den Verboten ausgehen" (1956, S. 36). Während die Imperative des Tabus bei Freud nicht rational begründet sind (1), motivieren sie wiederum den inneren Zwang, das Tabu zu achten (2). Diese

---

[1] „Das Tabu ist ein uraltes Verbot", konstatiert Freud, „von außen (von einer Autorität) aufgedrängt und gegen die stärksten Gelüste der Menschen gerichtet. Die Lust, es zu übertreten, besteht in deren Unbewußten fort; die Menschen, die dem Tabu gehorchen, haben eine ambivalente Einstellung gegen das vom Tabu Betroffene. Die dem Tabu zugeschriebene Zauberkraft führt sich auf die Fähigkeit zurück, die Menschen in Versuchung zu führen; sie benimmt sich wie eine Ansteckung, weil das Beispiel ansteckend ist und weil das Verbotene Gelüste im Unbewussten auf anderes verschiebt. Die Sühne der Übertretung des Tabu durch einen Verzicht erweist, dass der Befolgung des Tabu ein Verzicht zugrunde liegt" (1956, S. 42 f.).

psychische Nötigung wirkt nicht nur ex negativo, sie gibt durch ihre prohibitive Basis ebenfalls Verhaltensmuster vor, die besonders auch in der ästhetischen Praxis einzuhalten sind (3). Kommt es zur Transgression des kulturell Erlaubten, ist der Transgressor selbst tabuiert, und mit ihm jede weitere Person, die sich an ihm infiziert (4). Freud geht hier von mimetischen Impulsen des Tabubruchs aus: „Der Mensch, der ein Tabu übertreten hat", konstatiert er, „wird selbst tabu, weil er die gefährliche Eignung hat, andere zu versuchen, daß sie seinem Beispiel folgen. Er erweckt Neid; warum sollte ihm gestattet sein, was anderen verboten ist? Er ist also wirklich ansteckend, insofern jedes Beispiel zur Nachahmung ansteckt, und darum muß er selbst gemieden werden" (1956, S. 40). Wer Tabus bricht, wird in diesem Modell von der Gesellschaft ausgegrenzt. Im Falle von *Tour of Duty* scheint sich ein solcher Prozess vollzogen zu haben, wobei die Stigmatisierung sich weniger auf den Sender CBS als vielmehr die Serie selbst richtet. Auch wenn *Tour of Duty* über drei Staffeln hinweg produziert wird, zählt sie zu den Titeln mit geringer Einschaltquote. Ihre „low ratings" werden von Robert J. Thompson auf den putativen Qualitätsanspruch der Serie zurückgeführt (1997, S. 141), jedoch nicht genügend in ihrer tabubrechenden Funktion analysiert. Sicherlich trifft zu, dass *Tour of Duty* gegen *The Bill Cosby Show* (1982–1992) oder später *The Golden Girls* (1985–1992) auf NCB antritt und damit ebenso populäre wie digestible Konkurrenz besitzt. Doch nicht nur die Quantität potentieller Zuschauer, auch die medienästhetische Qualität des Medieninhaltes will berücksichtigt sein. Konsensuelle Serien wie *The Bill Cosby Show* oder *The Golden Girls* spalten nicht, sie versöhnen. *Tour of Duty* hingegen wird zum Streitfall, der das Publikum nicht mit sich identisch werden lässt. Bis heute ist keine weitere Vietnamkriegserie mehr produziert worden.

Gedacht mit Freud, droht auch auf einer peripheren Ebene der Auseinandersetzung mit dem Tabu bereits eine hohe Stigmatisierungsgefahr, denn sie kann Selbstverständlichkeiten in Zweifel ziehen. Fragen nach Berechtigung oder Begründung müssen dabei nicht zum Tabubruch animieren, ebenso wenig wie der Tabubruch selbst notwendigerweise mimetisches Verhalten evoziert (was Freud mit seiner Nachahmungsthese insinuiert). Entscheidend ist jedoch, dass in beiden Fällen eine Überschreitung des Tabus als Option zur Diskursivierung gebracht wird und auf diese Weise negative Zuschreibungsprozesse initiiert. Damit wären Theorie und Praxis des Tabubruchs als deviante Aktionen zu sehen, die sich in Opposition zur tabusetzenden Macht situieren. Durch seine Konzentration auf das zwanghafte, mitunter traumatische Moment neurotischer Handlungen vernachlässigt Freud eine nähere Beschäftigung sowohl mit der verbietenden Instanz als auch der sozialen Kontextualisierung tabuierter Felder. Wichtig aber bleibt seine Betonung des Tabus als Urkonflikt von Subjektivität, der eine binäre Struktur aufweist. So steht auf der einen Seite das Begehren des Subjekts nach einem Objekt auf der anderen

Seite, das ihm verboten ist und dadurch auch die subjektive Begierde nach dem erwünschten Objekt untersagt. Die Tabuierung konstituiert damit einen Mangel, der dem Subjekt verordnet wird, um es zu disziplinieren. Denn da Begehren ohne Mangel nicht existieren kann, käme die Aufhebung des Mangels einer Destruktion des Objekts der Begierde gleich. Wo Freud aus der strukturellen Opposition von Angst/Lust seine Definition neurotischer Pathologie ableitet, bleibt so auf einer generelleren Ebene das gesellschaftskonstituierende diskursive Moment des Tabus zu apostrophieren. In der (post)bürgerlichen Gesellschaft fungiert das Tabu als ein Stabilisator dominanter Macht, das bestehende Herrschaftsverhältnisse stützt, indem es etablierte Moralkodexe und politische Ideologeme unantastbar macht. Die Festlegung von Verboten und Geboten stiftet einen normativen Rahmen, der den legitimen Handlungsraum der sozialen Subjekte absteckt. Im Gegenzug konstituieren die Projektionen des Subjekts ein tabuiertes Feld, das als potentieller Ort tabubrechender Praktiken fungieren kann. Dieser Raum wäre vor allem als ein medialer zu bestimmen, auf dem Verbotenes zugelassen ist, um stellvertretend ausagiert zu werden. Mit Freud reflektieren und reproduzieren Medien aber nicht nur die in der Gesellschaft aktivierten Tabus, sie könnten Tabus auch selbst modifizieren durch ihre Eigenschaft als symbolische Systeme. Die virtuelle Tabuverletzung würde deshalb immer auch ein Aktualisierungspotential für den sozialen Handlungsraum des Subjekts bergen. Aus dieser Perspektive wäre *Tour of Duty* durchaus ein ‚subversives' Moment zu attestieren, weil die Serie generische, vor allem aber auch medienkulturelle Konventionen einer Perspektivisierung von Krieg in Frage stellt und damit die Möglichkeit einer Veränderung des Bestehenden (ästhetisch wie sozial) artikuliert. Was nicht ist, das könnte sein.

Vielleicht aber liegt die eigentliche Provokation von *Tour of Duty* gar nicht so sehr im Aufzeigen von Kriegsgräuel, Kriegsverbrechen und Kriegsideologien. Möglicherweise manifestiert sie sich in der Tatsache, dass die Serie den Krieg in Vietnam ernst nimmt in seiner Qualität als Rock'n'Roll War. Schrecken und Ekstase sind hier ebenso unauflöslich miteinander verschränkt wie Eros und Thanatos. Mit Thomas Elsaesser wäre *Tour of Duty* so Teil eines Mediengedächtnisses, das „vor allem durch Fehlleistungen funktioniert, durch verbal-bildliche Versprecher", die „eine Wahrheit freisetzen, die sich anders wohl nicht manifestieren könnte" (2006, S. 32). Für Elsaesser bedeutet das nun nicht, eine historische Lücke durch konsensuelle Fiktionen zu schließen, vielmehr beharrt er auf dem produktiven Moment der Fehlleistung, das unangemessen, anstößig, ja obszön wirkt.[2] Den Vi-

---

[2] Entsprechend geißelt etwa ein orthodoxer Ideologiekritiker wie David E. James die Serie und ihren Rekurs auf „sixties rock" als „constructed according to the codes of television genres, to which nostalgia and other pleasures of the music are entirely [...] assimilated" (1990b, S. 96). Was es mit diesen anderen Gratifikationen auf sich hat, bleibt bezeichnenderweise im Dunkeln.

etnamkrieg als Rock'n'Roll-Krieg aus- und durchzuspielen, darin scheint die tatsächliche tabubrechende Fehlleistung von *Tour of Duty* zu liegen. Titelsong der Serie ist „Paint It Black" von den Rolling Stones, das zu Beginn jeder Episode die Credits begleitet und am Ende nochmals in einer Instrumentalversion wiederkehrt.[3] Daneben werden in den Episoden selbst kontinuierlich Songs der 1960er und frühen 1970er Jahre gespielt: von Jimi Hendrix bis zu Sly & The Family Stone, von Marvin Gaye bis zu Aretha Franklin, von James Brown bis zu Bob Dylan, von Cream bis zu Steppenwolf, von Deep Purple bis zu Black Sabbath. Auch sind Episoden nach Titeln von Rock'n'Roll-Songs benannt: „Roadrunner" (1988; Staffel 1, Episode 11), „Pushin' Too Hard" (1988; Staffel 1, Episode 12), „For What It's Worth" (1989; Staffel 2, Episode 3), „Promised Land" (1989; Staffel 2, Episode 11) oder „Sealed with a Kiss" (1989; Staffel 2, Episode 14). Oft scheint es, als würden die Bilder eher die Songs illustrieren als umgekehrt. Mittels hochfrequenter Montage sind sie aneinandergereiht im Rhythmus des Rock. *Tour of Duty* verbindet den Rock'n'Roll-Soundtrack zum einen mit visuellen Attraktionen des Kampfgeschehens. Zum anderen entsteht auch in der rasanten Kollision differenter Einstellungsgrößen ein ekstatischer Bilder-Sog, der in Verbindung mit dem Rock'n'Roll auf der Tonspur als dynamische Abfolge synästhetischer Reize ebenso beschrieben werden kann wie als physischer Schock für das Publikum. *Tour of Duty* ist die Kriegsserie als Videoclip. Aus poststrukturalistischer Perspektive stellt die Serie dadurch eine Sinn-Frage anderer Ordnung als im ideologiekritischen Diskurs verhandelt. *Tour of Duty* scheint es, gesprochen mit Gilles Deleuze und Félix Guattari, um eine Bildung von Konsistenzebenen zu gehen, d. h. sie will Linien von Intensitäten bündeln, die sich im sozialen, aber auch ästhetischen Raum bewegen. Für Deleuze und Guttari existiert bekanntlich „ebensowenig eine Struktur wie eine Genese". Sie glauben allein an „Verhältnisse von Bewegung und Ruhe, von Schnelligkeit und Langsamkeit, [...] nur Diesheiten, Affekte, Individuationen ohne Subjekt, die kollektive Gefüge bilden" (2002, S. 362). Deshalb ist das ästhetische Ziel von Deleuze und Guattari eine Mobilisierung der Gefüge und flottierenden Mehrwerte der Zeichen, ein Nomadisieren auf den Kompositionsebenen, ein permanentes In-Bewegung-Bleiben. Eben diese Fokussierung von nicht zielgerichteten Intensitäten scheint sich auch im akustischen wie visuellen Rock'n'Roll von *Tour of Duty* zu zeigen. Es ist diese Strategie eines ekstatischen Signifikanten, mit der die Serie womöglich stärker Dissens schafft als ihrer Genrefizierung von

---

[3] Der Song kommt später prominent auch im Abspann von Stanley Kubricks *Full Metal Jacket* (1987) zur Geltung. Siehe hier den Essay von Douglas Reitinger (1992) zu Kubricks Film und dessen Musikeinsatz.

## 4.2 Tour of Duty (1987–1990)

Geschichte, so ‚kritisch' jene auch wäre. *Tour of Duty* als televisueller Rock'n'Roll leistet eine selbstreferentielle Kanalisierung von Affekten, die gegen jede diskursive Vereinnahmung opponiert. Bilder, Töne und ihre Konnexionen sind hier nicht mehr erkenntnisstiftend und/oder explizierend eingesetzt, sie können stattdessen vielmehr, wie Jean-François Lyotard nahe bei Deleuze und Guattari formuliert, „untrennbar davon einzigartige und ziellose Intensitäten in Exodusbewegung sein" (1984, S. 82). Die Serie tendiert dazu, autosignifizierend zu operieren, d. h. auf eine Signifikantenkette ohne Signifikant oder besser: einer Leerstelle *als* Signifikat zu setzen. Diese Leerstelle bedeutet sich selbst oder andere Leerstellen und bleibt dabei in permanentem Fluss begriffen. „Sinn gibt es", so Roland Barthes' berühmter Aphorismus, „doch dieser Sinn lässt sich nicht ‚erfassen'; er bleibt fließend, in einem leichten Sieden erbebend" (1976, S. 107). Jene Negativität des Sinns liegt jedem Verstehen zu Grunde, *Tour of Duty* jedoch emphasiert das Prinzip als televisuelle Strategie. Der Serie scheint es zu tun um jene Poesie des Rauschens, die auch Jacques Derrida chiastisch als Rausch der Poesie fasst: „Das Poetische oder Ekstatische ist dasjenige, was *in jedem Diskurs* dem absoluten Verlust seines Sinns, dem Un-Grund des Heiligen, des Nicht-Sinns, des Un-Wissens oder des Spiels, und dem Wissensverlust sich erschließen kann, aus denen er mit Hilfe eines Würfelwurfs erwacht" (1976, S. 395). In diesem Sinne verfolgt *Tour of Duty* eine Strategie ästhetischer Negativität, die weder referentiell noch repräsentativ arbeitet, sondern vielmehr in der Betonung des Materials selbst ihr Telos findet. Als mediale Vermittlungsinstanz produziert ihre televisuelle Rock'n'Roll-Ästhetik einen irreduziblen Eigenwert, der vor und jenseits aller Symbolisierung sich zur Erscheinung bringt. Ihre Ästhetik ist somit weniger bezogen auf prozessuale Kommunikation von Inhalten, vielmehr tritt ihre punktuelle Ereignishaftigkeit als performativer Akt ins Zentrum. Ein nicht fixierbares Rauschen der Bilder und Klänge entsteht, das allen Sinn säuseln lässt: „Das Rauschen ist das Geräusch des gut Laufenden. Daraus folgt dieses Paradox: das Rauschen denotiert ein Grenzgeräusch, ein unmögliches Geräusch des perfekt funktionierenden Geräuschlosen; rauschen heißt, die Verflüchtigung des Geräuschs zu Gehör bringen: das Dünne, Verschwommene, Summende werden als die Zeichen einer Lautaufhebung rezipiert" (Barthes 2005, S. 89). Im Rauschen entfalten sich die materiellen Signifikanten, ohne einem Zwang zum Signifikat zu unterliegen. Ihre Inkommensurabilität und Opazität zerschlägt jede diskursive Kohärenz. Sie bringt das leere Bedeuten zur Geltung, mithin die Bedeutung *von* Leere. Der televisuelle Rock'n'Roll als Rauschen des Sinns konstituiert in *Tour of Duty* jenseits diskursiver Kommunikation einen amorphen Raum perzeptiver Attraktionen. Mit ihrer vorbegrifflichen, d. h.

präödipal organisierten Ästhetik erhebt sie die Performanz ihrer Audiovision selbst zum Zentrum der Bild-Ton-Ketten. Eben dort sind Trauma und Tabu lokalisiert. Mit dem Begriffspaar von Trauma und Tabu lässt sich der Diskurs des Vietnamkrieges auf dem Feld der Television theoretisch wie analytisch fassen. Zum ersten Mal im Rahmen einer Fernsehserie wird der Vietnamkrieg Mitte der 1960er Jahre in *The Lieutenant* thematisch, dort noch ein kontemporäres Tabu und sehr vorsichtig diskursiviert. Die Serie lässt folglich keinen Zweifel an einer Notwendigkeit des US-Engagements in Vietnam aufkommen, dennoch kehren aber die bereits aus früheren Serien wie *Combat!* bekannten Ambivalenzen des Genres zurück. Ist es in *The Lieutenant* zunächst die Titelfigur, deren Vietnamtrauma dem Publikum zur Anschauung kommt, evolviert der Krieg in Vietnam rasch zum Ort einer umfassenden nationalen Traumatisierung. Vietnam wird zum Inbegriff eines unpopulären „bad war", den die US-Gesellschaft – nicht zuletzt aufgrund einer massiven Medienberichterstattung über Kriegsverbrechen der eigenen Armee – nicht akzeptieren lernen kann. Sind es zunächst Bilder von TV-Nachrichtensendungen, die den Krieg in Vietnam der US-Bevölkerung präsentieren, scheint sich eine Darstellung des Krieges im narrativen Rahmen eines Unterhaltungsformats wie der Fernsehserie zu verbieten. Erst gegen Ende der 1980er Jahre, inspiriert vom Erfolg des umstrittenen Kinofilms *Platoon*, kommt es mit der Produktion *Tour of Duty* zu einer TV-Serie, die das Trauma von Vietnam explizit zu ihrem zentralen Sujet macht. Ihr kultureller Tabubruch manifestiert sich damit bereits auf Ebene des Dargestellten, wird jedoch durch die Darstellung selbst noch einmal in seiner Signifikanz potenziert. *Tour of Duty* liest den Vietnamkrieg dezidiert als audiovisuelle Formation eines Rock'n'Roll War, die sich im Sinne einer produktiven „Fehlleistung" (Thomas Elsaesser) an der Generierung von ekstatischen Intensitäten abarbeitet. Letztere überbrücken in ihrer Oberflächenästhetik die mit dem Vietnamkrieg einhergehenden soziokulturellen Verschiebungen: Stellt der Zweite Weltkrieg den letzten großen Staatenkrieg des Zwanzigsten Jahrhunderts dar, so spielen die Monopolisierung kriegerischer Gewalt, die Professionalisierung militärischer Apparate und die Symmetrisierung kriegerischer Akteure im Vietnamkrieg keine Rolle mehr. Ersetzt werden sie durch profitable Kriegsökonomien, systematische Desavouierung der Menschenrechte und asymmetrische Kriegsführung, die zwangsläufig einen neuen Diskurs der TV-Kriegsserie implizieren. Eben jenem wird das folgende Kapitel nachgehen, das mit den Konflikten im Nahen Osten und den sog. Neuen Kriegen eine Kontinuität zu Vietnam herstellen, aber auch auf gänzlich veränderte Bedingungen von Gesellschaft und Medienkultur reagieren muss.

# Literatur

Adams, Michael C.C. 1998. The good war myth and the cult of nostalgia. *The Midwest Quarterly* 40 (1): 59–74.
Barthes, Roland. 1976. *Über mich selbst*. München: Matthes & Seitz.
Barthes, Roland. 2005. *Das Rauschen der Sprache*. Frankfurt a. M.: Suhrkamp.
Berg, Rick. 1990. Losing vietnam: Covering the war in an age of technology. In *From Hanoi to Hollywood: The Vietnam War in American film*, Hrsg. Linda Dittmar und Gene Michaud, 41–68. New Brunswick: Rutgers University Press.
Bernstein, Sharon. 1990. The women of TV's Vietnam. *The L.A. Times* 18. Februar.
Deleuze, Gilles und Félix Guattari. 2002. *Tausend Plateaus: Kapitalismus und Schizophrenie*. Berlin: Merve.
Derrida, Jacques. 1976. *Die Schrift und die Differenz*. Frankfurt a. M.: Suhrkamp.
Doherty, Thomas. 1999. *Projections of war: Hollywood, American culture and World War II*. New York: Columbia University Press.
Elsaesser, Thomas. 2006. Geschichte(n) und Gedächtnis: Zur Poetik der Fehlleistungen im Mainstreamkino am Beispiel von *Forrest Gump*. In *Experiment Mainstream? Differenz und Uniformierung im populären Kino*, Hrsg. Irmbert Schenk, et al., 31–42. Berlin: Bertz & Fischer.
Elsaesser, Thomas. 2007. *Terror und Trauma: Zur Gewalt des Vergangenen in der BRD*. Berlin: Kadmos.
Forster, Karl. 1992. Angeklagt: Amerika. *Süddeutsche Zeitung* 13. März.
Freud, Sigmund. 1956. *Totem und Tabu*. Frankfurt a. M.: Fischer.
Freud, Sigmund. 1979. *Der Mann Moses und die monotheistische Religion*. Frankfurt a. M.: Suhrkamp.
Freud, Sigmund. 1991. *Vorlesung zur Einführung in die Psychoanalyse*. Frankfurt a. M.: Fischer.
Greiner, Bernd. 2007. *Krieg ohne Fronten: Die USA in Vietnam*. Hamburg: Hamburger Edition.
Hamamoto, Darrell Y. 1994. *Monitored peril: Asian Americans and the politics of TV representation*. Minneapolis: University of Minnesota Press.
James, David E. 1990a. Documenting the Vietnam war. In *From Hanoi to Hollywood: The Vietnam war in American film*, Hrsg. Linda Dittmar und Gene Michaud, 239–254. New Brunswick: Rutgers University Press.
James, David E. 1990b. Rock and roll in representations of the invasion of Vietnam. *Representations* 29 (1): 78–98.
Jeffords, Susan. 1990. Reproducing fathers: Gender and the Vietnam War in U.S. culture. In *From Hanoi to Hollywood: The Vietnam war in American film*, Hrsg. Linda Dittmar und Gene Michaud, 203–216. New Brunswick: Rutgers University Press.
Kellner, Douglas. 2003. *Media culture: Cultural studies, identity and politics between the modern and the postmodern*. London: Routledge.
Laplanche, Jean. 1999. *Essays on otherness*. London: Routledge.
Lyotard, Jean-François. 1984. *Ökonomie des Wunsches*. Bremen: Impuls Verlag.
Marcus, Daniel. 2004. *Happy days and wonder years: The '50s and the '60s in contemporary cultural politics*. New Brunswick: Rutgers University Press.
McWilliams, John C. 2000. *The 1960s cultural revolution*. Westport: Greenwood Press.

Miller, Daniel. 1991. Primetime television's tour of duty. In *Inventing Vietnam: The war in film and television*, Hrsg. Michael Anderegg, 166–189. Philadelphia: Temple University Press.
Moss, George Donelson. 2002. *Vietnam: An American ordeal*. New York: Prentice Hall.
Mundey, Lisa M. 2012. *American militarism and anti-militarism in popular media, 1945–1970*. Jefferson: McFarland.
O'Connor, John. 1987. Tour of duty in Vietnam. *The New York Times* 24. September.
Reitinger, Douglas W. 1992. Paint it black: Rock music and Vietnam war film. *Journal of American Culture* 15 (3): 53–59.
Thompson, Robert J. 1997. *Television's Second Golden Age: From Hill Street Blues to ER*. Syracuse: Syracuse University Press.
Virilio, Paul. 1997. *Krieg und Fernsehen*. Frankfurt a. M.: Fischer.

# Entgrenzung und Eindämmung 5

Nach ihrer Einstellung anno 1990 bleibt *Tour of Duty* für fünfzehn Jahre die letzte Kriegsserie im Fernsehen. Als die TV-Serie zu Ende geht, liegt der Vietnamkrieg seinerseits fünfzehn Jahre zurück, die USA aber befinden sich bereits in einem neuen Kriegseinsatz. Der als Golfkrieg (1990–1991) bekannte Einsatz markiert die erste militärische Großintervention der Vereinigten Staaten im Nahen Osten, folgend auf eine eingeschränkte Operation im Libanon (1982–1984). Während dieser Krieg durch journalistische TV-Berichterstattung einen sich nicht zuletzt im Fernsehen ereignenden Medienkrieg darstellt, bleiben TV-Serien zum Golfkrieg aus. Dafür verantwortlich scheinen nicht nur restriktive Zensurmaßnahmen des US-Militärs, sperrt sich doch insbesondere auch der Kriegsverlauf mit seiner dem strategischen Luftkampf untergeordneten Bodenkriegsführung gegen eine Darstellung in Konventionen des Combat Movie respektive der Kriegsserie.

Erst mit den US-Interventionen in Afghanistan (2001) und Irak (2003) nach den Terroranschlägen von 9/11 und dem proklamierten „War on Terror" entstehen neue Potentiale, kriegerische Auseinandersetzungen im Rahmen generischer Konventionen zu bearbeiten. Dabei sind bei allen Differenzen im Detail zunächst auffällige Parallelen zwischen dem US-Einsatz in Vietnam und den Interventionen des War on Terror zu konstatieren. Analog zum Vietnamkrieg sind die Kriege in Afghanistan und Irak durch asymmetrische Kräfteverhältnisse bestimmt. Wo der klassische Staatenkrieg noch durch die Konfrontation zweier gleichartiger, nicht aber: gleichstarker Gegner auf einem klar definierten Schlachtfeld charakterisiert ist, gelten für Vietnam wie den War on Terror andere Rahmenbedingungen. Als obsolet erweist sich das Aufeinandertreffen gegnerischer Armeen, die sowohl in der Art ihrer Rüstungsmaschine als auch in der Qualität ihrer Soldatenausbildung und

Soldatenrekrutierung ähnliche Eigenschaften aufweisen. Auch besteht in asymmetrischen Kriegen das Telos der Auseinandersetzung nicht mehr im Evozieren einer rasch herbeigeführten Entscheidung durch strategische Konzentration der Kräfte, um den Gegner auf dem Schlachtfeld möglichst schnell besiegen zu können. Die Asymmetrie des Krieges resultiert aus dem Faktum, wie Herfried Münkler konstatiert, dass „in der Regel nicht gleichartige Gegner miteinander kämpfen" (2002, S. 11). Indem der symmetrische Krieg gleichartige Akteure involviert, erteilt er diesen eine Chancengleichheit. Das ausgeglichene Kräfteverhältnis macht jede Partei gleich stark und gleich schwach, lässt jede Partei ebenso wahrscheinlich siegen wie unterliegen. Daraus folgt nicht nur eine gegenseitige Anerkennung der Kriegsakteure als gleichwertige Gegner, sondern auch eine reziproke Übereinkunft über die Einhaltung kriegspraktischer Konventionen. Dieses Modell der symmetrischen Kriegsführung stellt weitestgehend eine europäische Spezifität dar. Koloniale und neokoloniale Kriege wie die US-Intervention in Vietnam hingegen stehen außerhalb desselbigen: „Die Gleichartigkeit der Kriegsakteure war die Voraussetzung dafür, dass sie sich gegenseitig als Gleiche anerkannten und respektierten, und dies wiederum war die Voraussetzung für die Akzeptanz und (tendenzielle) Respektierung der reziproken Prinzipien und Normen, nach denen das Völkerrecht die Beziehungen zwischen den Staaten in Krieg und Frieden ordnete. Da genau diese Voraussetzungen in jenen Kriegen fehlten, die europäische Mächte in Asien und Afrika führten, wurden sie nicht nur mit anderen Methoden, sondern auch nach anderen Prinzipien geführt als die innereuropäischen Kriege. Wir neigen dazu, die innereuropäischen Kriege zur Grundlage einer Entwicklungsgeschichte der Kriegführung zu machen. Das dürfte freilich die Folge einer perspektivischen Verzerrung sein. Weltgeschichtlich betrachtet, handelt es sich bei den dreihundert Jahren symmetrischer Kriegführung in Europa eher um einen Sonderfall als um die Regel. Asymmetrische Kriege dürften das Wahrscheinliche, symmetrische Kriege das Unwahrscheinliche sein" (Münkler 2004, S. 651). Wo im symmetrischen Krieg die Streitkräfte sowohl spatial als auch temporal zur Entscheidungsschlacht gebündelt werden, zeichnet die asymmetrische Kriegsführung sich durch das genaue Gegenteil aus. Betrieben wird dort eine Ausdehnung des Krieges in Raum wie Zeit, um einerseits die eigene, andererseits die gegnerische Konzentration der Kräfte vermeiden zu können. Die offene Konfrontation auf dem Schlachtfeld gilt es nach Logik des asymmetrischen Krieges somit zu vermeiden. Der Krieg auf dem Schlachtfeld wird ersetzt durch das Scharmützel, im Fall extremer Eskalation durch das Massaker an Streitkräften oder Zivilisten. Wichtig ist dabei eine zeichenhaft aufgeladene Psychodynamik, wenn Angriffe aus dem Hinterhalt bei simultaner Absenz eines offen zu konfrontierenden Feindes durch Gewaltexzesse und Kriegsverbrechen kompensiert werden. Genau diese Praxis kennzeichnet bereits

## 5 Entgrenzung und Eindämmung

den Einsatz des US-Militärs in Vietnam: „So gesehen, erscheint das wahllose Niederbrennen von Häusern und das wilde Geballere beim Betreten von Siedlungen erst recht wie symbolische Inszenierungen. Sie gehörten zum Repertoire von Soldaten, die in Ermangelung realer Schlachtfelder sich am Ende fantasierte Kampfzonen schufen und in ihrer Fantasie alles und jeden zum Feind erklärten – zu einem Feind, den sie lokalisiert, gestellt und vernichtet hatten. [...] Gewalt barg das Versprechen wieder gewonnener Kontrolle, sie schuf klare Verhältnisse jenseits aller Ambivalenzen und Unsicherheiten – und vor allem hinterließ sie eine mit Blut getränkte Spur eigener Macht. Darin lag ihr symbolischer Wert, ihre moralische Produktivkraft. Sie war der Beweis, etwas bewirken zu können – eine Botschaft an sich selbst und ein Mittel zur Kommunikation mit anderen" (Greiner 2007, S. 195). Systematische Massaker an Streitkräften wie Zivilbevölkerung werden in Vietnam zur inoffiziellen Militärstrategie der US-Armee, deren Befehlshaber so die Frustration der Infanteristen über den asymmetrischen Krieg kanalisieren wollen, eben dadurch aber ihr politisches Ziel aus den Augen verlieren: Herzen und Köpfe, um es mit den Worten von Che Guevara zu sagen, der vietnamesischen Bevölkerung für eine Ideologie von freier Marktwirtschaft zu gewinnen.

Herfried Münkler plädiert dennoch dafür, die Differenzen zwischen Vietnam und den Neuen Kriegen des War on Terror nicht aus den Augen zu verlieren. Münkler spricht von einer „postheroischen Gesellschaft", die sich demnach auch durch postheroische Kriegsführung auszeichnet[1]. Einen ersten Indikator für diesen Paradigmenwechsel lokalisiert Münkler in der Aufhebung der allgemeinen Wehrpflicht in den USA nach Ende des Vietnamkriegs. An die Stelle einer Armee aus Wehrpflichtigen tritt die Berufsarmee. Diese Professionalisierung der Streitkräfte markiert mithin ein „Ende des Bürger-Kriegers" (2006, S. 260). Aus der bewaffneten Nation wird ein durch selektive Prozesse konstituiertes Militär, häufig akkumuliert aus deprivilegierten Bevölkerungssegmenten, denen keine anderen Chancen sozialen Aufstiegs zur Verfügung stehen. Die heroische Bereitschaft einer kleinen Gruppe, sich für eine größere Gruppe zu opfern, weicht damit einer zivilgesellschaftlichen Ablehnung kriegerischer Akte zum Zweck der internationalen Konfliktlösung: „Zum Helden kann nur werden, wer bereit ist, Opfer zu bringen, eingeschlossen das größte, das des Lebens. Für diese Bereitschaft zum Opfer wird dem Helden Anerkennung und Ehre zuteil" (Münkler 2007, S. 742). Dies bedeutet nun nicht, dass Armeen keine heroischen Kollektive mehr ausbilden. Jedes Heer muss vielmehr nach wie vor auf heroische Gemeinschaft gedrillt werden, um überhaupt

---

[1] Zur Frage des Postheroischen siehe aus filmwissenschaftlicher Perspektive auch den Aufsatz von Thomas Elsaesser (2012), fokussiert auf den Film *Beau Travail* (1999; Claire Denis).

als Armee funktionieren zu können. Nur wird dieses Kollektiv nicht mehr in eine heroische Gesellschaft eingebunden. Die postheroische Gesellschaft ist stattdessen durch eine Friedensökonomie gekennzeichnet, die Krieg allenfalls noch als kurzen Ausnahmezustand duldet, wenn er humanitären Zwecken dient und ein möglichst geringes Verlustrisiko birgt. Die Erfahrung von Vietnam führt in den USA zur Überzeugung, dass zukünftige Kriege dieser Zerstörungskraft, freilich mehr aus Angst vor den eigenen als den gegnerischen Verlusten, verhindert werden müssen. Durch eine hohe Opfersensibilität bleibt heroische Mentalität sozial daher auf „Inseln des Militärischen in einem Meer der Zivilität beschränkt" (Münkler 2006, S. 326). Postheroische Kriegsführung bedeutet demnach einen strategischen Imperativ der systematischen Opfervermeidung durch den Einsatz von militärischem Equipment. Der postheroische Krieg wird nach Möglichkeit mit hochtechnologisierten Distanzwaffen geführt, die Verluste vermeiden und damit Rückhalt in der zivilgesellschaftlichen Öffentlichkeit sichern sollen. Vietnam und Irak sind deshalb nicht gleichzusetzen, auch wenn dort gewisse Strukturanalogien existieren.

Für Münkler und seine Kollegin Mary Kaldor verabschieden die Neuen Kriege des War on Terror eine klare Konstitution ideologischer Fronten, wie sie den Kalten Krieg mit seinen stabilen Staatsystemen, deren Hegemonie jeweils auf den gesamten Globus expandiert werden soll, noch ausmachen. Mag auch neokonservativ ein „Kampf der Kulturen" (Huntington 2002) im Konflikt religiöser Projektionen hypostasiert werden, das für den ideologischen Konflikt des Kalten Kriegs charakteristische Paradox einer fragilen Stabilität der Weltpolitik ist in den Neuen Kriegen einer totalen Ökonomisierung gewichen. Die Neuen Kriege verflechten auf bis dato nicht bekanntem Niveau politische und ökonomische Interessen: „Die modernen Unterscheidungen zwischen der politischen und ökonomischen Sphäre, zwischen öffentlich und privat, militärisch und zivil brechen zusammen. Politische Macht wird nur mehr ausgeübt, um die neuen Zwangsformen wirtschaftlichen Austauschs durchzusetzen und zu verstetigen; allein dadurch verfügen die im Kontext staatlichen Zerfalls und ökonomischer Marginalisierung auftretenden neuen Gangster als Machthaber über eine stabile finanzielle Basis. Ein neues Netz regressiver Sozialbeziehungen entwickelt sich, in dem Ökonomie und Gewalt unter dem gemeinsamen Dach der Politik der Identität aufs engste miteinander verwoben sind" (Kaldor 2000, S. 169). Die Neuen Kriege sind mithin bestimmt von einer globalen Gewaltökonomie, deren transnationale Verflechtung den Kriegszustand zur permanenten Situation macht. Wo im klassischen Staatenkrieg die destruktiven Effekte der Auseinandersetzungen noch Ressourcen zehren und daher die ökonomischen Kapazitäten der Kriegführung mitdeterminieren, evoziert die wirtschaftliche Globalisierung des Krieges ein Moment der Nachhaltigkeit, das den Krieg zur basalen Prädisposition sozialer Existenz macht. Nicht ideologische oder

## 5 Entgrenzung und Eindämmung

ethnische Differenzen entfachen die Neuen Kriege, es ist das rücksichtslose Streben nach individueller Bereicherung. Politische und kriminelle Gewalt verlieren daher an Trennschärfe: „Die ökonomische Analyse der neuen Kriege erfasst eher die Bedingungen, unter denen sie möglich werden, als dass sie die ursprünglichen Motivationen der Kriegsakteure zu enthüllen versucht. Gleichzeitig macht sie aber auch deutlich, dass in vielen der Neuen Kriege politische Konflikte, die anfangs im Mittelpunkt gestanden haben mögen, im Verlauf des Krieges zunehmend von ökonomischen Interessen überlagert werden. Je länger ein Krieg dauert, desto stärker tritt die Ökonomie der Gewalt als eine das Handeln der Akteure bestimmende Macht hervor, und dabei verwandelt sie die ursprünglichen Motivationen mehr und mehr in Ressourcen eines verselbstständigten Krieges" (Münkler 2002, S. 163). Kriege bleiben unter den Bedingungen organisierter Gewalt aufrechterhalten, weil sie der Akkumulation von Macht und Reichtum dienen.

Kaldor und Münkler sehen die Neuen Kriege neben der totalen Ökonomisierung durch drei weitere zentrale Qualitäten definiert. Zweitens geht mit der Ökonomisierung kriegerischer Konflikte eine Entstaatlichung, ja Privatisierung derselben einher. „Die neuen Kriege werden in Situationen ausgetragen", notiert Kaldor, „in denen die Staatseinnahmen im Gefolge wirtschaftlichen Niedergangs und sich ausbreitender Kriminalität, Korruption und Ineffizienz versiegen, in denen die Gewalt im Zuge um sich greifenden Verbrechens und der Bildung paramilitärischer Gruppen zunehmend privatisiert wird und in denen somit die politische Legitimität schwindet" (2000, S. 20). Neue Akteure der Kriegsführung tauchen auf, die ihre Aggression nachgerade gegen den Rest staatlicher Strukturen richten. Konträr zum klassischen Guerillero sind sie weder an ideologische Überzeugungen gebunden noch an souveränen Staatskonstitutionen interessiert. Ihr profanisiertes Machtinteresse basiert auf einer Permanenz des Kriegeszustandes. Mit der Entstaatlichung des Krieges ist drittens eine Entgrenzung der Konflikte verbunden: sowohl eine Entgrenzung der Nationalität als auch eine Entgrenzung der Gewalt. Zum einen transgredieren die substaatlichen Gewaltakteure nationale Grenzen, zum anderen missachten sie systematisch Regulative der Menschenrechte, in der Ära zwischenstaatlicher Kriege noch manifestiert in der Genfer Konvention. Aber auch ein staatlicher Akteur wie die USA attackiert systematisch zivile Ziele, wie bereits in Vietnam und den schwelenden Stellvertreterkriegen im Lateinamerika der 1980er Jahre erprobt: „Vom Revolutionskampf übernimmt [er] die Strategie, territoriale Gewinne durch die politische Kontrolle der Bevölkerung statt durch militärische Eroberung zu erzielen. [...] Um dieses Ziel zu erreichen, übernimmt die neue Kriegsführung Techniken des Anti-Guerillakampfes zur ‚Vergiftung des Wassers' – Techniken, wie sie jene Guerillabewegungen verfeinert hatten, die von westlichen Regierungen mit Erfahrung im Anti-Guerillakrieg gegründet oder unterstützt wurden, um in den ‚Konflikten geringer Intensität' der 80er Jahre linke Regierungen zu stürzen […]. Statt ein günstiges Umfeld für die Guerilla zu erzeugen, zielt die neue Kriegsführung darauf, ein feindliches Umfeld für all jene zu schaffen, die sie nicht kontrollieren kann" (Kaldor 2000, S. 157). Staatliche wie substaatliche Akteure der Neuen Kriege intendieren analog zur Guerilla eine politische Kontrolle der zivilen Bevölkerung, artikulieren jedoch kein positives Telos mehr. Anstatt einen Konsens zu suchen, zielen sie systematisch auf eine Spaltung der Zivilisten ab. Die Schlacht der Staatenkriege hat sich in den Neuen Kriegen zu Anschlag und Attentat gewandelt.

Die Entgrenzung der Gewalt in den Neuen Kriegen geht zum einen hervor aus den asymmetrischen Konstellationen der Kräfteverhältnisse. Treffen hochtechnologisierte Heere auf schlecht ausgerüstete Kombattanten, versuchen Letztere ihren materiellen Nachteil gegenüber Ersteren durch zeitliche Ausdehnung bei simultaner Deintensivierung der Kampfhandlungen zu egalisieren. Neben der planvollen Attacke ‚weicher' Ziele wird hier als viertes Charakteristikum auch eine umfassende Medialisierung des Krieges wichtig: „Die Medien dienen nicht mehr der Berichterstattung – sie sind unfreiwillig zu einer kriegsbeteiligten Partei geworden; das ist eine direkte Konsequenz der asymmetrischen Strukturen der neuen Kriege, also der Konfrontation nicht mehr zwischen Soldaten und Soldaten, sondern zwischen Militär und Zivilbevölkerung. […] So nimmt die politisch-militärische Relevanz der beobachtenden Kameras in dem Maße zu, wie die Konflikte asymmetrisch werden. Die traditionelle Neutralität der Kriegsberichterstattung war offenbar an die Symmetrie des Krieges gebunden, während die wachsende Asymmetrie der Kriege, ihre Umstellung auf Goliath-David-Konstellationen, zu einer Partei ergreifenden und unterstützenden Beobachtung geführt hat. Unter diesen Umständen ist es für Planer eines Krieges nahe liegend sich selbst in der Davidrolle zu inszenieren" (Münkler 2006, S. 158 f.). An die Stelle möglichst faktenbasierter Information ist somit eine funktionale Instrumentalisierung der Medialisierung kriegerischer Konflikte getreten. Diese lässt sich sowohl konstatieren erstens auf der Seite von Politikern und Militärs, die zur militärischen Intervention unter hohem Legitimationsdruck stehen, als zweitens auch auf der Seite von Terroristen und Rebellen, die Bilder als mediale Waffen nutzen, um wahlweise Mitleid zu erregen oder Drohpotential aufzubauen, als freilich drittens auch auf Seiten der Medien selbst, deren ökonomische Basis eben die Produktion, Distribution und Exhibition von Audiovisionen ausmacht. Bilder und Töne bilden also nicht nur ab, sie initiieren selbst kriegerische Gewalt. „Wer nicht in der Lage ist, die konventionellen Streitkräfte einer Macht mit militärischen Mitteln erfolgreich zu attackieren", so Münkler, „der sorgt für die Verbreitung von Bildern, in denen die Folgen der Gewaltanwendung unmittelbar sinnlich erfahrbar werden" (2002, S. 196 f.). In diesem Sinne wird der

# 5 Entgrenzung und Eindämmung 117

Rekurs auf Medien zur strategischen Gewalt. Das Bild größtmöglicher Destruktion evolviert hier zur effektivsten Waffe. Die Neuen Kriege sind Medienkriege. Münkler und Kaldor legen Wert darauf, dass kein Element der Neuen Kriege an und für sich den Status eines Novums einnimmt. Stattdessen ist es deren Kombination, die den Neuen Kriegen ihre spezifische Verfasstheit verleiht. Im Falle des Irakkriegs treffen alle Merkmale zusammen (Kaldor 2000, S. 240; Greiner 2012, S. 284 f.). Da ist erstens eine Entstaatlichung des Konflikts: Als die US-Streitkräfte den irakischen Premierminister Saddam Hussein absetzen und dessen Baath-Partei entmachten, schließen sich Teile der irakischen Sicherheits- wie Streitkräfte mit islamistischen Terrorgruppen und organisierten Kriminellen zusammen, um durch Anschläge und Attacken aus dem Hinterhalt gegen die US-Armee und ihre Verbündeten zu opponieren. Auch nach der Konstitution einer Übergangsregierung können die Prozesse der Verschmelzung von Staatsbediensteten, Terroristen und Kriminellen nicht unter Kontrolle gebracht werden, so dass für das US-Militär eine Grenze zwischen Armee und Zivilbevölkerung oft nicht ersichtlich ist. Weil die US-Administration neben den eigenen Streitkräften auch private Sicherheits- und Söldnerunternehmen wie Blackwater einsetzt, schreitet die Entstaatlichung auf beiden Seiten des Konflikts voran. Effekt der Entstaatlichung ist zweitens eine Entgrenzung des Krieges. Seine Privatisierung führt zu Eskalationen von Gewalt, auch auf Seiten der Invasoren: Massaker an der irakischen Zivilbevölkerung, sowohl durch Söldner als auch offizielle Soldaten der US-Armee, sind dokumentiert (Greiner 2012, S. 285). Die Anschläge der Aufständischen versuchen wiederum gezielt Zivilisten zu töten, um Stimmung gegen den Status des Irak unter US-Besatzung zu machen. Flüchtlingswellen sind die Folge, wobei der Strom von Zivilisten aus dem Land durch die Einreise von in Syrien ausgebildeten Selbstmordattentätern kontrastiert wird; Waffenlieferungen aus dem Iran sprechen ebenfalls für eine Entgrenzung des Konflikts (Kaldor 2000, S. 253 f.). Verbunden mit Entstaatlichung und Entgrenzung ist drittens eine Ökonomisierung der Auseinandersetzungen. Neben Plünderungen von ehemaligem Staatseigentum und Lösegeldforderungen nach Entführungen treten auch Praktiken illegalen Handels mit Öl auf, die sich sukzessive weiter professionalisieren (Kaldor 2000, S. 250). Die Koinzidenz von islamistischen und ökonomischen Interessen erschwert den Besatzungsarmeen damit eine trennscharfe Separation von Kombattanten und Nichtkombattanten sowie Rebellen und Kriminellen zusätzlich. Neben dieser Diffusität der Interessenlage werden viertens das asymmetrische Kräfteverhältnis des Konflikts und die aus ihm resultierenden Kriegstechniken dem US-Militär zum größten Problem. Statt einem Schlachtenkrieg führen die Aufständischen im Irak einen Ressourcen- und Verwüstungskrieg, der zivile Opfer explizit intendiert. Weil sie über deterritorialisierte Netzwerke agieren, werden Gegenmaßnahmen massiv erschwert: Die Aufständischen sind, wie Herfried Münkler anführt, durch ihre Klandestinität jederzeit „angriffsfähig, ohne mit reziproken Antworten rechnen zu müssen" (2006, S. 64). In Kontrast zum Guerilla-Kampf jedoch ist ihnen an einer Restitution der politischen Symmetrie durch asymmetrische Kriegsführung nicht mehr gelegen. Die Perpetuierung der Asymmetrie wird zum Telos des Agierens. Im Gegenzug antwortet der War on Terror mit der Konstruktion eines abstrakten Feindbildes, das militärische Interventionen legitimiert, wo nur terroristische Zellen zugeschrieben werden.

## 5.1  *Over There* (2005)

Die erste Serie, die den Neuen Krieg als War on Terror zu ihrem Sujet macht und dessen neues Sinnpotential bild- wie affektförmig werden lässt, ist die Produktion *Over There* (2005; FX). Vorzeitig eingestellt, erzählt sie in nur einer Staffel mit dreizehn fünfundvierzigminütigen Episoden vom Einsatz einer US-Infanteriedivision im Irak sowie den Folgen dieses Einsatzes auf Angehörige der Soldaten und Kriegsheimkehrer selbst. Entwickelt und kreativ betreut ist *Over There* von Steven Bochco, mit Titel wie *Hill Street Blues* (1981–1987; NBC) *L.A. Law* (1986–1994; NBC) oder *NYPD Blue* (1993–2005; ABC) einer der renommiertesten Autoren für das US-TV, dem expressis verbis an einer Aufarbeitung des Neuen Krieges und seiner Effekte auf die USA gelegen ist: „Wenn man sich die Wirklichkeit anschaut, erkennt man, dass sie keine Helden, sondern Verlierer produziert. Wir haben ein Problem mit dem Krieg im Irak, er findet in den Medien nicht mehr statt. Wir wollen den Irak auf Armeslänge fernhalten – eine Serie dringt in dein Privatleben ein". Enttäuscht zeigt er sich vor allem vom mangelnden Zuspruch der Zuschauer für die Serie: „Die Regierung hat großen Einfluss, aber es ist nicht so, dass ein Beamter aus Washington Serien schaut und dann Problematisches verbietet. Es sind die Zuschauer, die problematische Inhalte nicht schauen wollen" (zit. n. Krogerus 2006). Die Serie findet kein Publikum, keineswegs aber weil staatliche Zensur ausgeübt wird, sondern vielmehr weil *Over There* mit einer televisuellen Konvention bricht. Es ist die erste TV-Kriegsserie, die in Produktion geht, als der historische Referenzkonflikt zur Produktionszeit noch anhält.

Nach Münkler stellen die Neuen Kriege des War on Terror, wie bereits angesprochen, postheroische Interventionen dar. Die Transformation der USA von einer heroischen zu einer postheroischen Gesellschaft aber wird durch ein medienkulturelles Phänomen camoufliert, das von Münkler gefasst wird als „Pop-Heroismus" (2006, S. 310). Die im Raum der Massenmedien flottierenden audiovisuellen Kriegsnarrative stimulieren demnach nicht nur die Bereitschaft zur Führung von Kriegen, sie fungieren vielmehr als deren zentrale Prädisposition, indem von ihnen ein Basiskonsens öffentlicher Zustimmung hergestellt wird. Auch deshalb ist der Irak nicht Vietnam. Neben dem Einsatz von Berufssoldaten verhindern heute auch schärfere Zensurbestimmungen eine Protestdynamik wie noch in den 1960er und 1970er Jahren. Letztere speisen sich jenseits ethischer Bedenken primär aus einem Imperativ zur Regulation von Öffentlichkeit und Diskursivität. Das exklusive Privileg einer graphischen Darstellung von Kriegsgewalt kommt lediglich noch fiktionalen Medieninhalten zu, neben dem Kinofilm nicht zuletzt der Fernsehserie. „Seit den Jahren der telematischen Präsenz des Vietnamkriegs", notiert Manuel Köppen, „hat eine Entwicklung eingesetzt, in der das alte Medium Kino immer mehr dafür zuständig geworden ist, Erfahrungen zu simulieren, die von den elektronischen Medien der Nachrichtensender bloß versprochen werden" (2005, S. 363). Freilich entsteht dem faktualen Fernsehen mit der fiktionalen Television und ihrer Kriegsserie eine mediale Konkurrenz, die sowohl analoge als auch alternative Sinnangebote offerieren kann. In jedem Fall besitzt sie das vermittelnde Potential einer medienkulturellen Instanz, die zwischen der ‚zu fernen' Perspektive der restriktiven Berichterstattung im nivellierenden Fernsehen und der ‚zu nahen' Perspektive im fragmentierten Internet oszilliert.

Für den Vietnamveteranen und Publizisten Bill Scannell ist es dabei gerade das Fiktionale, in dem Elemente des Faktualen freigelegt werden können: „Die Frage lautet ja: Warum sollen sich die Amerikaner eine fiktionalisierte Fernsehshow über den Krieg anschauen? Können sie nicht stattdessen das Original rund um die Uhr in den Nachrichten betrachten? Die Wahrheit ist, dass Amerikaner kaum wissen, was im Irak passiert. Amerikanische Fernsehjournalisten stehen unter strenger militärischer Zensur. Sie sind der ständigen Gefahr ausgesetzt, getötet oder von irakischen Aufständischen entführt zu werden. In den meisten Fällen sitzen die Reporter schlicht in der verbarrikadierten Grünen Zone von Bagdad. Sie berichten aus dieser relativen Sicherheit, so gut es eben geht. Deshalb könnte die an der Realität orientierte Erzählung von *Over There* etwas erreichen, das die amerikanischen Medien in den vergangenen zwei Jahren nicht geschafft haben. Sie könnte dem Durchschnittsamerikaner erklären, was wirklich ‚dort drüben' passiert. Die öffentliche Begründung für den Einmarsch im Irak war reine Literatur. Warum sollte Fiktion nicht auch einmal helfen, die Wahrheit zu vermitteln?" (2005). Für Scannell besitzen fiktionale Formate ein aufklärerisches Potential, das den ‚Mangel' an Faktizität zu kompensieren vermag. Wo die journalistische Berichterstattung seit dem durch relativ freie Berichterstattung entstandenen Negativbild des Vietnamkrieges restriktiv gehandhabt wird und sich durch konformistische Informationsdistribution auszeichnet, kann die Freiheit der Fiktion zumindest für ein Sujet sensibilisieren, das ansonsten aus dem medienkulturellen Alltag abgedrängt ist. Der postheroischen Gesellschaft ist aus dieser Perspektive die fiktionale Television zum kritischen Diskursraum geworden. Auch Aniko Bodroghkozy lässt eine solche Position anklingen, wenn er der faktualen Absenz des Irakkrieges eine fiktionale Präsenz gegenüber stellt: „The war in Iraq has been an odd kind of non-event for most Americans. Unlike World War II, the Iraq war has not resulted in total war mobilization by the entire population. Unlike Vietnam, all able-bodied young men (and their families, girlfriends, and wives) don't need to confront the prospects that they may be drafted to fight this war. The war is already rather fictitious to most Americans. Aside from news coverage (which one can avoid and which gets easily knocked off the headlines by natural disasters like the tsunami or Hurricane Katrina or by human disasters like Michael Jackson), little in Americans' daily lives forces them to confront, engage with, or acknowledge that there's a war going on. I suspect that there may be a certain amount of unease about that. Shouldn't we be sacrificing something for the war? Aren't we supposed to be doing something? If we support it, shouldn't we be participating? If we oppose it, shouldn't we be protesting in the streets?" (2005) Aus dieser Perspektive interveniert eine Serie wie *Over There* im medienkulturellen Diskurs der Television und schafft eine Heterotopie, deren ‚unmöglicher' Raum den Einblick in einen verdrängten Krieg gewährt[2]. Freilich könnten die humanistischen Positionen von Bodroghkozy und Scannell mit der poststrukturalistischen Medientheorie von Jean Baudrillard flankiert werden. Baudrillard sieht bereits für den Golfkrieg in den Jahren 1990–1991 eine militärisch wie televisuell vollzogene Transposition des Krieges vom industrialisierten Alten hin zum postindustriellen, d. h. elektronisch-televisuellen Neuen Krieg[3]. Er konstatiert eine durch mediale Codes generierte Simulation, die in ihrer Totalität eine letztlich intransitorische Medienkultur evoziert. In der Simulation koaleszieren Aktuelles und Virtuelles miteinander, so dass es mit Baudrillard zu einer universalen „Agonie des Realen" (1978a) kommt. Denn das Simulacrum der Welt nimmt eine Liquidierung aller Referenten respektive ihre künstliche Reanimation in neuen Zeichensystemen vor: „In Wirklichkeit ist das große Medium das Modell. Das Mediatisierte ist nicht das, was durch die Presse, über das Fernsehen und das Radio läuft – sondern das, was von der Zeichen/Form mit Beschlag belegt, als Modell artikuliert und vom Code reguliert wird" (1978b, S. 99). Differenzen zwischen medialem Raum und extramedialem Raum können demnach nur noch simuliert werden. Baudrillard zitiert eine radikale „Referenzlosigkeit der Bilder" (1978a, S. 10), womit er auch eine Differenz zwischen ‚Wahrem' und ‚Falschem'

---

[2] Zur Theorie der Heterotopie siehe den bekannten Aufsatz von Michel Foucault (1993); außerdem aus medienreziologischer Perspektive die umfangreiche Studie von Marcus S. Kleiner (2006).

[3] Eine ähnliche Position artikuliert Paul Virilio in seiner Studie zu „Krieg und Fernsehen" (1997).

als simulierte Scheindifferenz ausweist. Wirklichkeiten werden nach Baudrillard immer erst durch technologische Medien konstatiert und konstituiert. Diese mediale Genese macht die Hypostasierung einer Separation der Medien von ihren Referenten sinnlos. Die Simulation umschließt mithin den gesamten Raum der Repräsentation: „Es geht nicht mehr um die Imitation, die Verdoppelung oder um die Parodie", sagt Baudrillard: „Es geht um die Substituierung des Realen durch Zeichen des Realen" (1978a, S. 9). Auch Baudrillard argumentiert damit aus einer Perspektive der Posthistoire, anders als etwa Arnold Gehlen jedoch nicht vor anthropologischer, sondern medientheoretischer Matrix. Denn für ihn sind es audiovisuelle Massenmedien, die Geschichte nur noch als Inszenierung erscheinen lassen. Medien simulieren Historie über das Einziehen der Differenz zwischen Wirkung und Ursache: „Vor allem die modernen Medien haben jedem Ereignis, jeder Erzählung und jedem Bild einen Simulationsraum mit grenzenloser Flugbahn eröffnet. Jedes Faktum, jedes politische, historische oder kulturelle Merkmal erhält bei seiner Verbreitung durch die Medien eine kinetische Energie, die es für immer einem eigenen Raum entreißt […]. Natürlich hat das Konsequenzen für die Geschichte. Damit ist der ‚Récit', die Erzählung, unmöglich geworden, bedeutet er doch definitionsgemäß (re-citatum), daß ein Sinn zurückverfolgt werden kann" (1990, S. 69). Durch eine Beschleunigung der medialen Zirkulation wird einerseits schon die Möglichkeit zur Schreibung von Geschichte negiert. Andererseits offerieren die Massenmedien einen simulativen Zugang zu Historie, wenn sie ihr Publikum kontextuell zu einer Vergangenheit situieren, die längst nicht mehr direkt erfahren werden kann. Geschichte hat den Raum gewechselt und findet lediglich noch medial als ihr eigenes Double statt. Für Baudrillard resultiert daraus eine Form von Hyperrealität, die auch existentielle Erfahrungen wie den Krieg inkludiert. Hyperreal meint dabei keineswegs irreal: Zur Disposition steht nicht Historie, sondern deren Selbstzweck und Ziellosigkeit. Hyperrealität ist kein Ersatz für Realität, sie erscheint vielmehr realer als das Reale. So deklariert Baudrillard den Golfkrieg als ein genuin mediales Ereignis, d. h. ein Ereignis nicht nur für die Medien, sondern auch von den Medien induziert: „Wenn man nur einen Bruchteil dessen ernst nimmt, was in den Fernsehnachrichten geschieht, ist man schon reingefallen" (1994, S. 102). Denn die Präsentation des Golfkrieges auf einem Sender wie CNN steht kontrafaktisch sowohl zu dem historischen Geschehen im Irak als auch zu den Kriterien eines historischen Krieges. Erstens verkürzt das Fernsehen den Krieg auf abstrakte Nachtsichtbilder von Flugabwehrfeuer über Bagdad oder Aufnahmen brennender Ölquellen in Kuwait, die weder dem Kriegsverlauf noch den Kriegsopfern gerecht werden. Zweitens findet kein Krieg im Sinne eines offenen Schlagabtausches der gegnerischen Kombattanten statt. Wo die alliierten Streitkräfte von vornherein als sichere Sieger der kriegerischen Handlungen feststehen und ihre

Luftangriffe häufig nur über Bildschirme wahrnehmen, führt auch die irakische Armee weniger einen Kampfeinsatz gegen die Angreifer als dass sie auf Befehl Saddam Husseins ihre Soldaten opfert, damit der Diktator an der Macht bleiben kann. Mithin findet deshalb nicht ‚wirklich' ein ‚wirklicher' Krieg statt. Das mediale Simulacrum nimmt den historischen Krieg vielmehr in sich auf und lässt ihn so verschwinden: „Mit gewissen zeitlichen Abstand oder schon jetzt [...] wird man *Der Golfkrieg hat nicht stattgefunden* [Titel eines Aufsatzes von Baudrillard; Anmerkung I.R.] wie eine Science-Fiction-Geschichte lesen können, wie eine glühend heiße, leibhaftige Vorwegnahme eines Ereignisses" (Baudrillard 1994, S. 103 f.). Mit Baudrillard werden keine Ereignisse in Medien abgebildet, sie werden vielmehr medial gemacht. Moderne Kriege sind aus diesem Grund unweigerlich Medienkriege. Oder anders gesagt: Krieg evolviert zum Medienevent. Das bedeutet letztlich, dass die Sinnhaftigkeit des historischen Krieges hinter dem Sinn seiner medialen Perspektive verschwindet. Seine Signifikanz liegt im Signifikanten der medialen Audiovision, die ihn in Bildern und Tönen vermittelt. Aus einer Baudrillard'schen Perspektive gewinnt *Over There* so besondere Brisanz: Es ist eine Serie, die sich auf einen Krieg bezieht, der zum Zeitpunkt ihrer Produktion (nicht) stattfindet. *Over There* als Simulation zu begreifen, das hieße dann aber weniger die Relation zu einem potentiellen Referenten zu untersuchen als vielmehr nach Mechanismen der Translation zu fragen. In Kontrast zur faktuellen (Nicht) Berichterstattung entwickelt die fiktionale Darstellung differente Ostentationsstrategien. Ihr ist es gerade nicht um jene „wundervolle[n] Artefakte" zu tun, die Baudrillard so verstören, jene Bilder „ohne Fehl, geniale Simulakren, denen es nur am Imaginären fehlt, und an jener eigentümlichen Halluzination, die eben das Kino zum Kino macht". Statt einem „Zwang zur historischen Treue, zu einer perfekten Wiedergabe" (1990, S. 75) setzt *Over There* stattdessen auf generische Zuspitzungen, die in ihrer Stilisierung durchaus halluzinatorischen Charakter reklamieren können. Sie lässt nicht Geschichte auf Television, sondern Television auf Geschichte übergreifen.

*Over There* versucht im Modus der Fiktion eine mal mehr, mal weniger klare Sinnzuschreibung an das Phänomen der Neuen Kriege vorzunehmen. Irakkrieg und War on Terror werden als Konflikt mit eindeutigem Kriegsziel (Pazifisierung des Irak) und mit raumzeitlicher Limitation des Kampfgeschehens (irakische Wüstenfront) porträtiert. Analog zu *Tour of Duty* und dem Krieg in Vietnam kennt auch der Irakkrieg von *Over There* kein klar definiertes Schlachtfeld, so dass Hinterhalt und Scharmützel zu dominanten Formen des Kampfes werden. Auch sind die Fronten nicht eindeutig auszumachen, wenn jeder Iraker den GIs ein potentieller Terrorist sein kann, wie damals jeder Vietnamese den US-Soldaten ein Vietcong. Dennoch entwirft *Over There* wie schon *Tour of Duty* eine relativ stabile Aktions-

## 5.1 Over There (2005)

linie für die Figuren, so dass bei allem in den violenten Konfrontationen unweigerlich zu erfolgenden Orientierungsverlust noch immer ein Mindestmaß an Übersichtlichkeit gewahrt bleibt. In der etablierten Medienästhetik des Genres wird die Unübersichtlichkeit des Konflikts am Kampfeinsatz mehrerer Protagonisten durch Personifikation exemplifiziert. Zum Ensemble der Serie zählen die Rekruten Rider (Josh Henderson), Dumphy (Luke MacFarlane), King (Keith Robinson), Williams (Kirk Jones), Nassiri (Omid Abtahi), Del Rio (Lizette Carrion) und Mitchell (Nicki Aycox), angeführt wird das Platoon von Sergeant Silas (Erik Palladino). *Over There* weist damit eine paradigmatische Genre-Konfiguration von Kriegsnarrativen auf. Stereotypen der US-amerikanischen Medienkultur werden aufgegriffen und im Mikrokosmos der gemeinsamen Fronteinheit exponiert: Mit dem erfahrenen Veteranen Silas, der im Krieg den ihm Unterstellten zum Vorbild wird, mit dem überheblichen High-School-Star Rider, dem der Krieg eine Lektion erteilt, mit dem intellektuellen College-Absolventen Dumphy, den der Krieg zu verrohen droht, mit dem tiefgläubigen Sänger King, der im Krieg ungeahnte Talente entdeckt, mit dem abgebrühten Gangsta Williams, den der Krieg zu Teamwork erzieht, und mit dem arabischen Amerikaner Nassiri, der im Krieg seine Kompetenzen als Dolmetscher einsetzen kann, treffen in ihrer physiognomischen wie psychologischen Differenz betonte Figuren aufeinander, die im Laufe des gemeinsamen Kampfeinsatzes zur funktionalen Einheit legiert werden, deren Qualität sowohl in militärischer Disziplin als auch in einer unbedingten Solidarität zum Mitkämpfer liegt. Hinzu kommen neue Genre-Typen, der Ära des War on Terror angepasst: Mit der Latina Del Rio und mit dem White Trash-Girl Mitchell sind nun auch weibliche Soldaten als Teil des Platoons zugelassen, entsprechend der Transformation des US-Militärs von der Wehrpflichtigen- zur Berufsarmee. Strukturell aber sind mit dieser „female masculinity" (Tasker 2011, S. 8), im Rahmen derer eine Transgression genderspezifischer Konventionen mit einem Begehren nach Zugehörigkeit koinzidiert, keine Veränderungen verbunden. Del Rio und Mitchell fügen sich als gleichberechtigte Mitglieder in das Platoon ein, ohne den männlichen Soldaten an Effektivität und Professionalismus unterlegen zu sein (Abb. 5.1). Sie werden damit nicht trotz, sondern gerade durch tradierte Diskurse von Maskulinität normalisiert: Aktionalität, Stärke und Kontrolle sind ihnen als stereotypen Eigenschaften zugeschrieben, ohne dass diese Zuschreibung noch diegetische Kontradiktionen produzieren würde.

Alle GIs wollen schlicht ihren Job erledigen in *Over There*. Niemand fragt nach Motiven des Einsatzes, niemand klagt über die Sinnlosigkeit des Krieges. *Over There* gibt sich ostentativ als ‚unpolitisch'. Warum Krieg geführt wird und gegen welchen Feind, das spielt für die Serie keine Rolle. Jegliche Kontextualisierung historischer Ereignisse wie Charakterisierung der Kombattanten als Vertreter gegnerischer Systeme bleibt ausgespart. Polarisierungen sollen damit vermieden wer-

**Abb. 5.1** *Over There* © FX

den. „Wir haben keine politische Meinung", gibt Steven Bochco selbst Auskunft: „Ein junger Mann, der im Gefecht beschossen wird, hat kein Interesse an Politik" (zit. n. Pitzke 2005). Bochco zielt mit seiner Perspektivierung der Serie jedoch keinesfalls auf einen kleinsten gemeinsamen Nenner des Publikums ab. Er sucht vielmehr den Dissens durch Ambivalenz: „We'd get less controversy if we made an overt political statement about the war because half the people will agree with us and the other half will dismiss us. The controversy really comes when you present something like the Iraq war in such a nuanced way that it presses everybody's buttons a little bit. Now you've got a game" (zit. n. Weiner 2005). Indem *Over There* jede Kontextualisierung des kriegerischen Konflikts im Irak unterlässt, wird das Geschehen vieldeutig. Gerade der Verzicht auf kommentatorische Didaktik verleiht der Serie ihre ästhetische Polysemie. Faszination und Schrecken des Krieges werden als gleichberechtigte Gratifikationen für das Publikum offeriert. Ekstase und Terror gehen Hand in Hand.

Krieg soll nicht durch argumentative Rhetorik erklärt, sondern durch einfühlende Subjektivierung erfahrbar gemacht werden. Die Medienästhetik der Serie basiert auf der konzeptuellen Prämisse, durch Inszenierung von individueller Fronterfahrung eine ‚Wahrheit' offen legen zu können. *Over There*, so urteilt daher das liberale Feuilleton, bleibt „viele Erklärungen schuldig – und verliert sich im Geballere und in bestialischen Bildern von blutenden Soldaten" (Palm 2005). Ohne Zweifel handelt es sich bei *Over There* um eine Combat Series. Gemäß den Gesetzen des Genres diskutiert die Serie keine Positionen, sie zeigt stattdessen das tägliche, also: tödliche Geschäft des Krieges. Wie bereits in Bochcos hyperrealistischer Kriminalserie *NYPD Blue* dominiert ein behavioristischer Blick auf Figuren und Handlung, der weder glorifizieren noch verurteilen will. Bochco selbst zieht den Vergleich: „I understand that this is an incendiary subject and that there will be families of people in the military who don't want to watch this [...]. But the fundamental drama of this war is no greater or no less than the daily ongoing urban war that's occurring in our own backyards. Nobody told me not to make *NYPD Blue* because it was about an ongoing urban war" (zit. n. Weiner 2005). Deutlich werden soll, was es für GIs bedeutet, im Irak zu dienen. *Over There* legt die ganze Aufmerksamkeit der Serie auf Sorgen wie Nöte der US-Soldaten im Kampf gegen Aufständische und Terroristen. Resultat ist eine Erzählperspektive, die das Geschehen am Blick der Soldaten, nicht einer zivilen Evaluation misst. Natürlich bezieht *Over There* damit politisch Position, mag die Serie das auch nicht prominent deklamieren: Die Komplexität des Krieges wird zu einer Frage des Frontkampfes reduziert. In Tradition des WWII Combat Movie zeichnet *Over There* den Einsatz der GIs als legitimen Vorgang, eben gerade weil darum kein expliziter Diskurs geführt wird. Seine Notwendigkeit fungiert bereits als Basisideologem, das im Narrativ nicht mehr ausbuchstabiert zu werden braucht.

Dabei finden jedoch, wie im Genre stets üblich, Ambivalenzen durchaus ihren Platz. Filmhistoriker haben der Serie daher Haltungslosigkeit vorgeworfen: „By playing it neutral yet refusing to ignore the harsh realities of war, *Over There* becomes a Rorschach Test of sorts for the viewer. Some may see the ugly bloodshed and the ruined lives of all involved as a tirade against not only this war, but all war in general. Others may view the explicit violence and overt machismo as a glorification of sorts of the same. And surely there will be arguments about whether the series defends or condemns the actions of the soldiers. More interestingly, some will find it agrees with their philosophies, others will find it goes against them, and neither will agree on what the series means to say. [...] The series offers no answers. It shows soldiers acting courageously and shamefully, and often it insists on letting a single character do both. Lines are not only blurred, they are obliterated" (Cornelius 2006). Im beobachtenden Blick auf das Agieren der GIs versucht die Serie den politischen Diskurs außen vor zu lassen. Die vorsichtige Ambivalenz früherer TV-Kriegsserien wird mit *Over There* zum Prinzip erhoben.

Zahlreiche bekannte Elemente aus zuvor produzierten ‚Klassikern' der TV-Kriegsserie wie *The Gallant Men, Twelve O'Clock High, Combat!, The Rat Patrol* oder *Tour of Duty* kehren in *Over There* wieder. Da ist zum einen der Konflikt zwischen mobilen Infanteristen und ihren vorgesetzten Offizieren. *Over There* etabliert hier mit der Figur des Lieutenant Hunter (Josh Stamberg) einen Antagonisten, der Sergeant Silas und seinen Männern zum erbitterten Kontrahenten wird. In der Folge „Mission Accomplished" (Episode 7) tritt Hunter zunächst gegen Williams an, den er um jeden Preis strafversetzen lassen möchte. Williams, der Opfer einer Medienintrige geworden ist und versehentlich einen irakischen Zivilisten erschossen hat (Episode 5), kann sich von den ihm entgegen gebrachten Vorwürfen zwar befreien, bleibt aber für Hunter eine Persona non grata. In „Suicide Run" (Episode 10) eskaliert der Konflikt weiter. Als es in einem Dorf zu einem verheerenden Bombenattentat kommt, besteht Hunter unnachgiebig darauf, die GIs gegenüber den irakischen Zivilisten bevorzugt verarzten zu lassen, ungeachtet des Schweregrades der Verletzungen. In „Weapons of Mass Destruction" (Episode 12) beschlagnahmt Hunter das Zelt von Sergeant Silas und befiehlt, über alle Details der Suche nach einem verschollenen Kampfflugzeug unterrichtet zu werden. Sein Hintergedanke erweist sich als rein egoistisch: Nur in der Absicht, bei erfolgreicher Mission das Lob alleine für sich reklamieren zu können, zeigt er größtes Interesse am Kriegsgeschehen. Hunter und Silas geraten weiter aneinander, als der Lieutenant aus Panik und Unvorsicht auf die eigenen Soldaten feuert. Mit der Abschlussfolge „Follow the Money" (Episode 13) findet der Konflikt letztlich sein tödliches Ende. Hunters fahrlässiges Verhalten bei Feindbeschuss führt dort zum Tod mehrerer Soldaten. Zur Inkompetenz des Lieutenant kommt noch seine persönliche Habgier. Als sich herausstellt, dass Hunters Verhalten durch Interesse an irakischem Vermögen motiviert ist, stellt Dumphy ihn zur Rede. Just als der wegen Unsubordination unter Arrest gestellt werden soll, erfolgt eine erneute Feindattacke, die den von Hunter beschützen Geldtransporter explodieren lässt. Nachdem der Rauch sich verflüchtigt hat, wird sichtbar, dass einer der GIs den Lieutenant mit einem Schuss in den Rücken getötet hat. Silas, einer der mutmaßlichen Verdächtigen, kommentiert den Vorfall des ‚Eigenbeschusses' im Gefecht lakonisch: „The lucky ones live to feel guilty".

Neben dem Konflikt zwischen Infanteristen und Offizieren rückt *Over There* zum anderen auch die Diskrepanz zwischen soldatischen und ökonomischen Interessen ins Bewusstsein. Die Folge „Situation Normal" (Episode 8) führt so einen zwielichtigen Bauunternehmer im Dienste der Ölindustrie ein, dem nichts an pazifizierenden, alles aber an profitablen Militäreinsätzen liegt. Das Platoon erhält in der Folge den Auftrag, mehrere US-Arbeiter bei der Installation einer Ölpipeline in einem entlegenen Dorf zu beschützen. Die Ölgesellschaft stellt den Dorfbewohnern als Belohnung den Bau eines gemeinnützigen Gebäudes in Aussicht, sofern sie dem Unternehmen nicht in die Quere kommen. Im Streit darüber, ob eine Moschee oder eine Schule gebaut werden soll, wird die Ehefrau des lokalen Imams als Ungläubige ausgestoßen und damit der rituellen Steinigung freigegeben. Das Platoon kann intervenieren und die Frau zunächst in Schutz nehmen, muss sie aber am Ende der Episode zurück und so dem sicheren Tod überlassen. Das Ölunternehmen beschließt zwar, seine Pipeline um das Dorf herum zu leiten, die zerstörten Existenzen dort aber kümmern es nicht. Wenn Filmwissenschaftler daher konstatieren, dass „in *Over There* [...] nicht die negativen Folgen des Krieges für die irakische Bevölkerung, sondern in erster Linie die Leiden der amerikanischen Soldaten verhandelt [werden]" (Greiner 2012, S. 296), dann spricht zumindest „Situation Normal" eine differente Sprache. Die größte Emphase kommt in *Over There* zweifellos einer Darstellung der Härte des Krieges zu, die durchaus Effekte auf beiden Seiten des Konflikts zeitigt. Einerseits wird das Leid der irakischen Bevölkerung nicht ausgeklammert. Bereits in der Pilotfolge zeigt *Over There* die Verstümmelung von irakischen Kämpfern, als das Platoon mit dem Effekt einer Panzerabwehrrakete auf den menschlichen Körper konfrontiert ist. In „The Prisoner" (Episode 3) wird ein Aufständischer von CIA-Agenten gefoltert, um Informationen über den Verbleib gestohlener Raketen preiszugeben. Er kann dem Druck nicht standhalten und kollabiert. In derselben Episode bombardiert die US-Luftwaffe einen irakischen Bauernhof, um das Arsenal der gestohlenen Raketen zu vernichten. Dabei tötet sie aber nicht nur die dort verschanzten Aufständischen, sondern auch jene zivile Familie, die das Haus noch immer bewohnt. In „Follow the Money" wiederum wird ein irakischer Junge von den GIs getötet, als er ihnen nicht rechtzeitig den Weg freigibt.

Andererseits stehen mit dem Fokus der Serie auf das US-Militär und seine Infanterie klar deren Deprivation und Nöte im Zentrum. Die Darstellung reicht vom Kampfgeschehen bis zu Problemen in der Heimat. Einem Soldaten werden vom eigenen Vater die Gehaltsschecks abgefangen. Ein anderer wird schon nach wenigen Wochen im Dienst von seiner Freundin betrogen. Ein Dritter kann aufgrund des Irakeinsatzes die todkranke Mutter nicht begleiten. Alle sind sie Freiwillige der Armee, weil ihnen in den USA ansonsten jede Perspektive fehlt. Arbeitslosigkeit, Geldsorgen und die Hoffnung auf sozialen Aufstieg lassen die jungen Frauen und Männer der Armee beitreten. Ihr Leben und ihre Lieben lassen sie nicht zurück für eine Berufung durch die Berufsarmee, sondern lediglich für ein Glücksversprechen neoliberaler Ideologie.

Mehr noch als die sozialen Effekte fokussiert *Over There* indes die physische Dimension des Krieges. Schon in der Pilotfolge verliert Rider sein Bein durch eine Landmine. Die restlichen Episoden der Serie verbringt er mit Rehabilitationsbemühen, um wieder an die Front im Irak zurückkehren zu können (Abb. 5.2). In „Embedded" (Episode 5) wird Del Rio durch eine Streubombe im Gesicht verletzt, die sie beinahe ihr Augenlicht kostet. In „Suicide Rain" tötet sich ein Arzt der US-Truppen selbst, als er ein irakisches Kind nach einer Notoperation nicht retten kann. In „It's Alright Ma, I'm Only Bleeding" (Episode 6) wird dann schließlich sogar ein eingebundener Journalist der US-Streitkräfte von islamistischen Aufständischen für ein Propagandavideo vor laufender Kamera enthauptet.

Mit ihrer Emphase physischer Violenz geht die Serie weit über das medienästhetische Niveau früherer Produktionen hinaus. Wo *Combat!*, *The Rat Patrol*, *Garrison's Gorillas*, *Baa Baa Black Sheep* und selbst *Tour of Duty* in der Darstellung

**Abb. 5.2** *Over There* © FX

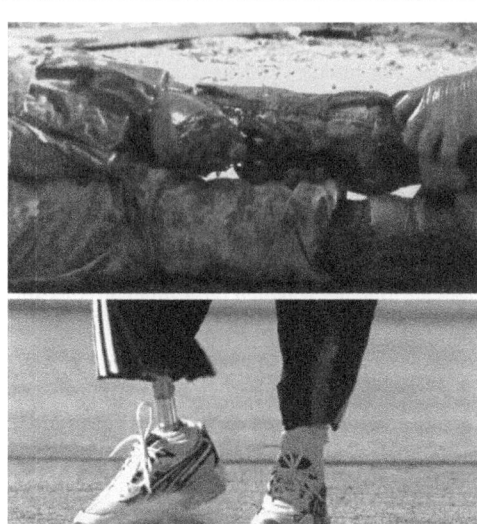

von Gewalt noch vergleichsweise zurückhaltend agieren, da macht *Over There* sie zum Primärinteresse. Die, mit Wilfried Menninghaus gesprochen, als „maximale Katastrophe des ästhetischen Körpers" (1999, S. 126) zu bezeichnende Versehrung figurativer Leiber erreicht in *Over There* ihren televisuellen Höhepunkt. Es ist eine Combat Series im wahrsten Sinne des Wortes: Die Konfrontation von Körpern bildet ihren zentralen Fokus. Das Einschlagen der Projektile in Leiber wie den Verlust von Extremitäten zelebriert *Over There* mit nachgerade anatomischer Detailverliebtheit (Abb. 5.3). Damit leistet die Serie eine neue Form des Tabubruchs im Feld der Television, wie er nicht mehr mit Rekurs auf ein historisches Trauma erklärt werden kann. Stattdessen stehen ihre transgressiven Tendenzen denjenigen entgrenzenden Elementen nahe, die George Bataille im Anschluss an Freud skizziert hat. Für Bataille manifestiert sich in exzessiven Momenten viszeraler Erfahrung eine transitorische Aufhebung ideologischer Wertsysteme. Bataille unterstellt dem Tabu analog zu Freud einen basalen „irrationalen Charakter", so dass es einerseits „Ruhe und Vernunft" in der Gesellschaft schafft, andererseits aber auch ein „Zittern" impliziert, das „nicht die Intelligenz, sondern das Gemüt befällt" (1984, S. 59). Das Tabu erscheint bei Bataille ebenfalls als ein irrationales Phänomen, das im Unterbewusstsein wirkt, wird aber mit dem Imperativ der Transgression versehen. Er feiert den Tabubruch durch Grenzüberschreitung als utopisches Ideal, das jenseits von Gut und Böse sich ereignet, also durch eine fundamental

**Abb. 5.3** *Over There* © FX

amoralische Qualität charakterisiert ist. Transgressives Potential sieht Bataille in Akten der Gewalt (wie auch Praktiken der Sexualität) gegeben, wenn sie nutzlos ausgerichtet sind, d. h. auf Verschwendung abzielen. Wie Freud konstatiert er in modernen Gesellschaften einen Rationalitätsdiskurs, der primordiale Triebe unterdrückt, bewertet diesen anders als Freud aber negativ, indem er seinen oppressiven Charakter apostrophiert. Für Bataille ist das Tabu zugleich Funktion wie Effekt gesellschaftlicher Unterdrückung im Dienste einer Klassengesellschaft, die ein saturiertes Bürgertum beherrscht. Dagegen setzt er eine sinnlose Veräußerung leiblicher Energien, die nicht länger produktiv wirken und so gegen den Utilitarismus der profanisierten Arbeitswelt opponieren.

Die gewaltsame Tötung von Leben fungiert bei Bataille als Möglichkeit, Spiritualität in einer entzauberten Welt zu finden, die dem Imperativ der Profitmaximierung folgt. So könnten orgiastische Rauschzustände neo-sakrale Momente konstituieren, die im Augenblick der Transgression die tabuierte Grenze überschreiten, ohne das Bewusstsein der Grenze und damit auch der modernen Arbeitsökonomie durch einen prä-zivilisatorischen Regress zu verlieren. Vielmehr würde die durch das Tabu geschaffene Demarkationslinie zwischen Erlaubtem und Verbotenem als Prädisposition ekstatischer Erfahrung operieren, die intensives Lust- und Schmerzempfinden inkludiert. Bataille glaubt, dass durch die entgrenzende Transgression, so interpretiert ihn Michel Foucault, eine ephemere Welt entsteht, die „sich in der Grenzerfahrung entfaltet, die sich im Exzeß, der die Grenze übertritt, bildet und auflöst" (1988, S. 72). Dieser ekstatische Exzess, in der einerseits Eros und Thanatos untrennbar amalgamiert und andererseits sämtliche Ich-Grenzen aufgehoben werden, fokussiert auch Batailles literarisches Werk. Erzählungen wie *Die Geschichte des Auges* (1928), *Madame Edwarda* (1941) oder *Meine Mutter* (1955) artikulieren exzessive Gewaltfantasien, die in einer äußerst bildreichen, rhizomatischen Metaphernsprache präsentiert werden. Der Transgression kommt so eine wichtige symbolische Dimension zu, wenn sie auf dem Feld der artistischen Produktion sich vollzieht. Dabei spielt für Bataille, den Philosophen aus dem Umfeld der surrealistischen Avantgarde, die Überschreitung von bürgerlichen Moralvorstellungen eine zentrale Rolle. Eine Serie wie *Over There* ist nun ästhetisch zwar freilich nicht vergleichbar radikal angelegt. Ihre explizite Darstellung von kriegerischer Gewalt wäre jedoch mit Bataille als transgressive Strategie zu deuten, die gegen den Erfahrungsverlust einer ‚entzauberten' Welt revoltiert. In ihr würde sich das Potential zu einer Verschwendung von Energie zumindest dergestalt andeuten, als dass gerade mediale Gewalt den Körper des Rezipientensubjekts direkt affizieren will[4]. In einer postheroischen Gesellschaft, deren Zivilität zudem vom Distanzmoment moderner, d. h. medialisierter Kommunikationsweisen und Arbeitswelten bestimmt ist, könnte die transgressive Simulation existentieller Grenzerfahrung als kompensatorische Gratifikation dienen, indem sie vorgibt, die viszerale Somatik des Krieges für ein entkörperlichtes Publikum spürbar zu machen. Die postheroische Gesellschaft mit ihren desomatisierten Kommunikationsprozessen und ihrer durch räumliche Distanz geprägten Kriegsführung würde so betrachtet durch eine Serie wie *Over There* selbst eine Abwehrhaltung gegenüber dem Wandel eines warenproduzierenden hin zu einem zeichenproduzierenden Krieg/Kapitalismus artikulieren. Konträr zur heroischen Industriegesellschaft, die den Körper in alltäglichen Arbeits- und Ausbeutungsprozessen ebenso trainiert hat wie in Kriegseinsätzen, ist ihm in der postfordistischen Informationsgesellschaft seine zentrale Bedeutung abhanden gekommen. Wo digitale Medien eine analogische Repräsentation suspendieren, Körperreferenzen instabilisieren und korporale Interaktion mit der Umwelt zu einer Funktion immaterieller Datenströme machen, da verschwindet auch das über den Körper definierte Subjekt. *Over There* kann vor diesem Hintergrund als Symptom eines Paradigmenwechsels vom Primat des Körpers zur Dominanz der Medientechnologie verstanden werden. Die Serie stellt dem Publikum projektive Körperbilder als symbolische Modelle zur Verfügung, indem sie eine Medienästhetik kultiviert, deren rezeptionsseitiges Telos die Produktion korporaler Reize bildet: nicht zuletzt ein Mit-Leiden, das sich angesichts gewaltzentrierter Audiovisionen vollzieht (Abb. 5.4). Sie wäre demnach ein Zeichensystem, das mit seinen Sehnsuchtsbildern nach physischer Grenzerfahrung der nostalgischen Weltsicht des entkörperlichten Subjekts entgegenkommt und diese Sehnsuchtsbilder für das Publikum als Angebot einer immateriellen Arbeit, d. h. einer „affektiv-emotionalen […] Tätigkeit" (Hardt und Negri 1997, S. 14) wirkungsvoll in Szene setzt. Damit wiederum leistet die Serie nicht zuletzt ein Einüben postfordistischer

---

[4] Siehe dazu aus einer psychoanalytischen Perspektive den einschlägigen Aufsatz von Linda Williams (2009) sowie, aus einer gleichsam poststrukturalistischen wie neophänomenologischen Perspektive, die Monographie von Steven Shaviro (2000).

## 5.1 Over There (2005)

**Abb. 5.4** *Over There* © FX

Flexibilitätsanforderungen, deren ambivalente Signifikanz eben im permanenten Oszillieren zwischen entkörperlichter Arbeit und affektiver Belastung liegt.

Neben den unmittelbaren Affekt aber tritt in *Over There* auch eine mentale Stimulation des Publikums. Ästhetische Fantasien um Krieg und Gewalt setzen eine ambivalente Faszination frei, indem sie unter die gewohnte Ordnung der Dinge und ihre tabuierten Felder blicken. Sie machen das Unsichtbare sichtbar, lassen Albträume und Ungewissheiten sich materialisieren. Das eigentliche Moment der Transgression liegt so weder nur in den Inhalten noch nur in den Formen ihrer Darstellung, sie aktualisiert sich weniger im Drama als in den dramatischen Effekten, die sie bewirken. Zwischen den Bildern und Tönen der medienästhetischen Entgrenzung öffnet sich ein Resonanzraum für Assoziationen und Affekte, die sich herstellen aus der Kombination von Sichtbarem und Imaginärem. Die Konfrontation zwischen Tabu und Tabubruch findet im Innen ebenso statt wie im Außen, wird erst abgeschlossen im mentalen Schrecken, der bleibt, auch wenn das audiovisuelle Ereignis längst vergangen ist. Denn die Begegnung mit dem Tabuierten konfrontiert das Subjekt, sie verweist auf sein verworfenes Abjektes, also das, was ‚unrein' ist und Ekel evoziert. Das Abjekte wird von Julia Kristeva definiert als ein Potential, das Klassifizierungen zum Kollaps bringt, sich nicht greifen lässt. Es ist eine Nicht-Kategorie, die kategorisch sich einer ontologischen Fixierung entzieht: „There looms, within abjection, one of those violent, dark revolts of being, directed against a threat that seems to emanate from an exorbitant outside or inside, ejected beyond the scope of the possible, the tolerable, the thinkable. It lies there, quite close, but it cannot be assimilated. [...] The abject has only one quality of the object – that of being opposed to the *I*. If the object, however, through its opposition, settles me within the fragile texture of a desire for meaning, which, as a matter of fact, makes me ceaselessly and infinitely homologous to it, what is *abject*, on the contrary, the jettisoned object, is racially excluded and draws me toward the place where meaning collapses" (1982, S. 1 f.). Für Kristeva arbeitet das Abjekte erosiv an den Grenzen menschlicher Subjektivität, ist Teil des Selbst und zugleich dessen nach Außen projiziertes Fremdes. Es opponiert gegen alle Versuche des Symbolischen (für Kristeva: der sprachlichen Bedeutungen und der Repräsentationen), das Subjekt nach seiner Trennung vom Semiotischen (für Kristeva: den vorsprachlichen Trieben und deren Artikulation) als kohäsiv, sauber und geordnet zu konstruieren. Durch den Prozess des Abjektierens soll die Stabilität einer fragilen Ich-Identität gesichert werden, deren negative Projektion eben das Abjektierte markiert. So verwischen im Abjekten die Grenzen zwischen Innen und Außen, werden Polaritäten zwischen Ich und Anderer aufgehoben, letztlich Dichotomien zum Einsturz gebracht. Das Abjekte bedroht den Prozess der Subjektbildung, weil das negative Objektive eingeholt und zugleich abgestoßen wird. In diesem Sinn wäre *Over There* als eine entgrenzende Herausforderung zu sehen: sowohl gegenüber einem gespaltenen Subjekt, das sich souverän glaubt, als auch gegenüber den medienkulturellen Institutionen, die diese Illusion der Souveränität durch restriktive Maßnahmen aufrechterhalten wollen.

*Over There* jedoch nur als transgressives Manifest und Ode an das Abjekte zu verstehen, griffe entschieden zu kurz. Die kulturell signifikante Schockästhetik der Serie lässt sich gewiss auch als exploitative und damit eindämmende Strategie werten. Von der New York Times wird sie gar tituliert als „a show business atrocity, a commercial abuse of a raw and unresolved national calamity" (Stanley 2005). Produziert vom Kabelsender FX, einer Subdivision von Rupert Murdochs notorisch konservativem FOX-Network, dürfte die ökonomische Perspektive einer ebenso sensualistischen wie sensationalistischen Ästhetik nicht aus den Augen verloren werden. Diese wäre eher durch ein Interesse an Attraktion als Repulsion interessiert, an einer Repulsion als Attraktion. „[I]t would be much easier to write off the show as harmless if its images of violence weren't so disturbing", schreiben Filmhistoriker: „It's almost blasphemous that many critics find it appropriately sobering, given the reprehensible desire of its images to numb the audience into submission rather than enlighten. Indeed, the show's aim always seems to be to one-up its shock quotient" (Schrodt 2005). Diese etwas zu einfach gedachte Dichotomie von aktivierender Aufklärung und narkotisierender Verblendung, die problematischerweise noch mit den binären Kategorien von Narration gegen Spektakel korreliert, mag in ihrer Naivität den Blick auf das Wesentliche verstellen. Denn *Over There* hat bei allen narrativen Differenzierungen in der Tat nur wenig mit einem ‚ernüchternden' Impetus zu tun. Vielmehr wird die Serie von einer grundlegenden Strategie der Ästhetisierung durchzogen. Ästhetisierungen greifen zum einen bereits in der orientalisierenden Darstellung des Kriegsschauplatzes[5]. Den Irak zeichnet *Over There* als von gelbbraunem Sand und tiefblauer Nacht definierte ‚Wüstenhölle', die allem Leben feindlich gesinnt zu sein scheint. Harte Helligkeitskontraste evozieren eine Atmosphäre permanenter Bedrohung, die jeder der ausgedehnten Schattenflächen einen potentiellen Gegner der GIs distribuiert. Aufgewirbelter Staub limitiert den Sichtradius zusätzlich und betont die Landschaft des Irak simultan als ‚archaische' Natur, die sich ebenso erhaben wie tödlich ausnimmt. Im Gegenlicht der irakischen Sonne gefilmte Hochglanzaufnahmen sind mit grellrot spritzendem Kunstblut aneinander geschnitten, seduktiv glitzernde Waffen werden in Slowmotion und Detailaufnahme gezeigt, dazu ertönt sanfter Folk-Pop auf der Tonspur. *Over There* geht es um eine hochstilisierte Edel-Ästhetik des Krieges, die Gewalt primär als graphischen Effekt begreift. Die Serie stimuliert ihr Publikum mit Bild- und Tonketten, die keinen Sinn mehr transportieren wollen jenseits ihrer Ereignishaftigkeit, die ihre eigene Sinnlosigkeit zum Ereignis hypostasieren. Hier herrscht eine Hegemonie des Looks gegenüber narrativer, ideologischer und diskursiver Funktionalität. Das Design bestimmt das Sein.

## 5.2 *Generation Kill* (2006)

Der unapologetische Ästhetizismus von *Over There* findet seinen naturalistischen Kontrapunkt in der bis dato zweiten und finalen Serie, die sich mit den Neuen Kriegen und dem War on Terror im Irak beschäftigt: *Generation Kill* (2006; HBO). Konzipiert von David Simon und Ed Burns, beide zusammen zuvor verantwortlich für *The Wire* (2002–2008; HBO), liegt *Generation Kill* jede Design-Ästhetik fern. Vielmehr kultiviert die Serie jenes Prinzip, das für den Pay-TV-Kanal HBO zum bahnbrechenden Erfolgsrezept geworden ist. Medienwissenschaftler haben hier von „HBO's house style" gesprochen und diesen lokalisiert in einer „HBO-ification of Genre" (Tait 2008). Für sie lautet die Schlüsselstrategie des Senders „realistic verisimilitude" im Sinne von „gritty and realistic emulations of the various constituent genres" (Tait 2008). Signifikant ist also ein besonderer Fokus auf Glaubwürdigkeit, die nicht gegen Genre-Konzepte ausgespielt, diesen viel-

---

[5] Zu orientalistischen Praktiken siehe die kanonische Studie von Edward Said (1981), in der eine Diskursgeschichte der Relation von ‚Orient' und ‚Okzident' geschrieben wird.

mehr implementiert wird. In diesem Sinne stattet HBO die Gefängnisserie – mit *Oz* (1997–2003) – ebenso wie die Kriminalserie – im Falle von *The Sopranos* (1999–2007) – ebenso wie die Familienserie – mit *Six Feet Under* (2001–2005) – ebenso wie die Westernserie – im Falle von *Deadwood* (2004–2006) – mit einer ästhetischen Strategie von „violent realism" (Tait 2008) aus, die in *Generation Kill* auch die Kriegsserie erreicht.

*Generation Kill* vermeidet den aktionslastigen Thrill von *Over There*. Stattdessen setzt die Serie auf eine Entschleunigung des Geschehens, um eine andere Konzeption subjektiver Erfahrung zu vermitteln. Die Ereignisdichte der Narration ist vergleichsweise minimiert, im Vordergrund stehen lange Dialoge der Soldaten und ihr Umgang mit der Monotonie des Krieges. Basierend auf dem Tatsachenbericht des ‚eingebetteten' Journalisten Evan Wright, in der Serie verkörpert von Lee Tergesen, entfaltet *Generation Kill* in ostentativ ruhigem Erzähltempo die Schilderung der Irak-Invasion aus Perspektive von Wright, ohne aber jemals auf das genrekonstitutive Moment des Frontkampfes zu verzichten. Der Kriegsreporter Wright ist bis zur Einnahme von Bagdad dem ersten Panzerwagen der Bravo Company im First Reconnaissance Battalion des Marine Corps zugeteilt, den er zusammen mit Sergeant Colbert (Alexander Skarsgård), Corporal Person (James Ransone), Corporal Trombley (Billy Lush) und Corporal Hasser (Pawel Szajda) teilt. Lange Sequenzen der Serie zeigen die Soldaten beim Warten, da sie häufig im Transitzustand verharren müssen. Ihre Langeweile versuchen die Männer mit permanentem Gerede zu bekämpfen, sie sprechen über Alltagsprobleme und Nichtigkeiten, singen Songs oder zitieren Dialogzeilen aus Filmen. Darüber werden auch die Figuren charakterisiert: der reflektierte Colbert ebenso wie der manische Person, der blutgierige Trombley ebenso wie der stille Hasser. Mit ihnen kehrt ein klassisches Inventar des Kriegs-Genres wieder: „As in every platoon in every classic war movie, this one is a cultural collision of archetypes: the Southern hick, the Los Angeles gangbanger, the Dartmouth graduate and even a New Age and fitness nut who wants to move to San Francisco because he says there are no fat people there" (Stanley 2008). Auch *Generation Kill* ist eine Genre-Produktion, die davon handelt, wie ein Platoon aus Individuen differenter ethnischer und regionaler Zugehörigkeit zu einem funktionalen Kollektiv verschmilzt (Abb. 5.5).

Produziert in sieben Episoden à fünfundsechzig Minuten, schildert jede Folge von *Generation Kill* einen neuen Abschnitt der Irak-Invasion. Entsprechend der generischen Tradition des Combat Movie wird das Narrativ dabei durch die Missionen des ersten Aufklärungsbataillons, eine Eliteeinheit noch innerhalb des Elitekaders der Marineinfanterie, strukturiert. Ihre primäre Aufgabe es ist, rasch in den Norden des Irak vorzustoßen, Gebiet hinter den feindlichen Linien zu sichern und Informationen an die nachrückenden Hauptkampftruppen weiterzugeben. Wie schon im Vietnamkrieg von *Tour of Duty* und in Analogie zu *Over There* findet dabei kein Schlagabtausch mehr auf dem Schlachtfeld statt, entsprechend den Verschiebungen der Neuen Kriegen wird die Abwehr von Hinterhalten und Anschlägen zur zentralen Herausforderung. Heckenschützen, Bombenleger und Selbstmordattentäter übernehmen die Funktion des Vietcong und evolvieren zu neuen generischen Figurentypen der TV-Kriegsserie.

Schildert *Over There* die frühen Tage der US-Besatzung im Irak, konzentriert *Generation Kill* sich auf die Invasion des Landes im Jahr 2003 und nimmt damit bereits eine historisierende Perspektive ein. Gemäß generischer Konventionen ist die Eroberung dabei auf ein durch strategische Etappen gegliedertes Narrativ sinnfällig gemacht. Den Marines werden jeweils kleinere Missionsaufträge zugewiesen, die immer wieder plötzlich aufflammende Kampfhandlungen nach sich ziehen. In „Get Some" (Episode 1) warten die Männer an der irakisch-kuwaitischen Grenze auf ihren Einsatzbefehl, als Wright zu ihnen stößt. In „The Cradle of Civilization" (Episode 2) erleben die Marines bei Nasiriyah und Al Gharraf ein erstes Gefecht mit irakischen Truppen. Anschließend erhalten sie Befehl, den Euphrat zu überqueren, um Nasiriyah zu erobern. In „Screwby" (Episode 3) soll ein irakischer Flugplatz eingenommen werden. Die Eroberung endet in einem Massaker an Zivilisten. In „Combat Jack" (Episode 4) sind die Soldaten durch ihren Einsatz am Flugplatz vom Rest der US-Truppen isoliert und haben sich mit Notrationen zu begnügen, bis sie Auftrag erteilt bekommen, die Leiche eines ermordeten Kameraden bei Al Shatra zu bergen. In „A Burning Dog" (Episode 5) werden die Soldaten in erbitterte Gefechte an einer strategisch wichtigen Brücke verwickelt, die sie erobern sollen. Nach einem ersten Rückzug gelingt ihnen die Einnahme des Objekts. In „Stay Frosty" (Episode 6) steht die Kapitulation von Saddam Husseins Truppen kurz bevor. Die Marines des ersten Aufklärungsbataillons erhalten Befehl, als Eskorte für aus Bagdad fliehende Zivilisten zu fungieren. In „Bomb in the Garden" (Episode 7) schließlich erreicht das Platoon die Tore von Bagdad. Die Soldaten verschanzen sich in einer ehemaligen Zigarettenfabrik. Von dort aus werden Patrouillen in die Stadt entsendet, bevor nach Ende der Invasion die Abkommandierung zurück in die USA erfolgt.

Mit *Over There* verbindet *Generation Kill* ein Fokus auf den Alltag des Fußsoldaten. Dazu gehören die generisch konventionalisierten Konflikte zwischen Infanteristen und Offizieren ebenso wie Darstellungen von Kriegsverbrechen und Menschenrechtsverletzungen. Zum einen ziehen sich Animositäten zwischen den Marines des ersten Aufklärungsbatallions und ihrem Vorgesetzten Lieutenant Colonel Ferrando (Chance Kelly) durch die Serie. Ferrando wird als karrieresüchtiger Opportunist charakterisiert, der sich unbedingt als Held beweisen will. Als in „Stay Frosty" sich ein Ende der Invasion abzeichnet, legt er alles darauf an, seine Männer zurück in einen lediglich für seine persönlichen Interessen noch sinnvollen Kampf zu schicken. Neben Ferrando erweist sich Captain McGraw (Eric Nenninger) in „Stay Frosty" ebenfalls als nur wenig kompetenter Offizier, dessen überhasteter Führungsstil sich in erratischen Befehlen niederschlägt und immer wieder Komplikationen schafft. Zum anderen klammert *Generation Kill* aber auch die Menschenverachtung rangniedriger Marines nicht aus. So versucht etwa Trombley, seine psychische Unsicherheit hinter offensiver Mordlust zu verbergen. Schon in „Get Some" fiebert er seinem ersten „kill" entgegen, den er mit „The Cradle of Civilization" dann auch für sich feiern kann. In „Screwby" schließlich schießt er auf zwei kleine Jungen, nachdem das Platoon lediglich Befehl erteilt bekommen hat, irakische Zivilisten gefangen zu nehmen. In derselben Episode wird die erste Aufklärungseinheit ferner Zeuge eines Massakers, als US-Truppen alle Bewohner eines irakischen Dorfes ausnahmslos hinrichten. Die Neuen Kriege haben auch *Generation Kill* erreicht.

Analog zu *Over There* versucht *Generation Kill* ebenfalls, geopolitische Kontextualisierungen zu vermeiden. Jeder didaktische Ansatz wird negiert, Romantisierungen ebenso wie Dämonisierungen. Krieg erscheint weder als Schreckens- noch Bewährungsort, vielmehr stellt *Generation Kill* ihn dar als Arbeitsleistung. Die Aufgabe der Soldaten ist, so präzise und effizient wie möglich zu töten, und dem wollen sie nachkommen. Mit ihr einher gehen alltägliche Routinen und funktionalisierte Handlungsprogramme, die expliziert statt kommentiert werden. Den Soldaten kommt es hier nicht an auf den Export von Werten wie Freiheit oder Demokratie, sie ziehen auch nicht los um ihrer Nation die Sicherung von Ölvorkommen und ökonomischen Vorteilen zu sichern. Stattdessen erledigt die nihilistische ‚Generation des Tötens" ihre Arbeit mit der Solidität von Beamten, ohne patriotischen Überbau oder utopische Ideale, die der „Greatest Generation" noch zugeschrieben werden. Sie ist die Generation von Hip-Hop, Video-Games und Internet-Pornographie, Produkt einer popkulturell modernisierten Männlichkeit, der Konsum über alles geht. In *Generation Kill* ist der Krieg folglich nicht mehr die Fortsetzung der Politik mit anderen Mitteln, Krieg setzt hier nur noch das kapitalistische Axiom der entfremdeten Erwerbsarbeit durch. Deshalb findet die Serie auch keine Position gegen die Kausalitäten des Krieges, sondern greift lediglich dessen defizitäre Exekution an. Logistische Probleme, mangelhafte Ausrüstung und unfähige Vorgesetzte werden zum alleinigen Stein des Anstoßes, wie die Medienwissenschaft gezeigt hat: „The attempt to create an apolitical drama out of the Iraq war means that there is no suggestion that the war itself was anything but badly executed. It fits neatly into what has become the prevailing liberal narrative about the war in the US. The problem was not a war launched in defiance of international public opinion and international law. The problem was that it was not done proper-

## 5.2 Generation Kill (2006)

ly" (Sweeney 2010). *Generation Kill* porträtiert US-Soldaten offen als Invasoren und Besatzer eines souveränen Staates, der unrechtmäßig zu Fall gebracht wird. Die Bewertung der kriegerischen Aktionen soll dennoch allein dem Zuschauersubjekt überlassen bleiben. Freilich aber ist damit erneut unweigerlich eine politische Positionierung verbunden: Die Serie würdigt die Arbeit der Soldaten gerade dadurch, dass sie sich weigert, genau jene Arbeit zu euphemisieren. Auf ihre Weise operiert *Generation Kill* so höchst zynisch: Es gilt eben einen schmutzigen Job zu erledigen, und da können nun einmal keine Hände sauber bleiben.

Diese ‚unpolitische' Politik, d. h. der von *Generation Kill* zur Ideologie des Krieges geführte Diskurs wird durch das inszenatorische Konzept der Serie unterstützt. Sie zeigt das Geschehen im Irak, ohne durch formale Strategien zu emotionalisieren. Stattdessen dominiert ein Aufbau maximaler Distanz gegenüber den Figuren, die mit nachgerade ethnographischem Blick beobachtet werden. Zum Einsatz kommt fast durchgängig eine mobile Handkamera, deren Bilder in langen Einstellungen das profilmische Arrangement unruhig abschwenken. Leicht über- und unterbelichtete Aufnahmen sorgen für piktoriale Kontraste, durch die einerseits ästhetische Strategien des Embedded Journalism selbst imitiert und andererseits Figuren von ihrer spatialen Umgebung abgehoben werden, so dass sie nie ganz mit der irakischen Landschaft verschmelzen können. Dazu kommt ein Verzicht der Serie auf einen extradiegetischen Soundtrack, wie er konventionellen TV-Serien und Spielfilmen ansonsten eigen ist. Der Einsatz von Musik in *Generation Kill* beschränkt sich auf A-cappella-Versionen populärer Songs, die von den Figuren selbst gesungen werden[6]. Daneben übernimmt der Funkverkehr des US-Militärs die Funktion eines Quasi-Soundtrack im Geiste der bricolierenden Musique concrète. Ferner zeichnet *Generation Kill* sich aus durch die Besetzung von Nebenrollen mit Laienschauspielern, häufig agieren tatsächlich Angehörige der Marineinfanterie als Soldaten. Fast dreißig Figuren lässt die Serie in narrativrelevanten Sprechrollen auftreten, so dass ein Blick in kaleidoskopischer Breite auf den Krieg im Irak sich einstellt.

*Generation Kill* lässt sich damit einem neuen Typus seriellen Erzählens subsumieren, dessen Medienästhetik insbesondere für Produktionen des Pay-TV-Kanals HBO prägend geworden ist. *Generation Kill* wird definiert durch multiple narrative Konflikte, die sich nicht länger auf eine Episode beschränken, sondern die einzelnen Folgen aufeinander aufbauen lassen, sie zu makrostrukturellen Handlungsbögen (*story archs*) verflechten. Dadurch werden diverse Erzählstränge über mehrere Episoden oder ganze Staffeln perpetuiert, mit der Konsequenz, dass eine

---

[6] Einzige Ausnahme stellt der apokalyptische Country-Song „The Man Comes Around" von Johnny Cash dar, der die finale Sequenz der Serie untermalt.

Verknüpfung der einzelnen Folgen nach dem Prinzip der Fortsetzungsserie (*serial*) – konträr zur Episodenserie (*series*) mit in sich abgeschlossenen Folgegeschichten – in diegetischer Chronologie erfolgen und auch auf diese Weise rezipiert werden muss, also unmöglich permutierbar ist. Hier wird nicht eine Geschichte immer wieder erzählt, hier wird eine Geschichte immer weiter erzählt. Narrative Konflikte sind daher als Entwicklungsprozess zu etablieren, was die Komplexität narrativer Entwürfe deutlich potenziert. Glen Creeber adressiert hier ungewöhnliche Strukturen in Form von „flexi-narrative cumulative storylines" (2004, S. 12), die konventionellere Muster des Erzählens im US-amerikanischen TV suspendieren; eine ästhetische Differenz, auf die sein Kollege Jason Mittell ebenfalls hinweist: „distinct for its use of narrative complexity as an alternative to the conventional episodic and serial forms that have typified most American television since its inception" (2006, S. 29). Auch *Generation Kill* präferiert ein polyvalentes Geflecht aus Haupt- und Nebenhandlungen, die miteinander verwoben werden. Für Steven Johnson ergibt sich aus dieser Strategie eine exzeptionell ausgefeilte Dramaturgie, die eine deutliche Affinität zum narrativen Experiment aufweist. Er bezeichnet das basale dramaturgische Modell als „multithreading" (2005, S. 72), womit er eine komplexe Konstruktion aus zahlreichen differenten Handlungssträngen mit unterschiedlichen interagierenden Protagonisten spezifiziert, die sich auch eines episodischen und elliptischen Erzählens bedient. Dieser Dramaturgie geht es darum, Beziehungen zu knüpfen, ein Netz zu spinnen. So stehen bevorzugt narrative Fäden nebeneinander, ohne notwendigerweise einer entwirrenden Instanz zu unterliegen. Eher spiegeln sich einzelne narrative Stränge gegenseitig, reichern sich an. In *Generation Kill* werden diese narrativen Netze in einem ausgesprochen langsamen Erzähltempo ausgebreitet und betont locker gesponnen, um das Fragmentarische der einzelnen Handlungsbögen zu betonen. Dadurch erreicht die Serie nicht nur ein hohes Maß an Selbstreferentialität, sondern auch eine neue Unübersichtlichkeit narrativer Strukturen, die das diegetische Arrangement multidimensional wirken lässt. Es entsteht ein Panorama der Perspektiven, das durch die Potenzierung der Protagonisten weniger ein homogenes Bild formen will als ein Kaleidoskop heterogener Bilder sich konstituieren lässt. Somit wäre *Generation Kill* vielleicht weniger als indexikalisch operierende Sichtbarkeitsmaschine zu begreifen, der serielle Diskurs ließe sich eher als ein Interface virtueller Fenster und Links beschreiben, das audiovisuelle Informationen archiviert.

In Kontrast zur FOX-Produktion *Over There* ist *Generation Kill* vom liberalen Feuilleton weitgehend begeistert aufgenommen worden. Die euphorische Rezeption setzt sowohl am putativen ‚Realismus' als auch der dafür konstitutiven ‚Komplexität' der Narration an. „*Generation Kill*, an HBO seven-part mini-series about the invasion of Iraq", schreibt etwa die New York Times, „is bold, uncompromising and oddly diffident. It maintains impeccable dignity even as it tracks a group of shamelessly and engagingly profane, coarse and irreverent marines, members of an elite reconnaissance battalion that spearheaded the invasion. *Generation Kill* tries to honor the ordeal – and the humanity – of its heroes while exposing the futility of their quest". Explizit wird mit Blick auf die narrative Komplexität der Serie eine Verbindung zu Simons vorangegangener Arbeit hergestellt, wenn *Generation Kill* als „as opaque and ascetic as *The Wire*" beschrieben ist, als „an opus that forced viewers to parse multiple plots and a huge cast of characters without directions or subtitles". *Generation Kill* werden dieselben Qualitäten zugeschrieben: „The main people in *Generation Kill* are numerous and hard to distinguish, and even the most basic story lines are blurry and difficult to follow" (Stanley 2008). *Generation Kill* situiert sich damit weniger in Tradition der TV-Kriegsserie als vielmehr des ästhetischen Konzepts von HBO, das als Intensivierung generischer Wahrscheinlichkeit wirkt: „The foul language and increased scope of violence, in addition to the subversion of earlier binaries of good and evil are the most obvious changes that take place, in addition to the easing of moral codes" (Tait 2008). Neben den bereits diskutierten moralischen Ambivalenzen fallen in *Generation Kill* tatsächlich die Rekurse auf Vulgärsprache und graphische Gewaltdarstellung besonders prominent auf. Auf der einen Seite strotzen die Dialoge der Soldaten so nicht nur vor militärischen Fachtermini, sondern vor allem auch vor sexuellen, skatalogischen und chauvinistischen Witzen. Sie sind durchsetzt von Rassismus, Misogynie und Homophobie. Auf der anderen Seite wird eine viszerale Splatter-Ästhetik kultiviert, deren Drastik noch über *Over There* hinausgeht. Gerade weil überstilisierte Ästhetisierungen der Gewalt unterbleiben, entwickelt *Generation Kill* einen schier anatomischen Fetisch an durch Projektile aufgeöffneten Leibern. Der soldatische Körper fungiert hier als Schauplatz des Krieges, auf dem die vernichtende Transformation von lebender zu toter Materie ausagiert wird (Abb. 5.5).

*Generation Kill* kann diese inszenatorischen Prinzipien perpetuieren, weil die Serie auf keinem öffentlichen TV-Kanal läuft. Nicht-öffentliches Fernsehen ist in den USA sowohl Kabel-, Satelliten- oder Internetfernsehen, dessen Netzwerke von privaten Unternehmen verlegt und vom Endkunden selbst bestellt werden müssen. Hier erfolgt keine Ausstrahlung über Antenne, so dass die Regulationen für den öffentlichen Rundfunk mit ihrem Verbot von „violent", „indecent" und „profane programming" nicht greifen. Kanäle wie FX brauchen bei der Gestaltung ihres Programms und Sendungen wie *Over There* prinzipiell keine Rücksicht auf Vorgaben der FCC zu nehmen. Weil aber auch sie eine möglichst hohe Anzahl an Werbekunden gewinnen möchten, verzichten sie aus Eigenmotivation auf die Ausstrahlung von Programmen, die gefährdet sind, als „violent", „indecent" oder „profane" eingestuft zu werden. Zugleich geht es ihnen darum, ihren konservativen Stamm

**Abb. 5.5** *Generation Kill*
© HBO

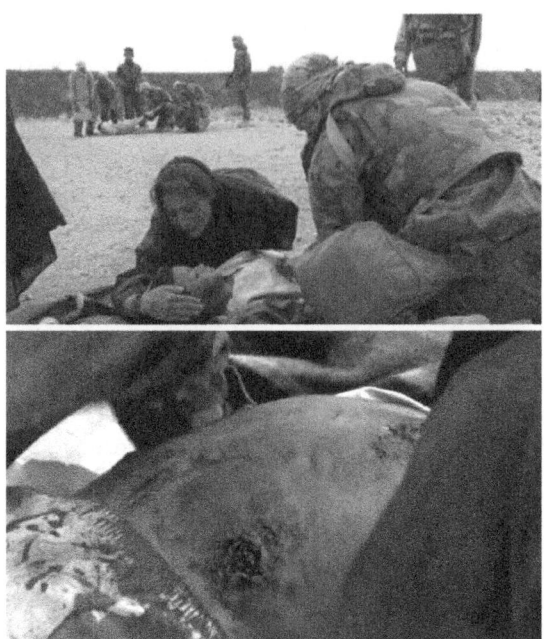

an Zuschauern nicht zu konsternieren mit Produktionen, denen ein Potential zur Kontroverse attestiert wird. FX und *Over There* bilden daher eine Ausnahme, die über ihre Einbindung in Murdochs FOX-Network abgesichert ist. Eine differente Sachlage herrscht hingegen vor bei Pay-TV-Sendern wie HBO, die ebenfalls auf privaten Frequenzen über Kabel senden. Diese sind nicht auf Werbekunden angewiesen, sondern finanzieren sich über private Abonnenten. Auf den eigenen Sendeplätzen verfügt das US-Bezahlfernsehen über eine große Freiheit, die letztlich nur an der Toleranzgrenze ihrer Kunden ein Ende findet. Wo ein Sender wie HBO weder Rücksicht nehmen muss auf sensible Werbepartner noch auf konservative Interessensgruppen noch auf administrative Behörden, da entstehen neue Möglichkeiten, kontroverse Serien wie *Generation Kill* auszustrahlen und damit auch eine permanent sich verschiebende Trennlinie zwischen bereits geleisteten und noch ausstehenden Grenzüberschreitungen.

*Generation Kill* wie auch *Over There* ist in einer differenten Kondition medienkultureller Rahmenbedingungen situiert als noch *Tour of Duty* und alle vorangegangenen Kriegsserien. Wo *Tour of Duty* die letzte der ‚alten' TV-Serien darstellt, bilden *Generation Kill* und *Over There* den ‚neuen' Typus der Kriegsserie aus.

## 5.2 Generation Kill (2006)

Dessen Konstitution lässt sich nur Verstehen über institutionelle Verschiebungen in der US-Medienkultur, die sich Mitte der 1990er Jahre ereignen. So kommt es mit der Verabschiedung des sog. Telecommunications Act von 1996 zu einem neuen Bundesgesetz, das Marktbarrieren neutralisiert, um eine Verstärkung des Wettbewerbes zu initiieren[7]. Seit 1996 ist Diversifikation des Programms durch innovative Formate das große Ziel. Es geht nicht zuletzt darum, Fernsehen für potentielle Zuschauer zu produzieren, die am Fernsehen kein Interesse haben. Als emblematisch dafür kann der Werbeslogan des Pioniers solcher Serien und Produzent von *Generation Kill* gelten: „It's not TV, it's HBO"[8]. Als, wie John Caldwell es nennt, „high profile carriers" (1995, S. 162) kommt Serien wie *Generation Kill* seit dem Telecommunications Act weniger die Funktion zu, konsensuelle Diskursräume zu verwalten als vielmehr gezielt Distinktion zu eben jenem diskursiven Konsens zu produzieren.

Mit dem Telecommunications Act beginnt die dritte Phase in der Geschichte des US-amerikanischen Fernsehens. Während die erste Phase (etwa 1948–1975) durch eine fordistische Wirtschaftsordnung definiert ist, deren Produktionslogik nach den Prinzipien von Fließbandarbeit und Massenkonsumption funktioniert, und die zweite Phase (etwa 1975–1995) durch eine postfordistische Wende gekennzeichnet ist, deren zentrales Axiom die zielkundenorientierte Werbung im Sinne einer Dienstleistungsgesellschaft darstellt, wird die dritte Phase bestimmt von Warenzeichenpolitik und korporativem Branding: „a form of market differentiation" (Rogers et al. 2002, S. 56). Dieser Periodisierung zufolge ist das Programm der ersten Ära eines, das mit vergleichsweise formalisierten Serien wie *The Gallant Men*, *Combat!* und *The Rat Patrol* auf den kleinsten gemeinsamen Nenner eines möglichst großen, demographisch nicht spezifizierten Publikums abzielt. In der zweiten Ära differenziert sich das Programmangebot mit der Etablierung neuer Sender über Kabel- und Satelliten-TV immer weiter aus, wobei ein spezieller Fokus auf demjenigen Bevölkerungssegment liegt, das Werbekunden am stärksten interessiert: eine urbane Mittelschicht zwischen achtzehn und neunundvierzig Jahren. Hier treten erstmals besondere Innovationen in der Programmgestaltung auf, die bereits eine antiautoritäre Kriegsserie wie *Baa Baa Black Sheep* begünstigt und schließlich mit *Tour of Duty* eine kontroverse Produktion sogar ihren Platz zur Prime-Time auf einem Network finden lässt. Entsprechend der Fragmentierung des US-amerikanischen Sozius sprechen diese Sendungen gezielt auch Sparteninteressen an, wie

---

[7] Siehe den Gesetzestext unter http://www.fcc.gov/Reports/tcom1996.pdf.

[8] Die Eigenwerbung des Senders greift damit ein Kriterium für Qualität auf, das auch der akademische Diskurs bemüht, gleichfalls ex negativo: „Quality TV is best defined by what it is not. It is not ‚regular' TV" (Thompson 1997, S. 13).

sie zuvor kaum Berücksichtigung gefunden haben. Dennoch weisen Phase I und Phase II entscheidende Gemeinsamkeiten auf. Beide Produktionsspannen sind geprägt von Imperativen der Werbeindustrie, die entsprechende Programme finanziert. Dabei zahlt das Publikum indirekt für den Empfang von Sendungen, muss es vorerst doch nur die nötige Hardware sich beschaffen. Zu den Produktionskosten der favorisierten Programme steuert es dann lediglich jene Beträge bei, die es in den Konsum von eben den Produkten investiert, die zwischen den Sendungen beworben werden. Werbefreie Pay-TV-Kanäle wie HBO funktionieren jedoch anders, ihre Programme bezahlt der Zuschauer nicht indirekt, sondern direkt: über ein monatliches Abonnement oder nach dem Prinzip von Pay-per-View. In dieser Konstellation spielen Werbekunden für den Kanal keine Rolle, er muss seinem Publikum stattdessen ein Programm offerieren, das es von Monat zu Monat, von Sendung zu Sendung an ihn bindet. Risiken auf sich nehmen, das ist deshalb nicht Option, sondern Pflicht, wenn ein Pay-TV-Kanal sich behaupten will.

Werden im Bezahlfernsehen über viele Jahre hinweg neben Live-Sportübertragungen vor allem ungeschnittene Spielfilme ausgestrahlt, deren Sex- wie Gewaltszenen den Normen der FCC nicht entsprechen, so sind es seit der Konkurrenz durch die Heimmedien (VHS seit Anfang der 1980er Jahre, DVD seit Mitte der 1990er Jahre) vor allem auch Eigenproduktionen, mit denen die Pay-TV-Kanäle ihre Exklusivität reklamieren wollen. Diese Entwicklung geht bei HBO dem Telecommunications Act mit drastischen Horrorserien wie *The Hitchhiker* (1983– 1987) oder *Tales from the Crypt* (1989–1996) und ‚schlüpfrigen' Sitcoms wie *Dream On* oder *The Larry Sanders Show* (1992–1998) bereits voraus, wird jedoch erst gegen Ende der 1990er Jahre zum durchschlagenden Erfolgsrezept, als graphische Gewaltdarstellung und sexuelle Freizügigkeit nicht nur organisch aus den erzählten Geschichten – dem Gefängnisschauplatz in *Oz*, dem Mafiamilieu in *The Sopranos*, dem Wild West in *Deadwood,* dem Krieg eben in *Generation Kill* – entwickelt werden, sondern auch das Geschichtenerzählen selbst mit einem ‚epischeren' Anspruch auftritt. So entsteht ein Interaktionsprozess von Inhalt und Form, der rezeptionsseitige Gratifikationen zu verdoppeln vermag. Wie das Erzählen mit komplexen Narrativen kann auch die Implementation von drastischer Sprache und Gewaltdarstellung einem transgressiven Realismuseffekt zugeschrieben werden, der als zentrales Moment einer ökonomischen Situation gilt, in der die Zuschauer für ihr Geld ein Produkt mit besonderem Gebrauchswert erwarten, das es auf den Networks nicht zu sehen gibt. Dabei nimmt das Pay-TV größere Risiken in Kauf, auch das Ausbleiben immediater Erfolge. Denn wichtiger als die einzelne Quote ist für den Sender sein Image, das nicht länger Zierde ist, sondern ökonomische Notwendigkeit: das der Abonnent fest mit der Marke assoziiert. Es

## 5.2 Generation Kill (2006)

geht primär darum, eine über längere Zeiträume konstante Anzahl von Abonnenten aus einem fragmentierten Zuschauermarkt für sich zu gewinnen, indem ihnen ein maßgeschneidertes Programm angeboten wird. Die Zielgruppe ist König für den jeweiligen Sender, er fungiert als ultimativer Gratifikationslieferant: als Adressat eines „boutique programming" (Caldwell 1995, S. 105), das vorgibt, seine Klientel mit extraordinärer ‚Qualität' zu verwöhnen, um sich ihres symbolischen Kapitals zu versichern. Die privilegierte Zielgruppe soll wissen, wofür sie bezahlt, sie soll wissen, was sie nur im Pay-TV bekommen kann. Das Pay-TV verkauft ein Produkt, vor allem aber ein Image, das die Produkte indiziert und inkludiert.

Wo FX in Murdochs FOX-Network eingebunden ist, zählen auch Pay-TV-Sender wie HBO zur Organisationsstruktur großer Medienkonzerne, die ihre Subunternehmen zusehends kleinteilig organisieren. HBO gehört so Time Warner Inc. an. Einerseits kommt dem Kanal damit eine ökonomische Sicherheit zu, die das experimentelle Programm einer transgressiven Kriegsserie wie *Generation Kill* absichert, selbst wenn eine Serie zunächst keinen Erfolg hat; den Horizont der Investition bildet langfristige Rentabilität, vielleicht erst bei Auswertung auf Heimmedien. HBO kann es sich zudem leisten, mit *Generation Kill* auch eine Serie von nur relativ geringerem Zuschauerinteresse zu produzieren. Denn entscheidend ist für den Kanal weniger eine Sendung mit möglichst hohen Einschaltquoten als ein Attraktionspotential des Gesamtprogramms, das unterschiedliche Individuen ihr Abonnement von Monat zu Monat verlängern lässt[9]. Andererseits bietet das transgressive Programm für den Mutterkonzern von Time Warner eine willkommene Gelegenheit, seine Medieninhalte durch Spartenangebote zu differenzieren. Die Oligopolstruktur der Medienlandschaft hebt nicht die Notwendigkeit zur Produktdistinktion auf, ihre hohe Kapitalkonzentration intensiviert sie vielmehr, um artifiziell den Eindruck einer Diversifizierung zu generieren, die auf dem Markt nach Anbietern de facto gar nicht existiert. Es kann so angesichts einer Serie wie *Generation Kill* kaum die Rede von Entgrenzung sein: nicht davon, dass hier eine „Avantgarde [...] hemmungslos in den Mainstream ein[dringt]" (Seiler 2008, S. 8). Stattdessen ist ein Kokettieren mit dem Bruch von Tabus festzustellen, das weder Selbstzweck ist noch emanzipatorische Anstrengung, sondern vor dem Horizont medialer Konkurrenz stattfindet. Der kulturelle Wert der Transgression ist hier unmittelbar auch ein kommerzieller.

Das Prinzip von HBO hat inzwischen auf weitere Sender übergegriffen. Nicht nur andere Pay-TV-Kanäle wie Showtime, sondern auch ein sich über Werbung

---

[9] „We don't care how many people watch our shows", kokettiert HBO: „We just want people to decide at the end of the month that it's worth renewing their subscription" (zit. n. Kelso 2008, S. 50).

finanzierender Kabel-Sender wie Murdochs FX verfolgt mit *Over There* analoge Strategien. Kreative wie Steven Bochco selbst erkennen diese medienkulturelle Verschiebung: „Given the givens, Iraq is not a subject area that network television would be comfortable exploring because of the potential for conflict and controversy [...]. Controversy doesn't sell soap. But even if a broadcast network made the show, I still couldn't use the language that I use at FX. I wouldn't be able to show the reality of the kind of violence that exists in that form of combat. So what you'd wind up with would be a much, much paler version of *Over There*. [...] They're [FX; Anmerkung I.R.] actually trying to put shows on their network that are viscerally engaging and that will generate a disproportionate response relative to the size of their audience [...]. That's how you brand yourself and get out there. People today are looking at FX and saying that it's starting to feel like HBO did in the beginning" (zit. n. Weiner 2005). Was mit *Tour of Duty* gegen Ende der 1980er Jahre noch das Potential zum Dissens besitzt, wird mit *Over There* und *Generation Kill* zur konsensuellen Eskamotierung eines Wunsches nach Transgression, der zudem zur Erwirtschaftung von monetärem Gewinn taugt. Beides bedingt sich unmittelbar gegenseitig: Das Entgrenzende ist eingedämmt. Ein „pushing the limits of representation" (McCabe und Akass 2007, S. 63) in jüngeren TV-Kriegsserien ist damit weniger ein Akt der Grenzüberschreitung als eine Frage des Geschäfts: des industriellen Interesses am Profit. FX kann mit *Over There* ein Publikum erreichen, das der restaurativen Konzernideologie ansonsten ablehnend gegenüber steht, und Showtime lanciert sich mit *Generation Kill* ebenfalls als Alternative zum Konservatismus der Networks. FX etwa bewirbt *Over There* dann auch als „TV's most controversial series", um mit dem transgressiven Label ein neues Publikum anzusprechen. Die Verletzung des Tabus kann vor diesem Horizont als institutionalisiert begriffen werden. Sie figuriert als ein Bestandteil des Attraktionspotentials, mit dem Zuschauer zu gewinnen sind. Wie narrative Komplexitätssteigerung fungieren auch transgressive Kriegsdarstellungen in Wort und Bild als ein Kriterium, das Unterschiede schafft. Tabubrüche sind Etiketten, die einander entsprechende Warenformen voneinander abheben sollen. Sie signifizieren Exklusivität durch Differenz zum Programm auf den öffentlichen Kanälen und helfen dem Bezahlfernsehen, sich selbst als Alternative zu stilisieren. In einer Medienlandschaft, die ihren Zuschauern zu jeder Sendung multiple Alternativen offeriert, ist es unverzichtbar, das eigene Produkt mit einer Identität zu versehen, die es von anderen Sendungen abhebt. Dazu gilt es nicht zuletzt, Aufmerksamkeit zu sichern, ergo eine zerstreute Rezeption zu verhindern. Sowohl komplexes Erzählen als auch spekulative Tabubrüche können zweifellos als Strategien begriffen werden, die sich

## 5.2 Generation Kill (2006)

der Konzentration ihrer Zuschauer versichern wollen[10]. Das Publikum wird dann mit Gratifikationen belohnt, die es auf den Networks nicht finden kann. Es sollen dabei kognitive und emotionale Intensitäten entstehen, durch deren Erleben eine Bindung an das Programm erfolgt. Gezielt werden durch audiovisuelle Sensationen die Sinne der Rezipienten somatisch stimuliert, schreibt der Sinneseindruck ihren Körpern selbst sich ein. Michael Hardt und Antonio Negri sprechen hier von affektiver Arbeit, d. h. einer Arbeit, die Affekte produziert wie „Behagen, Befriedigung, Erregung oder Leidenschaft" (2004, S. 126). Es geht nicht um bloßen Konsum, um Tausch in dieser neoliberalen Ordnung, es geht immer auch um Produktion, die Produktivität von Affekten. „Der konsumierende Mensch", konstatiert Michel Foucault dazu, „ist, insofern er konsumiert, ein Produzent. Was produziert er? Nun, er produziert ganz einfach seine Befriedigung. Man muss den Konsum als eine Unternehmensaktivität betrachten, durch die das Individuum auf der Grundlage des verfügbaren Kapitals seine eigene Befriedigung produziert" (2004, S. 315). Diese immaterielle Affektproduktion, die Herstellung von Befriedigung der Zuschauer, ist Ziel der rezenten TV-Kriegsserien, um ein Stammpublikum zu gewinnen. Die Sorge um den Kunden bildet somit den Horizont des Unkonventionellen und Transgressiven. Seine Pflege wird zum zentralen Fokus der Programmplanung.

Mit *Over There* und *Generation Kill* zeigt sich eine neue kapitalistische Medienkultur, die nichts mehr zu tun hat mit dem Primat der Normierung und Zentralisierung, das noch die erste Hälfte des 20. Jahrhunderts bestimmt. Es ist ein Kapitalismus, der das Heterogene und Deviante gelten lässt, um effizient zu wirtschaften. Er operiert nicht länger primär als disziplinierende Macht, die nur Verbote erteilt, er hat erkannt, dass durch Permission neue Märkte sich erschließen lassen. Aus den erlaubten Tabubrüchen sind Mehrwerte produziert, so dass alte dichotomische Modelle nicht mehr greifen. Stattdessen werden Herrschaft und Widerstand immer ähnlicher, bis hin zu einer Konvergenz von Dominanz und Resistenz. Für seine Aufmerksamkeit wird das Publikum also auf den Kabelkanälen mit der entgrenzenden Darstellung tabuierter Inhalte belohnt, aus der es einen besonderen Lustgewinn zu ziehen vermag. Die Aufmerksamkeit wiederum kann als der erwirtschaftete Mehrwert gelten, weil das private Fernsehen eben dadurch sich einerseits finanziert und andererseits seinen Zuschauern die Ressourcen zur Verfügung stellt, die es zur Erneuerung seiner Arbeitskraft benötigt. Eine Arbeitskraft, die selbst nichts anderes ist als zu regenerierende Aufmerksamkeit. Das bedeutet,

---

[10] Der ‚gewöhnliche' Fernsehzuschauer wird von John Ellis dagegen als jemand spezifiziert, der sich in seiner Zerstreuung verliert: „a viewer, casting a lazy eye over proceedings, keeping an eye on events" (1983, S. 137).

Sein und Bewusstsein, Unterbau und Überbau bilden im diskursiven Rahmen von *Generation Kill* und *Over There* kein binäres Modell, stattdessen scheinen sie dem neuen System gänzlich immanent. Finanzen und Fernsehen stellen beide nur differente Modi derselben Entität dar, beide gehören den zirkulierenden Wertsummen an. Rezente TV-Kriegsserien wären dann nicht zu sehen als Repräsentanten der kapitalistischen Wirtschaftsordnung, sie selbst sind (Teil) diese(r) Ordnung. Mit Michel Foucault wäre auszuführen, dass die Produktion von Diskursen stets an Machtbeziehungen gekoppelt ist: an die Aktualisierung „einer komplexen strategischen Situation in einer Gesellschaft" (1983, S. 114), die mit keiner Institution identisch ist und auf basale Weise ortlos, im Individuum aber sich festsetzt. Für Foucault wird damit ein entgrenzender Tabubruch unmöglich, weil er der Macht bereits immanent ist. Nicht mehr nur das Begehren nach Transgression fungiert als Teil der Macht, in der modernen Mediengesellschaft scheint die Transgression selbst von der Macht durchsetzt zu sein. So können Tabus allenfalls neu definiert, nicht aber Gegenstand von Subversion sein. Entgrenzung schafft nur neue Grenzen. Immer ist sie schon eingedämmt.

Aus dieser Perspektive betrachtet, sind alte Distinktionsstrategien assimiliert, ihr dissidentes Potential zur Warenlogik reduziert. Was als Emanzipation von Tabus ausgegeben wird, das ist letztlich der oberflächliche Signifikant einer Individualität, hinter der Akkumulation von Kapital steht. Fern davon, dass „mit einer expliziten Bildlichkeit" und „[v]isuellen Tabubrüche[n]" daran gearbeitet wird, die „dem Krieg anhaftende Schaulust [zu konterkarieren]" (Greiner 2012, S. 461), schaffen graphische Darstellungen leiblicher Versehrtheit vielmehr eigene voyeuristische Attraktionen, die sich als transgressiv vermarkten lassen. Mit TV-Kriegsserien wie *Generation Kill* und *Over There* wäre dem US-Fernsehen der Wunsch nach Konsens im Dissens zu attestieren, indem der Dissens abgeschafft wird. Gedacht mit Jacques Rancière ließen sie sich somit als post-politische und post-demokratische Serien bezeichnen, da sie dissensuale Akte einem Primat von Kapitaldynamik subordinieren: im Zuge einer, wie Rancière ausführt, „zunehmende[n] Übereinstimmung" zwischen Kultur und Kapital vermittels der Ausweitung der Rechte ökonomischer Initiativen und ihrer funktionalen Optimierung durch deren „flexible Anwendung auf die unaufhörlichen *Bewegungen der Wirtschaft* und der Gesellschaft" (2002, S. 117). Die Dichotomie zwischen ‚Qualität' und ‚Mainstream', zwischen ‚schmutzigem' und ‚sauberem' Krieg, nährt das Fernsehen selbst, um soziale Identitäten zu konstruieren, die auf Basis der Aneignung seiner Produkte entsteht. Das ist unter Bedingungen eines segmentierten Marktes, auf dem jeder Geschmack ein Nischengeschmack zu sein scheint, nicht Option, sondern Notwendigkeit zur Sicherung der Fortexistenz: eine artifizielle Generierung von distinktiver Konkurrenz auf kulturellen Feldern, die hierarchische Strukturen ausbildet, an deren Spitze das transgressive Produkt als Gebrauchsgegenstand steht. Dieser Prozess findet auf Ebene der Rezipienten seine Entsprechung, weil gegenkulturelle Identität als elitäres Konstrukt nach entsprechend ‚devianten' Konsumprodukten verlangt. Sie erlauben es den ‚unangepassten' Subjekten, sich nicht als Medienkonsumenten, sondern als Medienconnaisseurs zu definieren. Mit tabubrechenden Repräsentationen des Krieges werden ihnen TV-Serien offeriert, die einerseits Massenprodukte sind, andererseits aber durch ihre ästhetische Qualität camouflieren, an einem ökonomischen Gleichschaltungsprozesses zu partizipieren, der durch transgressive Darstellungsstrategien verdeckt wird. So kann Gegenkulturen neben einem Produkt zugleich symbolisches Kapital verkauft werden. Anders gewendet: Mit *Generation Kill* und *Over There* ist neben der Drastik von Sprache und Gewalt simultan auch das Publikum der Kriegsserien als transgressiv etikettiert. Medienkulturelle Dissidenz ist demnach zu begreifen als produktiver Motor eines kulturindustriellen Marktes, der gerade durch seine scheinbare Heterogenität ein Maximum an Homogenität etabliert. Dem Akt der Entgrenzung geht mithin seine vollzogene Eindämmung bereits vor.

Die TV-Serien zu den Neuen Kriegen und dem mit ihm korrelierenden War on Terror zeichnen sich damit durch ein hohes Maß an Ambivalenz aus. Konträr zu den Ambivalenzen früherer Produktionen wie *Combat!* vollzieht sich diese Verschiebung jedoch sowohl auf einer textuellen wie auch extratextuellen Ebene. Wo die Serien *Over There* und *Generation Kill* in ihrer medienästhetischen Konfiguration die für das Genre konstitutive Dialektik von Schrecken und Ekstase aufgreifen, reagieren sie nun auf eine soziokulturelle Kondition des Postheroismus, die sich in Folge einer radikalen Entgrenzung kriegerischer Handlungen seit spätestens 9/11 durchgesetzt hat. Durch die Kultivierung eines „Pop-Heroismus" (Herfried Münkler) machen die beiden Irakkriegs-Serien *Over There* und *Generation Kill* den Körper der Rezipientensubjekte selbst zum zentralen Adressaten der ästhetischen Zurichtung und wirken auf diese Weise dem Distanzcharakter elektronischer Kriegsführung entgegen. Indem eine somatische Grenzerfahrung televisuell simuliert wird, offerieren die Serien eine spekulative Kompensation für den ‚sauberen' Krieg der TV-Berichterstattung. *Over There* und *Generation Kill* lassen sich daher als Paradigmen einer differenzkapitalistischen Medienkultur lesen, deren zentraler Mechanismus als Eingrenzung in der Entgrenzung funktioniert. Der für beide Serien charakteristische Transgressionseffekt arbeitet somit an einer Emphase der Dichotomie zwischen ‚sauberem' Krieg und ‚schmutzigem' Krieg, durch deren Binärmodell heute Medienkonzerne erst auf einem segmentierten Markt bestehen können, der sich über fragmentierte Subkulturen konstituiert. Es handelt sich dabei um eine ‚Ästhetik des Hässlichen', die sich im medienkulturellen Feld des Kinofilms bereits mit den Vietnamkriegsfilmen der 1980er Jahre durchsetzt, von der Television zunächst allerdings nicht aufgenommen wird. Erst mit einer soziokulturellen Diversifikation des Publikums und der Etablierung von „Premiumkanälen" wie HBO evolviert der ‚schmutzige' Krieg zum Distinktionskriterium, das in Folge auch auf historisch früher situierte Kriege rückprojiziert wird. Wie nun im finalen Kapitel der vorliegenden Studie darzulegen ist, kommt dabei speziell dem Zweiten Weltkrieg eine Schlüsselfunktion zu.

## Literatur

Bataille, George. 1984. *Der heilige Eros*. Frankfurt a. M.: Ullstein.
Baudrillard, Jean. 1978a. *Agonie des Realen*. Berlin: Merve.
Baudrillard, Jean. 1978b. *Kool Killer oder Der Aufstand der Zeichen*. Berlin: Merve.
Baudrillard, Jean. 1990. *Das Jahr 2000 findet nicht statt*. Berlin: Merve.
Baudrillard, Jean. 1994. *Die Illusion des Endes*. Berlin: Merve.
Bodroghkozy, Aniko. 2005. Bring the war home: Iraq war stories from Steven Bochco and Cindy Sheehan. http://flowtv.org/2005/09/bring-the-war-home-iraq-war-stories-from-steven-bochco-and-cindy-sheehan. Zugegriffen 01. Aug. 2013.
Caldwell, John Thornton. 1995. *Televisuality: Style, crisis, and authority in American Television*. New Brunswick: Rutgers University Press.
Cornelius, David. 2006. *Over There*: Season 1. http://www.dvdtalk.com/reviews/20779/over-there-season-1. Zugegriffen 01. Aug. 2013.
Creeber, Glen. 2004. *Serial television: Big drama on the small screen*. London: BFI.
Ellis, John. 1983. *Visible fictions: Cinema, television, video*. London: Routledge.
Elsaesser, Thomas. 2012. Post-heroische Erzählungen: Jean Luc Nancy, Claire Denis und *Beau Travail*. In *Die Frage der Gemeinschaft: Das westeuropäische Kino nach 1945,* Hrsg. Hermann Kappelhoff und Anja Streiter, 67–94. Berlin: Vorwerk 8.
Foucault, Michel. 1983. *Der Wille zum Wissen: Sexualität und Wahrheit I*. Frankfurt a. M.: Suhrkamp.
Foucault, Michel. 1988. *Schriften zur Literatur*. Frankfurt a. M.: Suhrkamp.
Foucault, Michel. 1993. Andere Räume. In *Aisthesis: Wahrnehmung heute oder Perspektiven einer anderen Ästhetik,* Hrsg. Karlheinz Barck, 34–46. Leipzig: Reclam.
Foucault, Michel. 2004. *Geschichte der Gouvernementalität II: Die Geburt der Biopolitik*. Frankfurt a. M.: Suhrkamp.
Greiner, Bernd. 2007. *Krieg ohne Fronten: Die USA in Vietnam*. Hamburg: Hamburger Edition.
Greiner, Rasmus. 2012. *Die neuen Kriege im Film: Jugoslawien –Zentralafrika –Irak –Afghanistan*. Marburg: Schüren.
Hardt, Michael, und Antonio Negri. 1997. *Die Arbeit des Dionysos: Materialistische Staatskritik in der Postmoderne*. Berlin: ID.
Hardt, Michael, und Antonio Negri. 2004. *Multitude: Krieg und Demokratie im Empire*. Frankfurt a. M.: Campus.
Huntington, Samuel P. 2002. *Kampf der Kulturen*. München: Wilhelm Goldmann.
Johnson, Steven. 2005. *Everything bad is good for you: How today's popular culture is actually making us smarter*. London: Riverhead Books.

# Literatur

Kaldor, Mary. 2000. *Neue und alte Kriege: Organisierte Gewalt im Zeitalter der Globalisierung*. Frankfurt a. M.: Suhrkamp.

Kelso, Tony. 2008. And now no word from our sponsor: How HBO puts the risk back into television. In *It's not TV: Watching HBO in the post-television era*, Hrsg. Marc Leverette et al., 6–64. London: Routledge.

Kleiner, Marcus S. 2006. *Medien-Heterotopien: Diskursräume einer gesellschaftskritischen Medientheorie*. Bielefeld: Transcript.

Köppen, Manuel. 2005. *Das Entsetzen des Beobachters: Krieg und Medien im 19. und 20. Jahrhundert*. Heidelberg: Winter.

Kristeva, Julia. 1982. *Powers of horror: An essay on abjection*. New York: Columbia University Press.

Krogerus, Mikael. 2006. Der Serientäter. *NZZ Folio* 10.

McCabe, Janet, und Kim Akass. 2007. Sex, swearing and respectability. In *Quality TV: Contemporary American television and beyond*, Hrsg. Janet McCabe und Kim Akass, 62–76. London: IB Tauris.

Menninghaus, Winfried. 1999. *Ekel: Theorie und Geschichte einer starken Empfindung*. Frankfurt am Main: Suhrkamp.

Mittell, Jason. 2006. Narrative complexity in contemporary American television. *Velvet Light Trap* 58 (1): 29–40.

Münkler, Herfried. 2002. *Die neuen Kriege*. Reinbek bei Hamburg: Rowohlt.

Münkler, Herfried. 2004. Symmetrische und asymmetrische Kriege. *Merkur* 58 (8): 649–659.

Münkler, Herfried. 2006. *Der Wandel des Krieges: Von der Symmetrie zur Asymmetrie*. Weilerswist: Velbrück Wissenschaft.

Münkler, Herfried. 2007. Heroische und postheroische Gesellschaften. *Merkur* 61 (8/9): 742–752.

Palm, Carla. 2005. Eine reine PR-Veranstaltung, Mann! *Süddeutsche Zeitung*, 30. Juli 2005.

Pitzke, Marc. 2005. US-Serie über Irak: Ein Fernsehkrieg, der süchtig macht. *Der Spiegel*, 27. Juli 2005.

Rancière, Jacques. 2002. *Das Unvernehmen: Politik und Philosophie*. Frankfurt a. M.: Suhrkamp.

Rogers, Marc C., et al. 2002. The Sopranos as HBO brand equity: The art of commerce in the age of digital reproduction. In *This thing of ours: Investigating the Sopranos*, Hrsg. David Lavery, 42–57. New York: Columbia University Press.

Said, Edward W. 1981. *Orientalismus*. Frankfurt a. M.: Ullstein.

Scannell, Bill. 2005. Wie das Fernsehen den Krieg erfindet. *Die Zeit* 04.08.2005.

Schrodt, Paul. 2005. Over There. *Slant magazine*. http://www.slantmagazine.com/tv/review/over-there. Zugegriffen: 01. Aug 2013.

Seiler, Sascha. 2008. Abschied vom Monster der Woche. In *Was bisher geschah: Serielles Erzählen im zeitgenössischen amerikanischen Fernsehen*, Hrsg. Sascha Seiler, 6–9. Köln: Schnitt Verlag.

Shaviro, Steven. 2000. *The cinematic body*. Minneapolis: University of Minnesota Press.

Stanley, Allesandra. 2005. The drama of Iraq, while it still rages. *The New York Times*, 27. Juli 2005.

Stanley, Allesandra. 2008. Comrades in Chaos, invading Iraq. *The New York Times*, 11. Juli 2008.

Sweeney, Sheamus. 2010. *Generation Kill. Scope: An online journal of film and TV studies.* http://www.scope.nottingham.ac.uk/filmreview.php?issue=18 & id=1239. Zugegriffen 01. Aug 2013.

Tait, Colin R. 2008. The HBO-ification of Genre. *Cinephile* 4. http://cinephile.ca/archives/volume-4-post-genre/the-hbo-ification-of-genre. Zugegriffen 01. Aug 2013.

Tasker, Yvonne. 2011. *Soldiers stories: Military women in cinema and television since WWII.* Durham: Duke University Press.

Thompson, Robert J. 1997. *Television's second golden age: From Hill Street Blues to ER.* Syracuse: Syracuse University Press.

Virilio, Paul. 1997. *Krieg und Fernsehen.* Frankfurt a. M.: Fischer.

Weiner, Allison Hope. 2005. Licking and salting war's open wounds. *The New York Times,* 25. Juli 2005.

Williams, Linda. 2009. Film-Körper: Gender, Genre und Exzess. *Montage/av* 18 (2): 9–30.

# Authentizität und Allegorie 6

## 6.1 *Band of Brothers* (2001)

Das Konzept von *Generation Kill* wird von HBO in vieler Hinsicht bereits vorweggenommen mit der Serie *Band of Brothers* (2001), für Thomas Schatz nichts weniger als „the most ambitious project ever produced for television" (2008, S. 126). Im Jahr 2001 mit einem Rekordbudget von über hundertzwanzig Millionen Dollar produziert und als zehnteilige Miniserie in etwa einstündigen Episoden umgesetzt, läuft *Band of Brothers* wie auch *Generation Kill* länger als übliche Miniserien von zwei bis sechs Folgen, ist gegenüber ‚Endlosserien' dennoch aber deutlich begrenzt und a priori akribisch durchkonzipiert (Abb. 6.1). Ebenfalls in Analogie zu *Generation Kill* basiert *Band of Brothers* auf einer literarischen Vorlage, der gleichnamigen Studie des liberalen Historikers Stephen Ambrose zum Einsatz einer Elite-Luftlandedivision der US-Streitkräfte im Zweiten Weltkrieg. Als Buch wie Fernsehserie schildert *Band of Brothers* die Erfahrungen der so genannten Easy Company, 2. Bataillon, 506. Fallschirmjägerregiment, im Zeitraum zwischen 1942 und 1945, mit Fokus auf dem Krieg in Europa während der letzten beiden Kriegsjahre. Beginnend mit der Grundausbildung der Soldaten im Camp Toccoa, Georgia, erzählt *Band of Brothers* sowohl die Landung der Alliierten in der Normandie, die sich daran anschließende Schlacht in den Ardennen, die Befreiung der Konzentrationslager und schließlich die Besetzung von Hitlers Residenz im bayerischen Berchtesgaden. In Tradition des Genres fokussiert jede Episode von *Band of Brothers* eine spezifische Aufgabe der Soldaten, verbunden mit den differenten Etappen des Kriegseinsatzes. Thomas Schatz assoziiert das serielle Narrativ daher mit dem „workplace drama" der Television, einem „ensemble piece",

**Abb. 6.1** *Band of Brothers* © HBO

wie es auch Produktionen wie *Emergency Room* (1994–2009; NBC) auszeichnet: „[W]here the ensemble of working stiffs live by an unspoken code and provide one another with the only real family they can know given the overwhelming demands of their profession. *Band of Brothers* operates along much the same lines, but with the stakes raised exponentially. The perils in *Band of Brothers* involve survival more than anything else – certainly more than the outcome of the war, significantly enough, since by the time that the story really gets underway in June 1944, the eventual Allied victory was already a foregone conclusion" (2008, S. 129). *Band of Brothers* folgt damit TV-Kriegsserien wie *The Gallant Men*, *Combat!* oder *Tour of Duty* nach, die freilich ebenfalls alle einen souveränen Diskursstand gegenüber historischen Kriegen einnehmen und jeweils den Fokus abwenden von der Frage nach Sieg oder Niederlage, um dadurch das Moment soldatischen Überlebens prominent zu platzieren. Konträr zu anderen Kriegsserien davor oder danach zentriert *Band of Brothers* allerdings unterschiedliche Figuren, wobei die Geschehnisse in den einzelnen Episoden jeweils über differente Akteure perspektivisiert werden. Protagonist der Serie ist so kein Individuum, es ist das Kollektiv. Am Beispiel einzelner Soldaten in ihren jeweiligen Missionen wird der Zweite Weltkrieg zum einen konkretisiert, im Konkreten aber soll sich zugleich auch ein allgemeines Bild vom Einsatz des US-Militärs in Europa generalisieren.

Die Pilotfolge „Currahee" funktioniert sowohl als Ensemble-Episode, um in die Serie einzuführen, als auch als Exponierung zentraler Charaktere, die das Geschehen prägen. Sie schildert die Grundausbildung der GIs in den USA unter Captain

## 6.1 Band of Brothers (2001)

Sobel (David Schwimmer). Immer wieder müssen die Rekruten den titelgebenden Berg „Currahee" ersteigen, drakonische Strafen stehen auf der Tagesordnung. Von Georgia werden die Soldaten ins britische Upottery versetzt, wo man sie nicht nur auf die geplante Landung der Alliierten in Frankreich vorbereitet, sondern sich auch Sobels defizitäre Führungsqualitäten im Feld herausstellen. Der sadistische Sobel gerät in Konflikt mit seinem besonnenen Stellvertreter Major Winters (Damian Lewis), der letztlich vor dem Kriegsgericht und mit Sobels Versetzung zurück an die Fallschirmjägerschule in Camp Toccoa endet. In den folgenden Episoden wird die Serie dann ausschließlich den Kampfeinsatz der Soldaten fokussieren. „Day of Days" (Episode 2) handelt von den Geschehnissen am 6. Juni 1944, dem sog. „D-Day". Gruppiert unter dem Kommando von Major Winters, muss die Easy Company zunächst Probleme bei der Landeaktion bewältigen, bevor sie erfolgreich zum Kommandostützpunkt bei Brécourt im Hinterland der Normandie vorstößt. Gemeinsam gelingt es den GIs, eine Artilleriestellung der Wehrmacht auszuheben, durch welche die Landezonen des US-Militärs am Strand beschossen werden. In „Carentan" (Episode 3) steht der Gefreite Blithe (Marc Warren) im Zentrum, dessen soldatische Aktionsfähigkeit durch Angst vor dem Kriegsgegner massiv eingeschränkt wird. Die Episode erzählt vom Abbau seiner psychosomatischen Störungen, als Major Winters ihn während der Schlacht um die französische Stadt Carentan vom Symptom der temporären Blindheit befreien kann. Freiwillig meldet Blithe sich als erster Späher einer Patrouille, im Laufe derer er von einem deutschen Scharfschützen verwundet und anschließend ins Lazarett gebracht wird. „Replacements" (Episode 4) folgt Sergeant Randleman (Michael Cudlitz), dem mehrere neue Rekruten unterstellt werden. Nicht an der Landung in der Normandie beteiligt, haben diese Männer es zunächst schwer, von den erfahreneren Männern der Company akzeptiert zu werden. Zusammen mit Randleman springen sie bei Eindhoven ab, das rasch eingenommen wird. Der Kampf um das niederländische Nuenen hingegen verläuft verlustreich, integriert die Rekruten aber zusehends in die Kompanie. Randleman indes wird von ihnen getrennt und rettet einen Vater sowie dessen Tochter vor deutschen Soldaten. Mit „Crossroads" (Episode 5) rückt erneut Major Winters in den Fokus, der Bericht an seine Vorgesetzten erstatten muss. Sein Schreiben wird zum Anlass genommen, den bisherigen Kriegsverlauf am Beispiel der Easy Company zu reflektieren. Flashbacks und neue Perspektiven bringen ergänzende Informationen, bis der grüblerische Winters dann in den in den Bataillonsstab befördert wird und damit praktisch aus der Serie scheidet. Das Kommando der Easy Company übernimmt Lieutenant Heyliger (Stephen McCole), unter dem die Soldaten eine am östlichen Rheinufer abgeschnittene Einheit britischer Fallschirmjäger retten. Danach werden sie in die Ardennen verlegt, wo Belgien gerade eine Offensive der Wehrmacht erlebt. Diese schildert im Detail die anschließende Folge „Bastogne" (Episode 6), mit der erstmals medizinisches Personal im Mittelpunkt steht. Am Beispiel des erfahrenen Sanitäters Roe (Shane Taylor) schildert die Episode das Versorgungsdefizit der US-Armee, die nicht nur Mangel an Munition und Medikamenten leidet, sondern auch zu wenig wärmende Kleidung für die winterlichen Bedingungen bei Bastogne besitzt. Im zermürbenden Stellungsgefecht gegen die Wehrmacht drohen Moral und Menschlichkeit der GIs verloren zu gehen. „The Breaking Point" (Episode 7) wiederum konzentriert sich auf Erfahrungen von Sergeant Lipton (Donnie Wahlberg), der, obwohl de jure nicht Befehlshaber der Kompanie, diese de facto doch durch die erbitterten Kämpfe um das belgische Foy führt. Lipton ersetzt den durch Absenz an der Front auffallenden Lieutenant Dike (Peter O'Meara), den die Heeresleitung am Ende der Folge schließlich durch Captain Speirs (Matthew Settle) substituiert. Lipton wird für seine Verdienste eine Beförderung zum Offizier in Aussicht gestellt. Von Lipton wechselt in „The Last Patrol" (Episode 8) die Perspektive zu dem Gefreiten Webster (Eion Bailey), der nach langem Lazarettaufenthalt wieder an die Front zurückkehrt. Dort stößt er in einer Spezialmission zusammen mit den übrigen Männern der Easy Company hinter die feindlichen Linien vor, um deutsche Kriegsgefangene zu machen. Ihre Mission verläuft erfolgreich und soll zunächst wiederholt werden, bis dann aber die Kapitulation der Wehrmacht sich abzuzeichnen beginnt. In „Why We Fight" (Episode 9) ist die deutsche Armee bereits besiegt, und das US-Militär dringt nach Bayern vor. Am Beispiel der Erfahrungen von Captain Nixon (Ron Livingston) wird gezeigt, wie die GIs bei Landsberg am Lech das Konzentrationslager Kaufering IV entdecken und die Inhaftierten befreien können. Die finale Folge „Points" (Episode 10) thematisiert den erfolglosen Partisanenkampf letzter Waffen SS-Soldaten um Hitlers „Adlerhorst" von Berchtesgaden, während die übrigen Mitglieder der Easy Company im tiroler Zell am See ankommen, wo sie bis Ende des Krieges stationiert bleiben sollen. Die Serie schließt mit einem Ausblick auf das Nachkriegsleben der unterschiedlichen Protagonisten.

Produziert von Steven Spielberg und Tom Hanks, kann *Band of Brothers* als zentraler Paradigmenwechsel im Genre der TV-Kriegsserie gelten, dem nachfolgende Serien wie *Over There* und *Generation Kill* aufs Engste verpflichtet sind, auch wenn sie statt dem Zweiten Weltkrieg die Neuen Kriege und ihren War on Terror als Schauplatz wählen. Der immense Einfluss von *Band of Brothers* liegt dabei in Strategien der Authentifizierung begründet. Dieser Rekurs auf Perzeptionseffekte eines Glaubwürdigmachens mittels Analogierelationen als „Schlüsselkomponente in der Beziehung zwischen Film und Zuschauer" (Elsaesser 2013, S. 63) übernimmt die Serie weitestgehend vom Kinofilm *Saving Private Ryan* (1998) – Regie: Steven Spielberg, Hauptrolle: Tom Hanks –, geht partiell aber auch über dessen Referenz hinaus. Jeffrey Bewkes, CEO des Senders HBO, stellt

## 6.1 Band of Brothers (2001)

eben diese Qualität heraus: „We did it because we could treat this story in a way no other medium could treat it. No one else could have given it this level of authenticity" (zit. n. Carter 2001). Betrachtet man die Rezeption von *Band of Brothers* im Feuilleton, so fällt auf, dass es auf genau diesen Aspekt der Serie wieder und wieder neu eingeht. „Spielberg's *Saving Private Ryan* – with its graphic first half hour – broke new ground in the realistic depiction of battle and revived interest in World War II", schreibt etwa die New York Times zu *Band of Brothers*, „raising the bar for future projects, including this one" (Hohenadel 2000). Wenn man dem New Yorker folgen will, hat *Band of Brothers* diese Marke mit Leichtigkeit erreicht: „In many earlier war movies, you find yourself waiting for the fighting; in *Saving Private Ryan*, you can't wait for it to be over. *Band of Brothers* takes the same realistic approach, and watching it seems to replicate the experience of serving in a war [...]. Hanks and Spielberg have gone to great lengths to bring Americans who have never put their lives on the line as authentic a facsimile of that experience as possible, with all the requisite boredom and excitement and bonding and misery that go with it" (Franklin 2001). Im Beitrag des New Yorker kommen mehrere Elemente zusammen, die ich im Folgenden historisierende Authentifizierungsstrategien der Kriegsserie nennen möchte. Authentifizierung durch Historisierung bedeutet, dass das historische Sujet auf Ebene des Dargestellten durch Strategien der Darstellung scheinbar verifiziert wird. Neben die offensichtliche Referenz von *Band of Brothers* zur Geschichtlichkeit des Zweiten Weltkriegs treten mithin genuin medienästhetische Verfahren, die das fiktionale Arrangement als faktual beglaubigen. Entscheidend ist daher nicht nur ein Rekurs auf möglichst viele historisch verbürgte Tatsachen und Details und folglich ein Appell an das Kontextwissen des Publikums, als zentral erweisen sich darüber hinaus Adressierungen der kulturell bedingten Seherfahrung und der damit verbundenen Medienkompetenz, zwischen inszenatorischen Signalen der Fiktionalität und der Faktionalität zu differenzieren. Erst diese Inkorporation erlaubt es der Serie, ein scheinbar lückenloses Bild von Geschichte zu entwerfen, das eben jene „suspended closure" und „sense of incompleteness" ausschließt, die Bill Nichols (1994, S. 147) als zentral für das Verständnis historischer Prozesse begreift. *Band of Brothers* tritt offen mit dem normativen Anspruch an, eine definitive Darstellung des Zweiten Weltkrieges zu leisten, an deren Authentizität sich die Geschichte selbst messen lassen muss.

Auf einer basalen Ebene sucht *Band of Brothers*, noch ganz in Analogie zu *Saving Private Ryan*, einen authentischen Effekt bereits durch die Bearbeitung des medialen Trägers, d. h. des Filmmaterials. Ausgeblichene Farbtöne in verwaschenem Grau, Grün und Braun bilden den monochromatischen Hintergrund für in Rot sprudelndes Blut, so als habe das Filmmaterial lange Zeit im Archiv verbracht und sei daher viele Jahre alt, hergestellt zur Zeit des Zweiten Weltkrieges selbst, als dokumentarisches Material. Gezielt werden damit Reminiszenzen an historische Wochenschauaufnahmen gesucht, die *Band of Brothers* Einzelbild für Einzelbild (re)konstruiert, um damit über das Mediengedächtnis der Zuschauersubjekte einen beglaubigenden Effekt zu erzielen. Ein weiteres inszenatorisches Mittel der Serie zur historisierenden Authentifizierung ist daneben eine äußerst mobile Handkamera, die in den Kampfsequenzen für keinen Moment zur Ruhe zu kommen scheint und für das Publikum ein Mittendrin statt nur Dabei suggeriert. Bekannt ist der Einsatz einer solchen Kameraarbeit primär als konventionalisierte Technik des dokumentarischen Films, insbesondere des Cinéma Verité und des Direct Cinema. In *Band of Brothers* werden sie als ästhetische Strategien zur Simulation des Kontrollverlusts in der Kampfsituation genutzt. Dieser Kontrollverlust ist zu einem Orientierungsverlust des Zuschauersubjekts gewendet, der zum intendierten Effekt darstellender Operationen wird, die durch eine Medienästhetik der Entdistanzierung ihr Dargestelltes beglaubigen wollen. Opake Einstellungskompositionen unter Augenhöhe der Figuren, Wackel- und Unschärfeeffekte im Bild, kontrastierende Einstellungsgrößen, abrupte Reißschwenks sowie eine immer wieder neu am Geschehen ausjustierte Motivsuche durch das Objektiv lassen das Arrangement vor der Kamera als hektisch, zufällig und spontan aufgezeichnet, somit authentisch erscheinen. Den fiktiven kriegerischen Ereignissen wird durch den Eindruck eines Filmens unter ‚realen' Konditionen eine faktuale Qualität des Historischen eingeschrieben. Weil mediale Repräsentationen von Krieg freilich nie ein mimetisches Abbild des historischen Kriegs leisten können, hängt der ihnen zugeschriebene Authentizitätsgrad einerseits von einer Zurückdrängung der Kondition des Medialen, andererseits aber auch einer spezifischen Relation zu derselbigen ab. So kann letztlich nur ein authentisch zerstörtes Bild ein authentisches Bild der Zerstörung liefern. „Es ist klar", konstatiert Joachim Paech, „dass dadurch eine Schraube sich ständig wiederholender reflexiver Rückwendungen des Mediums auf sich selbst in Gang gesetzt wird, die sich immer wieder als ‚Störung' des Dargestellten durch die medialen Bedingungen der Darstellung in Szene setzen" (2005, S. 336). Solche Störungen manifestieren sich im scheinbaren Suchen der Kamera nach Motiven und ihrem scheinbar hektischen Reagieren auf profilmische Ereignisse. Anders als im klassischen Regime der Medienästhetik folgen nicht die Figuren der Kamera, die Kamera folgt den Figuren. Permanent wird der Bildausschnitt korrigiert, als stehe jede Aufnahme unter dem Druck kontingenter Ereignisse. In *Band of Brothers* wird für das Zuschauersubjekt auf diese Weise quasi eine Zeitreise unternommen, so dass es den Eindruck vermittelt bekommt, dokumentarische Live-Aufnahmen des Kampfgeschehens, ja eine Kriegsreportage zu rezipieren. Geschichte ist als Gegenwart ausgegeben, indem die Gegenwart der Vergangenheit als vergangene Gegenwart hergestellt wird. Die Mise-en-scène vor der Kamera trägt noch zu diesem historisierenden Authentizitätseffekt bei. *Band of Brothers* will den Anschein vermitteln, dass im Schlachtgeschehen und dessem seriellen Töten jeder jederzeit zum Kriegsopfer werden kann. Die Destabilisierung der Kameraoptik geht einher mit einer Emphase von Kontingenz auf dem Schlachtfeld, die in *Band of Brothers* noch über *Saving Private Ryan* hinausgeht und der Serie damit mehr als nur ein Moment der Nachträglichkeit gegenüber dem Kinofilm einschreibt. Denn in Kontrast zur Starbesetzung des Kinofilms – Tom Hanks – treten in der TV-Serie keine Stars als Schauspieler auf. Das Fernsehpublikum kann daher aufgrund seines diskursiven Wissens um Mechanismen des Hollywood-Kinos – der Star stirbt nicht, zumindest nicht vor Ende des Narrativs – den vorzeitigen Tod keiner Figur ausschließen. Mise-en-scène und Kameraarbeit ergänzen sich somit strategisch: Weil der Kampf nicht gestellt, sondern als historisches Faktum erscheint, werden alle Soldaten gleichsam zu potentiellen Gefallenen. Freilich aber existiert auch ein unauflösbares Paradox dabei, das die historisierende Authentifizierung durch eine (pseudo)dokumentarische Ästhetik immer heimsuchen muss. Denn gerade die postulierte Echtheit zum kriegerischen Geschehen kann lediglich um den Preis einer Adressierung von dessen medialer Qualität entstehen. Nur über den unweigerlich vermittelnden Rekurs auf die Medialität ästhetischer Verfahren putativ dokumentarischer Couleur entsteht ein historischer Authentizitätseffekt. In anderen Worten: Die dargestellte Vergangenheit ist immer eine Vergangenheit der Darstellung durch mediale Technologien und kulturelle Techniken.

Eng verbunden mit einer Authentifizierung durch Historisierung sind zweitens Strategien, die ich als affizierende Authentisierungsstrategien der TV-Kriegsserie bezeichne. Sie transgredieren ebenfalls den diegetischen Raum, adressieren aber weniger ein Kontextwissen als vielmehr die somatische Ökonomie des Publikums. Solche Affekte, verstanden mit Gilles Deleuze und Félix Guattari, „übersteigen die Kräfte derer, die durch sie hindurchgehen" (2000, S. 191). Sie vollziehen Empfindungen als Singularitäten, die dem Subjekt nur als dessen Außen zugänglich werden. *Band of Brothers* kultiviert so ähnlich wie *Saving Private Ryan* eine offensive Ästhetik des Performativen, die als Krise der Repräsentation das Zuschauersubjekt unmittelbar anzugehen trachtet. Bild und Ton der Serie machen das Zuschauersubjekt zum ‚eingebundenen' Rezipienten eines reizüberflutenden Geschehens. Das Rattern von Maschinengewehrsalven, die Schreie von Verwundeten und panischen Soldaten, das davon nicht mehr zu differenzierende Rufen von Befehlen oder das Krachen der Explosionen selbst sind als synästhetische Reize genutzt, die im visuellen Arrangement von Kampf, Tod und Schmerz ihre Entsprechung finden. Die Darstellung des Krieges evolviert, metaphorisch gesprochen, zu einer kriegerischen Darstellung: Das Bombardement der Soldaten durch Geschosse und Granaten auf dem Schlachtfeld wird zu einem Bombardement der Zuschauersinne durch Bilder und Töne. Im Sinne eines Ausgeliefert-Seins an destruktive Kräfte ist das Vernichtungspotential des Krieges durch televisuelle Inszenierungsstrategien simuliert, um es auf das Sensorium des Zuschauersubjekts hernieder gehen zu lassen. Diese medienästhetische Attacke fußt im Besonderen auf der audiovisuell zelebrierten Destruktion von Soldatenleibern. Durch Effekte versehrter Infanteristen konstituieren sich Affekte von Repulsion. Die Aufhebung leiblicher Integrität evoziert authentisierende Erodierungen der Grenze zwischen Diegese und Rezeption: „Indem Ekel die doppelte Position einer äußeren Transzendenz und einer immanenten Unterscheidung des Ästhetischen einnimmt, erweist sich einmal mehr seine Unausweichlichkeit. Bewährt sich die Macht der Kunst nirgendwo schlagender als in der siegreichen Metamorphose ihres Feindes in ihr ‚Ingrediens', so gibt es dafür im Feld der sanft verblasenen, ununterbrochenen, falten- und wundenlosen Haut-Sprach-Oberfläche keine härtere Probe als das vollständige Schinden, ja Abziehen der Haut mit dem Resultat einer Offenlegung des blutenden, zuckenden und sterbenden Körperinnern" (Menninghaus 1999, S. 124). Die Wundästhetik von *Band of Brothers* zielt über das anatomische Detail auf affektive Reaktionen des Zuschauersubjekts ab. Anatomisierung und Affizierung sind in *Band of Brothers* vor dem Telos authentisierender Effekte untrennbar miteinander legiert. An ihnen hängt der Glaube an die Möglichkeit einer infinitesimalen Asymptote gegen die authentische Erfahrung des Krieges (Abb. 6.2). *Band of Brothers* lanciert mithin einen affektiven Konnex zwischen der diegetischen Erfahrung von Figuren im Film als verletzliche und endliche Leibwesen einerseits und der medialen Erfahrung des Zuschauersubjekts als somatisch adressierte Entität andererseits. Indem das Zuschauersubjekt die somatische Reaktion der Figuren auf das diegetische Kriegsgeschehen mimetisch nachvollzieht, wird es in einer besonderen Nähe zum audiovisuellen Arrangement situiert. Steven Shaviro hat diesen Prozess umschrieben, in dem es zur Aufhebung eines dichotomischen Modells mit getrennten Rollen von medialem Objekt und rezipierendem Subjekt kommt: „The release of the images takes place when we are no longer able to separate ourselves, no longer able to put things at the proper distance and turn them into objects. The distance between

**Abb. 6.2** *Band of Brothers*
© HBO

## 6.1 Band of Brothers (2001)

subject and object is at once abolished and rendered infinite. On one hand, I am no longer able to evade the touch or contact of what I see, but on the other, since the image is impalpable, I cannot take hold of it in return, but always find it shimmering just beyond my grasp" (2000, S. 47). Für Shaviro stellen filmische, aber auch televisuelle Bilder keine Repräsentation eines vorgängigen profilmischen Objektbereichs dar, sie stellen vielmehr stets ihre eigenen Objekte her. Sie spielen nicht nach, sie spielen vor. Das televisuelle Bild ist kein Abbild, es ist ein Ereignis: „Images confront the viewer directly, without mediation. What we see is what we see; the figures that unroll before us cannot be regarded merely as arbitrary representations or conventional signs. We respond viscerally to visual forms, before having the leisure to read or interpret them as symbols" (2000, S. 26).[1] Nach Shaviro rezipieren wir zunächst somatisch, schreiben uns den Bildern ein, bevor Verstand oder Unterbewusstsein mit Denk-Bildern zu arbeiten beginnen. Die Aktivierung von Vorstellung und Gedächtnis, entlang der begrifflichen Sprache, ist suspendiert durch eine sinnliche Wahrnehmung, permanent changierende audiovisuelle Reize. Man muss Shaviro hier nicht notwendigerweise in seinem Modell einer temporalen Sukzession von Affekt und Kognition folgen, um die affizierende Authentisierung von *Band of Brothers* verstehen zu können. Wichtig ist der Hinweis auf inszenatorische Strategien, die durch offensive Adressierung des somatischen Subjekts dargestellte Kriegshandlungen authentisieren möchten. Auch spezifiziert Shaviro nicht Kriegsästhetiken als paradigmatische Realisierung affektiver Inszenierungspraktiken, jedoch wäre eine eben solche für *Band of Brothers* stark zu machen. Auf dem Affekthaushalt des Zuschauersubjekts liegt nicht *ein*, sondern vielmehr *das* zentrale ästhetische Interesse der TV-Serie. Inszenatorisches Telos ihrer Medienästhetik ist die Produktion somatischer Reize, des Haptischen ebenso wie des Kinästhetischen wie des Propriozeptischen. *Band of Brothers* geht es darum, Krieg nicht nur zu suggerieren und zu simulieren, sondern Bewegungs-Bild werden zu lassen. Dessen Gewalt bildet einen Teil der materiellen Welt selbst, da es äußere Referenten nicht als bloßes Abbild transparent macht. Vielmehr evoziert es diese direkt und unmittelbar. Er lässt sie physisch im Bild erscheinen. Die Adressierung

---

[1] Auch Siegfried Kracauer spricht schon davon, dass filmische Bilder primär „die Sinne des Zuschauers affizieren und ihn so zunächst physiologisch beanspruchen, bevor er in der Lage ist, seinen Intellekt einzusetzen" (1964, S. 216). So wie das Sehen dem Sprechen, so gehen hier der die Bilder ihrer Bedeutung voran. Das Innen entsteht gegenüber dem Außen erst durch den Affekt. Um mit Walter Benjamin zu sprechen: „In der Tat wird der Assoziationsablauf dessen, der diese Bilder betrachtet, sofort durch ihre Veränderung unterbrochen. Darauf beruht die Chokwirkung des Films" (1977, S. 164 f.). Integrieren aber Emotionen nicht Aufmerksamkeit und Kognition? Zur Kritik an der Position von Kracauer und Benjamin siehe Morsch (1997, S. 280), der sich gegen eine temporale Staffelung von Affekt und Kognition ausspricht.

durch Affekte ließe sich zugleich als Wiederkehr eben jenes Verdrängten lesen, das postheroische Gesellschaften unterdrücken müssen. Wie Slavoj Žižek ausführt, erscheint die Wirklichkeit des gewaltsamen Todes einem solchen sozialen Konsens als unvorstellbares Reales. Wo Krieg immer technologisierter geführt wird, nimmt Grausamkeit mitnichten ab, sondern ist vielmehr forciert. Žižek spricht daher von einer durch Neue Kriege gewandelten Sinnfälligkeit militärischer Konflikte: „the new notion of war as purely technological event, taking place behind radar and computer screens, with no casualties, AND extreme physical cruelty too unbearable for the gaze of the media". Während Nachrichtenbilder zerstörte Körper sukzessive weiter ausklammern, werden Gewalt und Destruktion in fiktionalen Kontexten nachgerade fetischistisch zelebriert: „[I]t is rather this violence itself which already serves as a fantasized protective shield" (2000, S. 34). Die symbolische Gewalt der TV-Kriegsserie kittet so den durch das faktuale Fernsehen geschlagenen Riss des Realen.

Neben der bereits aus *Saving Private Ryan* bekannten Authentisierung durch Affizierung setzt *Band of Brothers* noch ein drittes Regime authentisierender Effekte durch, die das Paradigma des Kinofilms jedoch signifikant transzendieren. Im Zuge einer ontologischen Authentifizierung arbeitet die Serie mit paratextuellen Verfahren, durch welche die diegetische Welt aufgebrochen und zur Seite des Rezeptionsraums hin geöffnet wird. Paratexte lassen sich mit Gérard Genette bestimmen als jene Textelemente, die einem Basistext bei- oder eingefügt sind. Ein Text, so Genette, präsentiert sich „selten nackt", d. h. ohne dem scheinbar notwendigen „Begleitschutz einiger gleichfalls verbaler oder auch nicht-verbaler Produktionen wie einem Autorennamen, einem Titel, einem Vorwort und Illustrationen. Von ihnen weiß man nicht immer, ob man sie dem Text zurechnen soll; sie umgeben und verlängern ihn jedenfalls, um ihn im üblichen, aber auch im vollsten Sinn des Wortes zu präsentieren; ihn präsent zu machen, und damit seine ‚Rezeption' und seinen Konsum [...] zu ermöglichen. [...] Der Paratext ist also jenes Beiwerk, durch das ein Text zum Buch wird und als solches vor die Leser und, allgemeiner, vor die Öffentlichkeit tritt. Dabei handelt es sich weniger um eine Schranke oder eine undurchlässige Grenze als um eine Schwelle oder – wie es Borges anlässlich eines Vorwortes ausgedrückt hat – um ein ‚Vestibül', das jedem die Möglichkeit zum Eintreten oder Umkehren bietet; um eine ‚unbestimmte Zone' zwischen innen und außen, die selbst wieder keine feste Grenze nach innen (zum Text) und nach außen (dem Diskurs der Welt über den Text) aufweist" (1989, S. 10). Genettes Überlegungen sind zweifellos auch für televisuelle Texte fruchtbar zu machen. Autorennamen (Produzent, Regisseur, Drehbuchautor), Titel- und Gattungsbezeichnungen (Serien- und Episodentitel, Genreangaben) oder Vorworte (Prolog, Schrifttafel) finden sich ebenfalls im Feld der Television. *Band of Brothers* zeichnet sich dabei auf spezifische Weise durch einen Rekurs auf paratextuelle Verfahren aus.

Indem die Serie extern der Diegese situierte textuelle Elemente integriert, suggeriert sie einen besonders hohen Grad an Authentizität. So besitzt *Band of Brothers* nicht nur durch den bloßen Bezug zu einem historischen Gegenstand bereits einen faktualen Paratext, ferner sind der Serie in jeder Episode auch Interviewaufnahmen von Veteranen der Easy Company vor- respektive nachgeschaltet. Während die ersten neun Folgen jeweils mit Kommentaren der ehemaligen Soldaten eingeleitet werden, schließt die zehnte und finale Episode mit solchen Aufnahmen die Serie ab. Bei den spezifischen Interviewpartnern handelt es sich hier um die in der Serie von Schauspielern verkörperten Mitglieder der historischen Easy Company. „[A]ctual members of Easy Company – men now in their seventies and eighties – recollect events and incidents related to that particular episode", notiert Thomas Schatz dazu: „The effect is quite striking, at once personalizing the narrative and injecting a sense of documentary realism, while efficiently outlining both the dramatic stakes and the thematic subtext of the series segment" (2008, S. 130). Als Paratexte lenken diese Interviews rezeptionsseitige Authentizitätszuschreibungen an den narrativen Entwurf der Serie. So kann jene simulieren, nicht den Gesetzen des Fernsehens, nicht der TV-Kriegsserie, ja überhaupt keiner medialen Repräsentation zu folgen als vielmehr immediat der Erinnerung des Veteranengedächtnisses zu entspringen und über Letzteres ein Fenster in die Vergangenheit zu öffnen. Die Paratexte offerieren damit dem Publikum eine subjektive Perspektive, zentrieren jene zugleich aber auf die objektive Postulation absoluter Authentizität. Das Moment der Differenz zwischen Geschichte und Genre, basierend auf der ontologischen Separation von historischer Vergangenheit und audiovisueller Narration, soll eingezogen werden. Abbild und Vorbild zeichnen sich in *Band of Brothers* so durch Kopräsenz aus (Abb. 6.3).

**Abb. 6.3** *Band of Brothers*
© HBO

Die Serie re-präsentiert Historie durch eine Präsenz von Erinnerung. Sie perpetuiert so einen medienästhetischen Erinnerungsdiskurs nach dem Motto von: „Bezeugen heißt Beweisen" (Bronfen 2013, S. 286). *Band of Brothers* suggeriert, dass Geschichte über die Subjektivität von Memoration zu greifen ist. Aber diese Erinnerung bildet keine stabile Konstante aus. Durch das fortgeschrittene Lebensalter der historischen Referenzpersonen erfährt sie eine prekäre Signifikanz. Steven Spielberg und Tom Hanks lancieren mit *Band of Brothers* einen Tribut an die Generation ihrer Väter, deren Überlebende sich zur Jahrtausendwende sukzessive weiter minimieren. Stephen Ambrose, Autor der Buchvorlage und Koproduzent von *Band of Brothers* argumentiert aus exakt dieser Perspektive: „[M]any [WWII veterans] are realizing that they don't have much time left in the world, and many, for the first time, are willing to talk about their experiences. As young men just back from fighting, they didn't want to think about the war. But now, they realize their grandchildren are deeply interested in hearing those stories, and if they don't tell them, they'll go to the grave with them" (zit. n. Schatz 2008, S. 126). Als letzte Augenzeugen des Zweiten Weltkriegs bilden sie eine Verbindung zum historischen Referenten, die in der spätmodernen Medienkultur fragil geworden ist. Der Reimagination von Historie wird so eine kontrapunktische Authentizitätsgeste entgegen gestellt, deren potentielle Produktion verloren zu gehen droht.[2]

Signifikanterweise werden die Namen der Veteranen erst am Ende der finalen Episode eingeblendet. Als anonymes Kollektiv der „Greatest Generation" stehen sie so zunächst der individuellen Aktion ihrer historischen Erfahrung gegenüber. Dennoch aber malt *Band of Brothers* in Tradition der TV-Kriegsserie kein einfach glorifizierendes Bild der „Greatest Generation" und ihres „good war" aus. Deutlich stärker als noch *Saving Private Ryan* erarbeitet die Serie ein durch historische Komplexitäten bestimmtes Panorama vom Krieg in Europa. Dabei werden einerseits die Leiden der US-Soldaten betont, andererseits aber auch Differenzierungen auf Seiten des deutschen Kriegsgegners und seiner Sympathisanten vorgenommen. *Band of Brothers* demonstriert durchaus dass im ‚guten' Krieg ‚schlechte' Dinge getan werden: „[A] good war could crack men's spirits just as easily as a bad one" (Huebner 2008, S. 159). Neben der Darstellung von Vergeltungsaktionen der Niederländer an NS-Kollaborateuren (etwa in „Replacements") schildert *Band of Brothers* so auch Kriegsverbrechen der Alliierten: die Ermordung von deutschen Kriegsgefangenen durch französische und amerikanische Soldaten (in „Carentan") oder die Exekution eines KZ-Kommandanten ohne juristische Basis (in „Why We Fight") werden nicht ausgeklammert, sondern explizit zum Thema gemacht.

---

[2] Verloren gegangen freilich ist *Band of Brothers* bereits die Perspektive jener Teile der „Greatest Generation", die von der soldatischen „Bruderschaft" exkludiert sind: andere Ethnien, Frauen oder Zivilisten.

## 6.1 Band of Brothers (2001)

Insbesondere der programmatisch betitelten Episode „Why We Fight" kommt eine Schlüsselfunktion zu, da in ihr letztlich eine Aufhebung der ‚schlechten' Kriegspraktiken im ‚guten' Telos vollzogen wird. Benannt nach der propagandistischen, zunächst zur Motivation von GIs, dann zur Mobilisierung der gesamten US-Gesellschaft intendierten Serie *Why We Fight* (1942–1945), gibt die Episode in der Tat eine Antwort auf die Frage, warum die USA ihren Krieg führen. Sie deutet den Krieg als Rettungsmission für KZ-Inhaftierte, insbesondere die europäischen Juden, um. In Frank Capras „Prelude to War" (1942), der Auftaktepisode von *Why We Fight*, dagegen wird noch argumentiert, dass die Notwendigkeit des US-Kriegseinsatzes aus einer (geo)politischen Rationalität hervorgeht. Bei Capra sind es zum einen die Expansionsbestrebungen der faschstischen Achsenmächte Deutschland, Italien und Japan, die den Weltfrieden zerstören, und zum anderen ihr antidemokratischer Totalitarismus, der sich in Aufhebung von Bürgerrechten manifestiert. Beide Tendenzen werden aus einer liberalistischen Perspektive heraus angeklagt und zum Ziel von notwendiger militärischer Intervention gemacht. In Kontrast dazu scheinen die Soldaten die ersten acht Episoden von *Band of Brothers* über kaum zu wissen, warum sie in Europa kämpfen. Worin der Sinn ihrer verlust- und entbehrungsreichen Mission liegt, ist ihnen nicht zugänglich. Wie Drehli Robnik herausstellt, ändert sich diese Ungewissheit mit der Episode „Why We Fight" elementar: „2001, in *Band of Brothers*, besteht die Antwort auf die Frage ‚Why We Fight' in einer doppelten Intervention: Intervention zum einen im Sinn eines revidierenden Eingriffs in ein Geschichtsbild, in dessen Folge sich die Rolle der USA auf dem europäischen Kriegsschauplatz rückwirkend als Mission zur Rettung der Juden zu verstehen gibt. Intervention zum anderen im narrativen Rahmen der Serien-Episode ‚Why We Fight', als Einbruch einer retroaktiven Kausalisierung in die Sinnkrise der US-Soldaten, die im März 1945 in Westdeutschland nicht mehr so recht wissen, wofür sie kämpfen und leiden, sowie als Einbruch einer metaphysischen Dimension in die Routine der Erzählung und des Kriegsfilm-Genres. Dass immer schon das Unvorstellbare des Holocaust aus dem Außen eines pragmatischen Geschichtsverständnisses auf ‚uns' geblickt hat und dass ‚wir' immer schon gekämpft haben, um diese Bedrohung zu beenden, diese Figur der Nachträglichkeit wird in der Sequenz, die der Befreiung des KZ unmittelbar vorangeht, durch Rekurse auf das Stilrepertoire des Horror-Genres inszeniert" (2007, S. 134). In der Tat ist auffällig, wie sich durch entsubjektivierte Top-Shots, bedeutungsschwanger aufsteigenden Rauch und Artikulation einer merkwürdigen Stille kurz vor Befreiung des Konzentrationslagers nachgerade metaphysische Zuschreibungen vollziehen. Die Explikation des „Why We Fight" rekurriert auf Überhöhung der GIs zu Realisateuren eines Wunders, das der größten Menschheitsbarberei ein Ende bereitet (Abb. 6.4). Die Shoa, der industrielle Massenmord an den europäischen Juden,

164                                      6  Authentizität und Allegorie

Abb. 6.4 *Band of Brothers* © HBO

evolviert so zu einer nachträglichen Legitimation des Kriegseinsatzes von Seiten der USA. Der durch das Trauma von Vietnam lädierte Mythos des „good war" kann damit seine Restitution unter differenten Bedingungen feiern. Wo die Shoa zur Zeit des Krieges keine Relevanz für den Kampf der US-Armee besitzt, wird sie nun zur Schlüsselkategorie von Erinnerung. *Band of Brothers* knüpft damit an einen Memorationsdiskurs an, der die Shoa zum zentralen Paradigma kultureller Gedächtnisarbeit macht. Wie die von Robnik zitierten Historiker Daniel Levy und Natan Sznaider ausführen, lässt das „Gedächtnis an den Zweiten Weltkrieg […] in den letzten zehn Jahren den Krieg selbst in den Hintergrund treten" und damit die Shoa als „das ‚Emblem des 20. Jahrhunderts'" verstehen, wodurch es zu einer „Umkehrung des lange Zeit existierenden Gedächtnisses" kommt, bei dem noch die Shoa „in den Zweiten Weltkrieg integriert wurde" (Levy und Sznaider 2001, S. 220). Gerade weil *Band of Brothers* die Kontextualisierung der Soldateneinsätze auf ein basales Minimum an strategischer und geopolitischer Information limitiert, offeriert die Serie eine neue Sinnzuschreibung an den Kriegseinsatz der USA. Retroaktiv wird für das Überleben inmitten der Shoa gekämpft. Die TV-Serie entwirft so Sehnsuchtsbilder nach einer fernen Zeit, in der Krieg nicht nur noch symmetrisch, sondern auch mit einem ‚gerechten' Ziel vor Augen geführt wird. Das ins Metaphysische erhöhte Böse der Shoa ist komplementiert durch einen nur messianisch zu nennenden Eingriff der GIs, die Gottes Werk auf Erden verrichten.

## 6.2 *The Pacific* (2010)

„Right now", sagt ein GI der Easy Company in der Pilotepisode von *Band of Brothers*, „right now some lucky bastard's headed for the Pacific, get put on some tropical island, surrounded by six naked native girls, helping him cut up coconuts so he can hand feed them to the flamingos". Diese soldatische Phantasie aus dem Piloten soll erst eine Dekade später aufgegriffen und dekonstruiert werden, als *Band of Brothers* eine Fortsetzung findet mit der bis dato jüngsten Kriegsserie: *The Pacific* (2010). Erneut von Steven Spielberg und Tom Hanks für HBO produziert, bleibt *The Pacific* sowohl dem Genre der WWII Combat Series als auch der Authentizitätsästhetik von *Band of Brothers* verpflichtet, verlagert das Setting von Europa aber auf den pazifischen Kriegsschauplatz während des Zweiten Weltkriegs (Abb. 6.5). An die Stelle der Easy Company tritt dabei das United States Marine Corps, die seegestützte Marineinfanterie der US-Streitkräfte. Innerhalb des Corps fokussiert die Serie dabei die Kriegserfahrungen dreier unterschiedlicher Soldaten in verschiedenen Regimentern der 1. US-Marineinfanteriedivision. Es sind Corporal Sledge (Joseph Mazzello), Gunnery Sergeant Basilone (Jon Seda)

**Abb. 6.5** *The Pacific*
© HBO

und Private First Class Leckie (James Badge Dale), die sie während des Kriegseinsatzes im Pazifikraum begleitet: auf den historischen Schlachten um Guadalcanal, Cape Gloucester, Peleliu, Okinawa oder die Halbinsel Iwojima. Mit zehn etwa einstündigen Episoden ist *The Pacific* wie schon *Band of Brothers* eine Miniserie, die noch vor Produktionsbeginn konzeptionell in Gänze durchstrukturiert ist und über ihre differenten Episoden hinweg additive Folgehandlungen entwirft. Dennoch bleibt die einzelne Episode immer auch auf spezifische historische Ereignisse des Pazifikkrieges zentriert, so dass der seriellen Makrostruktur eine episodische Mikrostruktur durch Partikularnarrative eingeschrieben wird. Es ist das „Island Hopping", d. h. die militärische Strategie der amerikanischen Truppen im Pazifikkrieg, die der Serie nicht zuletzt ihren dramaturgischen Aufbau verleiht. Insel für Insel dringt das US-Militär in Richtung des japanischen Hoheitsgebiets vor, und *The Pacific* folgt dieser Bewegung, Episode für Episode.

Wo in *Band of Brothers* das Kollektiv zum Protagonisten der Handlung evolviert, nimmt *The Pacific* zugleich eine stärkere Limitierung wie auch Expansivierung der Narrationsperspektive vor. Limitierung, weil die Serie sich mit dem scheuen Sledge, dem chevaleresken Basilone und dem juvenilen Leckie an lediglich drei Hauptfiguren orientiert, deren Wege sich nur indirekt kreuzen. Expansivierung, weil die Serie frei zwischen den Erfahrungen der drei Infanteristen oszilliert und so kein spezifisches Platoon verfolgt, die Ereignisse jedoch nach dem Komplementärprinzip arrangiert. In Analogie zu *Band of Brothers* funktioniert dennoch eine abermalige Reflexion vom Besonderen hin zum Allgemeinen. Die Einsätze der drei Soldaten exemplifizieren den Pazifikkrieg der US-Streitkräfte gegen die kaiserliche Armee des faschistischen Japans am konkreten Beispiel, das durch Abstraktion gleichsam eine generelle Signifikanz erfährt. Als Basis des Narrativs fungieren Autobiographen der Veteranen, „With the Old Breed: At Peleliu and Okinawa" von Eugene Sledge und „Helmet for My Pillow" von Robert Leckie, daneben auch „Red Blood, Black Sand", die Erinnerungen von Chuck Tatum, der neben John Ba-

## 6.2 The Pacific (2010)

silone als Marine in der Schlacht um Iwojima gekämpft hat. *The Pacific* zeichnet damit die gesamte US-Invasion zwischen 1942 und 1945 nach, wobei der Fokus auf dem unter höchstem Blutzoll immer wieder neu ausgefochtenen Stellungskrieg auf den Inseln liegt. In Kontrast zu *Band of Brothers* beginnt *The Pacific* zunächst mit einem Blick auf die private Existenz der späteren Soldaten. Die Pilotepisode „Guadalcanal/Leckie" führt Corporal Sledge in Alabama, Sergeant Basilone und Private Leckie in New Jersey ein, dann erst wechselt die Serie ihren Schauplatz, um den Pazifikkrieg zu thematisieren. Leckie landet so auf der Salomonen-Insel Guadalcanal, wo er mit dem First Marines Regiment in die verlustreichen Gefechte um den Tenaru-Fluss verwickelt wird, als das US-Militär der japanischen Großoffensive standzuhalten versucht. Parallel dazu wird geschildert, wie es dem an einem Herztonfehler leidenden Sledge gelingt, seinen Vater, einen Arzt, davon zu überzeugen, ihn für das Marine Corps als tauglich zu erklären. „Basilone" (Episode 2) wendet sich dann dem dritten Protagonisten von *The Pacific* zu, der mit dem siebten Marine Regiment ebenfalls auf Guadalcanal landet, um dort den von der japanischen Armee eroberten Flughafen des Henderson Field zu verteidigen. In „Melbourne" (Episode 3) wird die 1. US-Marineinfanteriedivision dann auf Guadalcanal abgelöst, woraufhin die Soldaten nach Australien kommen. Dort verliebt sich Leckie in eine Einheimische, während Basilone die Ehrenmedaille der US-Streitkräfte erhält und zurück in die Vereinigten Staaten geschickt wird, um dort PR-Arbeit für Kriegsanleihen zu leisten. „Gloucester/Pavuvu/Banika" (Episode 4) lässt erstmals Sledge prominent ins Zentrum der Serie rücken, als der letztlich doch von den Marines verpflichtet wird und seine Ausbildung für den Kampfeinsatz absolviert. Leckie und die First Marine Division werden unterdessen zur Schlacht um Cape Gloucester abkommandiert, nach der Leckie im Marinestützpunkt auf Pavuvu wegen nächtlicher Harninkontinenz therapiert wird, die als psychosomatisches Stresssyndrom bei ihm auftritt. In „Peleliu Landing" (Episode 5) trifft auch Sledge zunächst auf Pavuvu ein, bevor er zusammen mit dem kurierten Leckie dann nach Peleliu versitzt wird. Dort versucht die First Marine Division in „Peleliu Airfield" (Episode 6), den strategisch bedeutsamen Flughafen der Insel einzunehmen. Leckie wird dabei durch Granatsplitter schwer verwundet und auf ein Lazarettschiff verlegt. Die erbitterten Kämpfe um Peleliu gehen indes weiter und stehen auch mit „Peleliu Hills" (Episode 7) im Fokus der Serie. Sledge und das Fifth Marine Regiment versuchen einen Höhenzug, von den GIs aufgrund der intensiven Verluste nur „Bloody Nose Ridge" genannt, zu erobern. Erst mit Unterstützung der Marines durch Infanteriedivisionen des Heeres kann die Pattsituation gewendet werden. In „Iwo Jima" (Episode 8) kehrt Basilone aus den USA zu den Marines im Pazifik zurück. Transferiert zur fünften Division, fungiert er zunächst als Ausbilder von Rekruten. Frisch verheiratet reist er auf die Ogasawara-Insel Iwojima ab, welche die Marines als Basis für strategische Luftoperationen erobern sollen. Basilone fällt im Kampf und scheidet damit als Protagonist aus der Serie aus. Sledge wiederum gelangt in „Okinawa" (Episode 9) nach Japan, wo die letzten Widerstände der kaiserlichen Armee von den Marines brutal niedergeschlagen werden. Die finale Episode „Home" schließlich lässt Sledge wie Leckie am Ende der Serie in die USA zurückkehren. Von den Kriegserfahrungen traumatisiert, gelingt es ihnen nur schwer, wieder Fuß im zivilen Leben zu fassen.

Wie bereits *Band of Brothers* lässt sich auch *The Pacific* lesen als Apotheose der US-Bürgersoldaten, des Citizen Soldier im Namen der Demokratie. Er wird aufgerieben zwischen den Zwängen von Kriegsgegner wie US-Armee, und auch wenn sein Handeln nicht immer von integrer Moral ist, seine Mission in Asien bleibt es doch. Noch einmal wird das im Zweiten Weltkrieg akkumulierte Leidenskapital als Erfahrungspool der US-Geschichte aktualisiert. Dennoch formuliert die Serie nur sehr bedingt einen Ruf zu den Waffen im Interesse nationalen Konsenses. *The Pacific* entwirft in Tradition der TV-Kriegsserie ein ambivalentes Bild des „good war" und seiner „Greatest Generation", das aber nun nur noch durch die Matrix vom „War on Terror" sinnfällig wird. Im genealogischen Sinne Friedrich Nietzsches wäre *The Pacific* zu lesen als „ein Versuch, sich gleichsam *a posteriori* eine Vergangenheit zu geben, aus der man stammen möchte, im Gegensatz zu der, aus der man stammt" (1999, S. 265). *The Pacific* geht es aus dieser Perspektive um eine retroaktive Nachdeutung von Geschichte, die das Gewordene der Optik des Vergangenen unterstellt. Als erste nach den Terroranschlägen vom 11. September 2001 produzierte Kriegsserie mit Schauplatz im Zweiten Weltkrieg, reflektiert *The Pacific* den Zweiten Weltkrieg vermittels von Diskursen über die Neuen Kriege. Der Pazifikkrieg als der vergessene Krieg des Zweiten Weltkriegs wird in der Serie zum Prototyp asymmetrischer Konfrontation und in seinen militärischen wie ideologischen Problemlagen durchgespielt. Wo in *Band of Brothers* die GIs noch nach Europa und damit auf den Kontinent ihrer Vorfahren zurückkehren, erleben sie in *The Pacific* einen Kampf der Kulturen, wie er später mit *Over There* und *Generation Kill* im Nahen Osten wiederkehren wird. „In Europa", so äußerst sich Tom Hanks zu ‚seiner' Serie, „spielte sich der Zweite Weltkrieg auf großen Karten, zwischen mächtigen Armeen, nach ehernen Regeln, entlang eingezeichneter Linien ab. Wenn ein Soldat die Hände hob, war der Krieg für ihn vorüber. Im Pazifik dagegen war das eher ein Krieg, wie wir ihn seither erlebt haben – ein Krieg des Terrors, des Rassismus, des reinen Horrors, sowohl auf dem Schlachtfeld als auch abseits davon" (zit. n. Rehfeld 2010). Ungeachtet der Tatsache, dass bereits *Band of Brothers* mitnichten ein nach ‚ritterlichen' Regeln idealisiertes Bild des Zweiten Weltkriegs entwirft, ja diesen vielmehr als militärische Intervention gegen genozidale Verbrechen umdeutet, wird in *The Pacific* noch stärker die Mediali-

**Abb. 6.6** *The Pacific*
© HBO

tät des War on Terror zum Referenzpunkt der Kriegsserie. Nicht nur sind die GIs mit japanischen SelbstmordattentäterInnen konfrontiert, nicht nur wird ein durch rassistische Propaganda gegenüber dem Feind bestimmter Krieg der USA geführt, auch offene Schlachten im Sinne eines erweiterten Zweikampfes finden in Räumen des Pazifikdschungels kaum statt. Scharmützel und Massaker erweisen sich als dominante Formen der Kriegsführung. In *The Pacific* gibt es keine nackten Eingeborenenmädchen und es gibt keine Flamingos. Stattdessen erwartet die GIs neben Malaria, Ruhr und Jungle-Fäule ein zermürbender Kampf gegen einen kaum fassbaren Gegner, der bevorzugt aus dem Hinterhalt attackiert (Abb.6.6).

Nicht weniger strategisch aber agieren die Marines. Auf detaillierte Weise adressiert die Serie dabei Kriegsverbrechen des US-Militärs. Bereits in der Pilotepisode beschießen die GIs des Nächtens flüchtende Japaner mit dem Maschinengewehr. Zum Zeitvertreib benutzen sie am Morgen danach die überlebenden Japaner als menschliche Zielscheiben, schießen ihnen ihre Extremitäten ab und delektieren sich am eigenen Blutrausch. Während der Schlacht um Peleliu vor der Küste Neuguineas setzt das US-Militär intensiv Napalm ein und bombardiert Freund wie Feind. Die Marines, Elite-Teilstreitkraft und Vorzeige-Infanterie der US-Armee, brechen den japanischen Soldaten ihre Goldzähne aus dem Gebiss, ob tot oder

**Abb. 6.7** *The Pacific*
© HBO

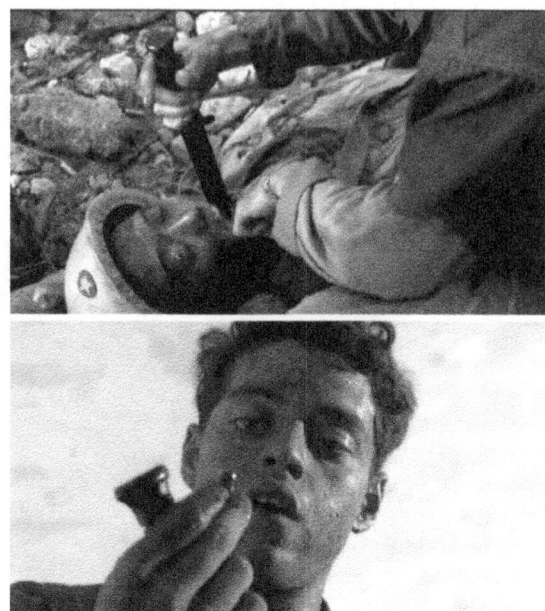

lebendig (Abb. 6.7). *The Pacific* taugt daher nicht als traditionalistischer Entwurf zur Errettung des „good war" für eine Zeit der Neuen Kriege. Vielmehr trägt die Serie dem Rechnung, dass die aggressiven Militärinterventionen der USA seit dem Ende des Zweiten Weltkriegs, ob in Korea, Vietnam oder Irak, kein konsensuelles Sinnbild mehr offeriert haben. Nicht zufällig scheint *The Pacific* so gerade jene Kampfhandlungen zu fokussieren, die für den Verlauf des Zweiten Weltkriegs strategisch eher unbedeutend sind. Hier wird von den Soldaten weniger Geschichte geschrieben als der Kontingenz historischer Prozesse versucht zu trotzen.

*The Pacific* imaginiert den Zweiten Weltkrieg so als War on Terror, der auch die US-GIs schuldig macht. Anders gewendet: Die kulturelle Erfahrung der Neuen Kriege lässt den Zweiten Weltkrieg hier retroaktiv traumatisch werden. Fern davon, aus der Distanz eine nostalgische Simulation nach einem „good war" zu lancieren, geht es der Serie vielmehr um eine Allegorisierung der Gegenwart vor dem Horizont der Vergangenheit. Sie kultiviert den Blick auf eine Historie des Krieges, die in der Gegenwart des Krieges eingefaltet ist. Indem sie Vergangenes an Gegenwärtiges koppelt, sucht sie Ersteres nach symptomatischen Indizien für Letztere ab. *The Pacific* steht damit der barocken Allegorie nahe, wie Walter Benjamin sie gegen den klassischen Symbolbegriff als künstlerisches Verfahren der

Moderne rehabilitiert hat. In seiner Habilitationsschrift „Ursprung des deutschen Trauerspiels" (1928/1963) reflektiert Benjamin das poetische Verfahren der Allegorie bekanntlich als Kompositum heterogener, aus jeder ursprünglichen Ordnung herausgesprengter Versatzstücke, die der Kontinuität des Seins entwendet sind, um anschließend auf gänzlich neue, und d. h. gänzlich artifizielle, Weise re-organisiert werden. Dabei bleiben die einzelnen Fragmente in ihrer monadischen Qualität bestehen, ohne in der Totalität des neuen Konstrukts aufzugehen. Wo also das konventionalisierte Symbol nach formaler Geschlossenheit strebt und nachgerade ‚organisch' zum Ganzen evolviert, ist es der Allegorie im Kontrast dazu um eine Bruchstückhaftigkeit zu tun, die Wahrheit nie als Einheit denkt, sondern vielmehr den fragmentarischen Charakter der allegorischen Komposition besonders apostrophiert. Die Allegorie fungiert nach Benjamin als Negation metaphysischer Gewissheiten, deren Generalanspruch auch durch die Fragmentierung des modernen Lebens selbst brüchig geworden ist. Das Fragment in seiner jeder Totalität fremden Verfasstheit bildet einen ruinösen Signifikanten verloren gegangener Sinnpotentiale aus. Benjamin hat im Denkbild des Engels der Geschichte die Allegorie aus dieser Perspektive zur Ikone einer katastrophalen Geschichtsphilosophie gemacht. Dieser allegorische Engel stürzt rückwärts in die Zukunft: „Er hat das Antlitz der Vergangenheit zugewendet. Wo eine Kette von Begebenheiten vor uns erscheint, da sieht er eine einzige Katastrophe, die unablässig Trümmer auf Trümmer häuft und sie ihm vor die Füße schleudert. Er möchte wohl verweilen, die Toten wecken und das Zerschlagene zusammenfügen. Aber ein Sturm weht vom Paradiese her, der sich in seinen Flügeln verfangen hat und so stark ist, daß der Engel sie nicht mehr schließen kann. Dieser Sturm treibt ihn unaufhaltsam in die Zukunft, der er den Rücken kehrt, während der Trümmerhaufen vor ihm zum Himmel wächst. Das, was wir den Fortschritt nennen, ist dieser Sturm" (1977, S. 255). *The Pacific* ließe sich mit Benjamin so als Versuch eines allegorischen Zugriffs auf die Ungreifbarkeit der Gegenwart lesen. Nicht nur ähnelt die Zuschauerposition der Perspektive des Engels, vor dessen Augen sich Fragmente der Vergangenheit auftürmen, *The Pacific* selbst wäre als einer jener Stürme zu sehen, durch welche die Wahrnehmung mobilisiert wird. Die Weltgeschichte als eine Chronik der Katastrophen, die durch keine sinnstiftende Einheit mehr total werden kann, findet in der TV-Serie ihren medienästhetischen Ausdruck als fragmentierte Schilderung kriegerischer Gewalt. Während für Benjamin aber Fortschritt folglich nur noch als fortschreitende Destruktion gedacht werden kann, schreckt *The Pacific* vor dieser radikalen Konsequenz zurück. Wo *Band of Brothers* den Zweiten Weltkrieg noch zur Rettungsmission umcodiert und damit eine eschatologisch-messianische Rettung aus dem Verhängnis der Geschichte insinuiert, existiert in *The Pacific* nicht einmal mehr diese metaphysische Utopie. Die Serie bleibt der Frage „Why Do We

Fight?" nicht nur eine Antwort schuldig, die Frage selbst wird nicht einmal mehr gestellt. Als Ende der Weltgeschichte erscheint *The Pacific* schlicht die Omnipräsenz der Gewalt. Krieg ist hier ein menschlicher Naturzustand, der gleichsam eine Allegorie der Menschheitsgeschichte bildet. Die TV-Serie existiert allein im Moment destruktiver Präsenz. Ihre allegorische Geschichtsschreibung wäre so als ein negativer Benjaminianismus zu deuten. Auch bei Benjamin verwandelt der Historiker sich ja den Blick des Engels im Modus der Melancholie an. Für ihn transformiert sich alles Lebendige in ruinöse Trümmer, die jeden Progress nur als Bild des Verfalls erscheinen lassen. Benjamins messianische Hoffnung allerdings gibt *The Pacific* preis. Die Serie kassiert alle utopischen Potentiale zugunsten eines Primats der Vergeblichkeit, das im Denkbild der Ruine ihre allegorische Darstellung findet. Zurück im Pazifik bleiben nur Leichen. Gewonnen hat allein das Fernsehen, für das mit *The Pacific* erneut eine Kriegsserie zum Blockbuster geworden ist.

Der Sieg des Fernsehens ist stets ein Effekt retroaktiver Zuschreibung. Sie deutet das Vergangene aus Perspektive des Gegenwärtigen und findet ihre soziokulturelle Relevanz damit immer in eben jener Zeit, die sie und ihre Diskurse hervorbringt. Die TV-Serien *Band of Brothers* und *The Pacific*, beide Reimaginationen des Zweiten Weltkriegs, reflektieren ihre Sujets daher über zeitgenössische Referenzen. *Band of Brothers* authentisiert das Dargestellte durch historisierende, ontologisierende und affizierende Inszenierungsstrategien, wie sie seit dem Kinoerfolg von *Saving Private Ryan* hohe Konjunktur genießen. Noch über die Intensität der Strategien von *Saving Private Ryan* hinausgehend, fokussiert *Band of Brothers* insbesondere die Signifikanz von historischen Augenzeugen. Jene wird im Spezifischen zentral, weil die Serie sich mit einem singulären Geschichtsereignis befasst: der Befreiung von NS-Konzentrationslagern, die konsequent als messianischer Eingriff dargestellt wird. *Band of Brothers* artikuliert damit nicht zuletzt Sehnsuchtsbilder nach einer Geschichte, die sich einerseits noch durch symmetrische Kriegsführung und andererseits noch einen ‚gerechten' Kriegsgrund auszeichnet. Dem gegenüber forciert *The Pacific* einen allegorischen Darstellungsmodus, dem es gerade um die Unmöglichkeit einer Repräsentation der Neuen Kriege zu tun ist. Wo *Band of Brothers* durch die Emphase der Singularität der „Rettungsmission" (Drehli Robnik) aus der Geschichte austreten will, kultiviert *The Pacific* entgegen aller Metaphysik eine ‚materialistische' Ästhetik. Diese ist im soziokulturellen Kontext des War on Terror und einer Entgrenzung von Gewalt zu lokalisieren, auf welche die Serie keine Antwort zu geben bereit ist. Stattdessen findet *The Pacific* zurück zu einer ‚klassischen' Katharsis, die ihr Publikum von Affekten zu reinigen intendiert.

# Literatur

Benjamin, Walter. 1963. *Der Ursprung des deutschen Trauerspiels*. Frankfurt a. M: Suhrkamp.
Benjamin, Walter. 1977. *Illuminationen: Ausgewählte Schriften*. Frankfurt a. M.: Suhrkamp.
Bronfen, Elisabeth. 2013. *Hollywoods Kriege: Geschichte einer Heimsuchung*. Frankfurt a. M.: Fischer.
Carter, Bill. 2001. On Television; HBO bets Pentagon-Style budget on a World War II saga. *The New York Times*. 03. September.
Deleuze, Gilles, und Félix Guattari. 2000. *Was ist Philosophie?* Frankfurt a. M.: Suhrkamp.
Elsaesser, Thomas. 2013. Saving Private Ryan: Retrospektion, Überlebensschuld und affektives Gedächtnis. In *Mobilisierung der Sinne: Der Hollywood-Kriegsfilm zwischen Genrekino und Historie*, Hrsg. Hermann Kappelhoff et al., 61–87. Berlin: Vorwerk 8.
Franklin, Nancy. 2011. Combat fatigue: Reliving the Second World War on HBO. *The New Yorker*, 17. September.
Genette, Gérard. 1989. *Paratexte: Das Buch vom Beiwerk des Buches*. Frankfurt a. M.: Suhrkamp.
Hohenadel, Kristin. 2000. Learning how the Private Ryans felt and fought. *The New York Times*, 17. Dezember.
Huebner, Andrew J. 2008. *The warrior image: Soldiers in American culture from the Second World War to the Vietnam Era*. Chapel Hill: University of North Carolina Press.
Kracauer, Siegfried. 1964. *Theorie des Films: Die Errettung der äußeren Wirklichkeit*. Frankfurt a. M.: Suhrkamp.
Levy, Daniel, und Natan Sznaider. 2001. *Erinnerung im globalen Zeitalter: Der Holocaust*. Frankfurt a. M.: Suhrkamp.
Menninghaus, Winfried. 1999. *Ekel: Theorie und Geschichte einer starken Empfindung*. Frankfurt a. M.: Suhrkamp.
Morsch, Thomas. 1997. Der Körper des Zuschauers: Elemente einer somatischen Theorie des Kinos. *Medienwissenschaft* 3:271–289.
Nichols, Bill. 1994. *Blurred boundaries: Questions of meaning in contemporary culture*. Bloomington: Indiana University Press.
Nietzsche, Friedrich. 1999. *Unzeitgemäße Betrachtungen. Zweites Stück: Vom Nutzen und Nachtheil der Historie für das Leben* (KSA 1). München: DTV.
Paech, Joachim. 2005. Der Krieg als Form im Medium der Fotografie und des Films. In *Krieg und Gedächtnis: Ein Ausnahmezustand im Spannungsfeld kultureller Sinnkonstruktionen*, Hrsg. Waltraud Wende, 328–346. Würzburg: Königshausen & Neumann.
Rehfeld, Nina. 2010. Geschichtslehrer der Nation. *Frankfurter Allgemeine Zeitung*, 09. Juli.
Robnik, Drehli. 2007. *Kino, Krieg, Gedächtnis: Affekt-Ästhetik, Nachträglichkeit und Geschichtspolitik im deutschen und amerikanischen Gegenwartskino*. Universität Amsterdam: Dissertation.
Schatz, Thomas. 2008. Band of Brothers. In: *The essential HBO reader*, Hrsg. Gary R. Edgerton und Jeffrey P. Jones, 125–134. Lexington: University Press of Kentucky.
Shaviro, Steven. 2000. *The cinematic body*. Minneapolis: University of Minnesota Press.
Žižek, Slavoj. 2000. *The art of the ridiculous sublime: On David Lynch's Lost Highway*. Seattle: University of Washington Press.

# Abschluss und Ausblick 7

Davon zu sprechen, wie das Fernsehen mit seinen TV-Serien immer wieder neu den Krieg gewinnt, adressiert stets rückwirkende Sinnzuschreibungen. Die TV-Kriegsserie übt diskursiv ein medienästhetisches Verständnis kriegerischer Ereignisse ein, wobei sie ihren historischen Referenten auf doppelte Weise reimaginiert. Durch affektive Appellstrukturen wie durch semantische Sinnofferten wird eine spezifische Haltung zur zugänglich gemachten Historie formuliert, die in Form ästhetischer Erfahrung als normativer Diskursraum kultureller Praktiken zu wirken versteht. Kurrente soziale und politische Fragen werden so nicht nur an der Matrix kontemporärer Kriege, sondern chiffriert auch mit Perspektive auf vergangene militärische Konflikte verhandelt. Jeder medienästhetische Zugriff der TV-Serie auf kriegerische Ereignisse spannt mithin einen televisuellen Diskurs zu derjenigen Historie, die ihnen vorangeht, wie auch zu derjenigen, die ihnen nachfolgt. Die Kriegsserie ist immer zugleich Memoration wie Projektion, denn sie imaginiert einen historischen Referenten, der stets simultan einen Reflexionsraum jenseits der bloßen Referenz eröffnet. Damit markiert ihre Reimagination kriegerischer Geschichte über die ästhetische Formung hinaus eine Qualität als diskursive Intervention in eben jener Geschichte.

Bereits die ersten Kriegsserien der TV-Geschichte zeigen ein solches Funktionsprinzip. Von den kontradiktorischen Ambivalenzen bei *The Gallant Men* (1962–1963) und *Twelve O'Clock High* (1964–1967) führt eine direkte Traditionslinie zu *Combat!* (1962–1967), wo die Geschichte des Zweiten Weltkriegs emblematisch vor dem Horizont des US-Einsatzes in Korea diskursiviert wird. Krieg erscheint hier als Projekt destruktiver Energien, die weder Feind noch Freund verschonen. Das Individuum kann im Kollektiv von Nation und Militärapparat nicht mehr aufgehen und durchläuft einen krisenhaften Subjektstatus, der sich medienästhetisch nicht zuletzt in einer televisuellen „Krise des Aktionsbildes" (Gilles Deleuze) niederschlägt. Mit *The Rat Patrol* (1966–1968) verschiebt sich diese Krise der Repräsentation hin zur Symptomatik einer Posthistoire, die nun Comic-Strips und Pulp-Novels zu Referenzmedien der televisuellen Narrativisierung machen. Zentral wird das Attraktionspotential aktionaler Körper, deren Performanz eine Kristallisation von Sinn konterkariert. *Garrison's Gorillas* (1967–1968) dagegen versucht eine Fluchtbewegung in den Raum der Posthistoire, die das Fernsehen der Attraktionen durch den nihilistischen Gestus eines Sicht-Entziehens ersetzt. Der Widerspruch zwischen Kritik und Affirmation wird dabei in Form zynischer Neo-Aktionsbilder präsentiert, die keine Synthese der differenten Positionen leisten können noch leisten wollen. *Baa Baa Black Sheep/Black Sheep Squadron* (1976–1978) wiederum führt *The Rat Patrol* und *Garrison's Gorillas* zusammen, wenn Krieg sowohl zum Anlass von frivoler Karnevaleske wie auch von antiautoritärer Polemik wird. Mit dieser Gratwanderung ist ein performativer Raum vermessen, in dem der Rekurs auf Historie ostentativ als generisches Prinzip erscheint. *Baa Baa Black Sheep* führt so einen komplexen Diskurs der Reimagination, dessen Signifikantenlogik jeden semiotischen Rahmen ihrer Produktivität überschreitet.

Mit dem Zweiten Weltkrieg gehen die großen Staatenkriege des Zwanzigsten Jahrhunderts zu Ende. Monopolisierung kriegerischer Gewalt, Professionalisierung militärischer Apparate und Symmetrisierung kriegerischer Akteure spielen bereits im Vietnamkrieg keine Rolle mehr. An ihre Stelle treten profitable Kriegsökonomien, systematische Missachtung der Menschenrechte und asymmetrische Kriegsführung, die auch einen neuen Diskurs der TV-Kriegsserie implizieren. Nach einer vorsichtigen Thematisierung in *The Lieutenant* (1963–1964) bleibt die neue Situation des Krieges in Vietnam lange Jahre ein Tabu, bis erst mit *Tour of Duty* (1987–1990) das Trauma von Vietnam zum Sujet einer Fernsehserie werden kann. *Tour of Duty* entwirft in komplexen Narrativen eine Multiperspektivik auf das US-Engagement in Vietnam und lässt sich damit als Instanz eines medienkulturellen Tabubruchs begreifen. Signifikant erscheint neben dem diskursiven Pessimismus der Serie vor allem ihre audiovisuelle Lektüre des Vietnamkriegs als Rock'n'Roll War, die im Sinne einer produktiven „Fehlleistung" (Thomas Elsaesser) ein Regime ekstatischer Signifikanten produziert, für das Intensitäten als Maß aller Dinge fungieren. *Over There* (2005), die erste TV-Serie zu den Neuen Kriegen und dem korrelierenden War on Terror, greift das Koinzidenzmoment von Schrecken und Ekstase auf. Dabei differenziert sich die Relation von postheroischer Gesellschaft und Pop-Heroismus der Fernsehserie in einer medienästhetischen Entgrenzung aus, so dass der Körper des Rezipientensubjekts zum zentralen Adressaten der Medienästhetik wird. Wo postheroische Zivilität vom räumlichen Distanzcharakter elektronischer Kommunikationsweisen wie militärischer Interventionen gleichermaßen lebt, kann die televisuelle Simulation somatischer Grenzerfahrung zur kompensatorischen Gratifikation werden. Diese viszerale Emphase bestimmt auch *Generation Kill* (2006), auch wenn dort der aktionslastige Attraktionsfetisch von *Over There* einer Entschleunigung des Kriegsgeschehens weicht. Konstant bleibt jedoch eine graphische Gewaltdarstellung, die sich in Analogie zur Praxis narrativer Komplexität als transgressive Strategie werten lässt. Sowohl *Over There* wie auch *Generation Kill* sind Produkt einer differenzkapitalistischen Medienkultur, in der die Dichotomie zwischen ‚sauberem' Krieg und ‚schmutzigem' Krieg von der Television selbst perpetuiert wird, um auf einem segmentierten Markt der Nischengeschmäcker bestehen zu können.

Der Diskurs einer somatischen Authentifizierung wird auf dem Feld der TV-Kriegsserie von *Band of Brothers* (2001) installiert. Zugleich bündelt die Serie besonders signifikant ein Set von Authentisierungsstrategien, das mindestens seit *Combat!* bereits die Medienästhetik der Kriegsserie konturiert. Neben einer Authentifizierung durch Historisierung, die ihr historisches Sujet auf Ebene des Dargestellten durch Strategien der Darstellung verifiziert, greift hier auch ein ontologisierender Mechanismus, der mit paratextuellen Verfahren operiert. Durch eine Form von bezeugendem Beweisen vermittels historischer Referenzpersonen soll dem Fiktionalen über faktuale Diskurse hohe Glaubwürdigkeit eingeschrieben werden. Eben weil *Band of Brothers* nur minimale politische Kontextualisierungen des US-Kriegseinsatzes vornimmt, wird die Augenzeugenschaft von Kriegsveteranen zentral. Sie beglaubigen das medienästhetische Konstrukt nicht zuletzt durch ihre Partizipation an einer historischen Singularität: dem Befreien der NS-Konzentrationslager, das von der Serie als messianischer Eingriff inszeniert wird. *Band of Brothers* produziert damit Sehnsuchtsbilder nach einer Vergangenheit, die nicht nur durch symmetrische Kriegsführung, sondern auch einen ‚gerechten' Kriegsgrund definiert ist. *The Pacific* (2010) dagegen macht im Modus der Allegorie gerade die Unmöglichkeit eines Zugriffs auf gegenwärtige Ereignisse sinnfällig. Während *Band of Brothers* den Zweiten Weltkrieg zur eschatologischen „Rettungsmission" (Drehli Robnik) umcodiert und dadurch das Wunder eines Austritts aus der Geschichte hypostasiert, kennt *The Pacific* keinen Raum für messianische Metaphysik. Im Zeitalter von Neuen Kriegen und War on Terror konstatiert die Serie eine Allgegenwart der Gewalt, wie sie nicht mehr zu hintergehen scheint. Alles was bleibt, das ist tragische Katharsis, die Evokation von Mitleid und Erschütterung.

Resümierend bleibt festzuhalten, dass die Evolution der TV-Kriegsserie mit den kulturellen und gesellschaftlichen Entwicklungen des 20. und 21. Jahrhunderts korrespondiert. Die ersten Serien der 1960er Jahre fokussieren noch den Zweiten Weltkrieg, mithin den letzten großen Staatenkrieg der Moderne. Der Zweite

Weltkrieg, basierend auf dem Agieren von Nationalstaaten und einer damit verbundenen Monopolisierung kriegerischer Gewalt, der Professionalisierung militärischer Apparate und der Symmetrisierung kriegerischer Parteien, führt zur medienästhetischen Genese generischer Formen, die nach Lösungen soziokultureller Spannungen durch eine Narrativisierung individueller Konflikte trachten. Dabei kommt es deshalb bereits in den frühen 1960er Jahren nicht zu einer bloßen Abbildung des Zweiten Weltkrieges, vielmehr adaptiert die ästhetische Formung der Vergangenheit im Medium des Genres den Pool historische Erfahrung gegenwärtigen Erfordernissen. Von großem Einfluss ist die sich mit dem US-Militäreinsatz in Korea immer stärker abzeichnende Asymmetrisierung des Krieges, die sich mit der Eskalation des Vietnamkonflikts weiter radikalisiert und in den Neuen Kriegen des War on Terror ihren weitreichenden Kulminationspunkt findet. Substaatliche Akteure, profitable Kriegsökonomien und eine systematische Desavouierung der Menschenrechte in der geopolitischen Kriegsführung stellen die TV-Kriegsserie vor tiefgreifende Herausforderungen. Die Medienästhetik der Serie jedoch bleibt noch immer einem generischen Set an Konventionen verbunden, die der Komplexität des Phänomens ‚Krieg' in seinen Dimensionen von Diplomatie, Spionage, Heimatfront etc. eine Reduktion auf Kampfhandlungen entgegensetzt. Auch aktuelle Kriegsserien vertrauen weiterhin auf eine Narrativisierung von globalen Konflikten durch Zentrierung einiger weniger Figuren, die im Rahmen der generischen Komplexitätsreduktion einen stellvertretenden Krieg ausagieren. Die Funktion der TV-Kriegsserie als symbolische Form der Reaktion auf soziokulturelle Bedingungen bleibt mithin ungebrochen. Ihr Reagieren gestaltet sich dabei nie als monokausale Bezugnahme, vielmehr evozieren die generischen Formgebungsprozesse stets eine Eigenlogik, die sich von der Struktur historischer Konflikte emanzipiert. Der zentrale Referent jeder Kriegsserie findet sich nicht im Feld faktenbasierter Historie, stattdessen sind stets medienkulturelle Zusammenhänge von Bedeutung, die sich durch ästhetische Konventionalisierungen verfestigt haben. Mag eine Darstellung sich auch noch so ‚authentisch' verbürgt gerieren, immer situiert sie sich im Kontext anderer medialer Bild-, Ton- und Vorstellungswelten, die ihrem Publikum spezifische Sinn- wie Affektangebote offerieren. Diese Angebote verlangen weniger nach einer politikwissenschaftlichen, soziologischen oder militärhistorischen Betrachtung denn nach einem genuin medienkulturwissenschaftlichen Ansatz, wie ihn diese Studie auf den vorangegangenen Seiten vorgeschlagen und praktiziert hat. Weil das Phänomen ‚Krieg' unmöglich zu trennen ist von generischen Narrationen massenmedialer Verfasstheit, die ihrerseits wieder Bedeutungspotentiale im öffentlichen Diskurs aktualisieren, hat eine valide Perspektive auf die TV-Kriegsserie nach denjenigen Funktionen audiovisueller Darstellungen von Kriegsgeschichte zu fragen, die ihnen für die Ökonomie der kulturellen Imagination einer

# 7 Abschluss und Ausblick

Gesellschaft zukommt. Deshalb auch habe ich verstärkt einen Fokus auf die dem Medium der Television und der medialen Form der TV-Serie eingeschriebenen Potentiale ästhetischer Erfahrung gerichtet, um die dort sedimentierten Virtualitäten von Sinn und Sinnlichkeit offen zu legen. Erst über sie kann ein Zugang dazu gefunden werden, wie Kriegsserie und kultureller Rahmen wechselseitig miteinander interagieren. Denn anstatt historische Kriegssituationen lediglich zu reflektieren, fungiert die Kriegsserie selbst als ein zentraler Akteur auf dem soziokulturellen Schauplatz zur Aushandlung von kon- wie dissensuellen Semantiken des Krieges. Sie etabliert einen wichtigen Diskursraum, der entscheidenden Anteil an hegemonialen Zuschreibungen von Fakt und Fantasie hat. Geschichtlichkeit ist durch generische Formen überdeterminiert und in einem kulturellen Kontext situiert, der keine stabile Referenz für Historie kennt, sondern sie stets diskursiv aushandeln muss. Geschichte wird so als mediale Darstellung vergangener Ereignisse einer Reimagination unterworfen, die über das Medium der Gegenwart auf Vergangenes zugreift. In diesem Sinne ist die vorliegende Studie als ein Versuch perspektivisiert, gesellschaftliche Prozesse und generische Formgebung zusammen zu denken, um mit dem Phänomen der TV-Kriegsserie das medienkulturelle Spannungsfeld einer reflexiven Aneignung von historischen Prozessen aufzuzeigen. Sie versteht sich hier nicht als letztes Wort zum Sujet, vielmehr möchte sie eine erste produktive Auseinandersetzung mit ihrem Gegenstand eröffnen.

Wenn davon ausgegangen wird, dass die TV-Kriegsserie einen historischen Objektbereich als medienästhetisches Narrativ reimaginiert, dann liegt der genannte Referenzbereich unbedingt auch im generischen Traditionsfeld der Serie selbst. Sie ist durchzogen von ihrer eigenen Geschichtlichkeit, einer Geschichte des Genres. Die vorliegende Studie hat das Genre der Kriegsserie als Combat Series konzeptionalisiert, mithin den Aspekt kriegerischer Kampfhandlungen als konstitutiv für die TV-Kriegsserie betrachtet. Diese ist damit abgegrenzt von Serien im Kriegs- und Militärmilieu, die das Moment von Kampf nur als historischen Hintergrund ihrer auf andere Aspekte zentrierten Narrative nutzen. Hier sind mindestens drei generische Differenzierungen möglich, je nach Definitionsfokus. Wird sich auf das Figurenarsenal konzentriert, dann ist auf Serien um Kriegsgefangene, um Akteure vor Militärgerichten oder um medizinisches Personal zu verweisen. Tritt hingegen der Modus des generischen Zugriffs ins Interesse, bleibt zwischen komödiantischen und melodramatischen Formgebungen zu unterscheiden. Und fällt der Blick auf genuine Genres der TV-Serie, wird eine weitere Differenzierung nach Traditionen der Sitcom, Soap-Opera und Drama-Series sinnfällig. Produktionen wie *You'll Never Get Rich* (1955–1959), *McHale's Navy* (1962–1967), *No Time for Sergeants* (1964–1965), *Wackiest Ship in the Army* (1965–1966), *Court Martial*

(1966), *Hogan's Heroes* (1965–1971), *M\*A\*S\*H\** (1972–1981) oder *China Beach* (1988–1991) lassen sich daher ganz unterschiedlich perspektivieren. Erstens

- als Kriegsgefangenenserie: *Hogan's Heroes*
- als Militärgerichtsserie: *Court Martial*
- als Hospitalserie: *M\*A\*S\*H\**, *China Beach*;

zweitens

- als Komödienserie: *You'll Never Get Rich*, *McHale's Navy*, *No Time for Sergeants*, *Wackiest Ship in the Army*, *Hogan's Heroes*, *M\*A\*S\*H\**
- als Melodramenserie: *Court Martial*, *China Beach*;

und drittens

- als Sitcom: *You'll Never Get Rich*, *McHale's Navy*, *No Time for Sergeants*, *Wackiest Ship in the Army*, *Hogan's Heroes*, *M\*A\*S\*H\**
- als Soap-Opera: *China Beach*
- als Drama-Series: *Court Martial*, *M\*A\*S\*H\**, *China Beach*.

Neben einem Fokus auf *M\*A\*S\*H\**, nachvollziehbar durch die hohe Popularität der Serie bei Publikum wie Feuilleton, liegt zu all diesen Titeln bislang keine wissenschaftliche Auseinandersetzung vor. Es wäre an der Zeit, auch sie auf ihre Diskursivierung kriegerischer Historie hin zu befragen. Erwartet werden können weitere Forschungsergebnisse zum Denkraum der Television und seiner Wiederholung von Kriegsgeschichte, wie er von mir im Rahmen der Combat Series skizziert worden ist. Erst durch das Zusammenwirken televisueller Diskurse freilich entsteht die ästhetische wie kulturelle Erfahrung des Fernsehens. Ihr ist weiter nachzugehen, um zu bestimmen, wie Krieg medial zur Erscheinung kommt. Die hier explizierte Medienästhetik der Combat Series könnte dafür als Ausgangspunkt dienen.

# Serienverzeichnis

Alle im Band analysierten Serien in alphabetischer Reihenfolge:

*Baa Baa Black Sheep/Black Sheep Squadron* (1976-1978, NBC)
*Band of Brothers* (2001, HBO)
*Combat!* (1962–1967, ABC)
*The Gallant Men* (1962–1963, ABC)
*Garrison's Gorillas* (1967–1968, ABC)
*Generation Kill* (2006, HBO)
*The Lieutenant* (1963–1964, NBC)
*Over There* (2005, FX)
*The Pacific* (2010, HBO)
*The Rat Patrol* (1966–1968, ABC)
*Tour of Duty* (1987–1990, NBC)
*Twelve O'Clock High* (1964–1967, ABC)

The manufacturer's authorised representative in the EU is Springer Nature Customer Service Centre GmbH, Europaplatz 3, 69115 Heidelberg, Germany. If you have any concerns regarding our products, please contact ProductSafety@springernature.com

Printed and bound by CPI Group (UK) Ltd, Croydon, CR0 4YY
25/03/2026
02078189-0001